DAVID EAGLEMAN
ANTHONY BRANDT

KREATIVITÄT

DAVID EAGLEMAN
& ANTHONY BRANDT

KREATIVITÄT

Wie unser Denken die Welt immer wieder neu erschafft

Aus dem Englischen
von Jürgen Neubauer

Siedler

Die Originalausgabe ist 2017 unter dem Titel »The Runaway Species. How Human Creativity Remakes the World« bei Canongate Books, Edinburgh, erschienen.

MIX
Papier aus verantwortungsvollen Quellen
FSC® C083411

Verlagsgruppe Random House FSC® N001967

2. Auflage 2018

Neumarkter Straße 28, 81673 München
Umschlaggestaltung: Rothfos&Gabler, Hamburg
Satz: Vornehm Mediengestaltung GmbH, München
Druck und Bindung: CPI books GmbH, Leck
Printed in Germany
ISBN 978-3-8275-0018-2

www.siedler-verlag.de

Dieses Buch ist auch als E-Book erhältlich

Für unsere Eltern,
die uns ein Leben der Kreativität geschenkt haben
Nat und Yanna · Cirel und Arthur

Für unsere Frauen,
die unser Leben mit Neuem bereichern
Karol · Sarah

Für unsere Kinder,
die mit ihrer Fantasie die Zukunft gestalten
Sonya, Gabe, Lucian · Ari und Aviva

INHALT

EINLEITUNG

WAS DIE NASA UND PICASSO GEMEINSAM HABEN

Einige Hundert Menschen drängen sich in ein Kontrollzentrum in Houston, um drei Männer zu retten, die im Weltall festsitzen. Wir schreiben das Jahr 1970, und Apollo 13 ist seit zwei Tagen zum Mond unterwegs, als plötzlich ein Sauerstofftank explodiert und die Raumkapsel beschädigt. Mit dem Understatement eines Soldaten meldet Astronaut Jack Swigert an die Bodenstation: »Houston, wir haben ein Problem.«

Die Astronauten sind über 300 000 Kilometer von der Erde entfernt. Treibstoff, Wasser, Strom und Sauerstoff werden knapp. Die Hoffnung auf eine Lösung geht gegen Null. Doch Einsatzleiter Gene Kranz im NASA-Kontrollzentrum lässt sich nicht beirren. Seiner versammelten Mannschaft erklärt er:

> Wenn ihr diesen Raum verlasst, dann müsst ihr fest daran glauben, dass diese Besatzung nach Hause kommt. Es ist mir scheißegal, wie wahrscheinlich das ist und dass wir so etwas noch nie gemacht haben … Ihr müsst daran glauben, und eure Leute müssen daran glauben, dass diese Besatzung nach Hause kommt.[1]

Aber wie konnte das Kontrollzentrum diese Zusage einhalten? Die Ingenieure hatten den Flug auf die Minute genau durchgeplant: Wann Apollo 13 in die Mondumlaufbahn einschwenkt, wann die Mondlandefähre startet, wie lange die Astronauten auf dem Mond spazieren gehen.

Nun können sie ihr Drehbuch auf den Müll werfen und ganz von vorn anfangen. Natürlich hat das Kontrollzentrum auch Notfallpläne erarbeitet, doch die gehen davon aus, dass die Kapsel intakt ist.[2] Das ist jedoch nicht der Fall: Das Servicemodul ist zerstört, und in der Kommandokapsel bricht die Versorgung mit Sauerstoff und Elektrizität zusammen. Das Einzige, was noch funktioniert, ist die Mondlandefähre. Die NASA hat eine ganze Reihe von Szenarien durchgespielt, aber dieses nicht.

Die Ingenieure wissen, dass sie vor einer nahezu unmöglichen Aufgabe stehen: Sie müssen drei Menschen retten, die in einer defekten Metallkapsel stecken und mit 4500 Kilometern pro Stunde durch den luftleeren Raum rasen. Moderne Satellitenkommunikationssysteme und PCs sind noch viele Jahre entfernt. Mit Rechenschieber und Bleistift müssen die Ingenieure eine Möglichkeit finden, wie die Astronauten die Kommandokapsel verlassen und die Mondlandefähre in ein Rettungsboot verwandeln können.

Die Ingenieure gehen ein Problem nach dem anderen an: die Planung einer Rückflugroute, die Steuerung der Kapsel, die Stromerzeugung. An Bord spitzt sich die Lage währenddessen weiter zu. Anderthalb Tage nach Beginn der Krise erreicht das Kohlendioxid in der engen Kapsel eine gefährliche Konzentration. Wenn nichts passiert, werden die Astronauten binnen weniger Stunden ersticken. Die Mondlandefähre hat ein Luftreinigungssystem, doch dessen runde Filter sind aufgebraucht. Die einzige Rettung sind die frischen Filter der Kommandokapsel – doch die sind leider eckig. Wie soll man einen eckigen Filter auf eine runde Öffnung setzen?

Da die Ingenieure im Kontrollzentrum eine genaue Liste aller Gegenstände haben, die sich an Bord befinden, improvisieren sie einen Adapter aus einer Plastiktüte, einer Socke, Pappe, Klebeband und dem Schlauch eines Druckanzugs. Sie erklären der Mannschaft, wie sie aus der Plastikhülle ihres Flugplans einen Trichter basteln können, um Luft in den Filter zu leiten. Auf Anweisungen vom Boden packen die Astronauten ihre Thermounterwäsche aus, die sie eigentlich während des Mondspaziergangs tragen sollten; allerdings brauchen sie jetzt nicht die Unterwäsche, sondern die Plastikfolie, in die sie eingepackt ist. Schritt für Schritt setzen die Astronauten ihren Filter zusammen und installieren ihn.

Zur allgemeinen Erleichterung kehrt das Kohlendioxid zum normalen Niveau zurück. Aber auf diese Hürde folgen weitere. Kurz vor dem Wiedereintritt in die Atmosphäre wird der Strom knapp. Beim Bau des Fluggeräts war es niemandem in den Sinn gekommen, dass die Batterien der Kommandokapsel von der Mondlandefähre aufgeladen werden würden – es war genau andersherum gedacht. Befeuert von Koffein und Adrenalin, finden die Ingenieure im Kontrollzentrum im letzten Moment eine Möglichkeit, aus dem Heizungskabel der Mondlandefähre ein Ladekabel zu basteln.

Nachdem die Batterien aufgeladen sind, weisen die Ingenieure Jack Swigert an, die Kommandokapsel zu starten. Der Astronaut verbindet Kabel, schaltet Wechselrichter, hantiert mit Antennen, legt Schalter um, aktiviert Fernmessung – eine Startprozedur, die nichts mit dem zu tun hat, was er in seiner Ausbildung gelernt hat. Angesichts der vielen unvorhergesehenen Probleme müssen die Ingenieure ganz neue Abläufe improvisieren.

In den frühen Morgenstunden des 17. April 1970 – achtzig Stunden nach Beginn der Krise – bereiten die Astronauten die Landung vor. In der Kommandozentrale werden letzte Einzelheiten überprüft. Als die Astronauten in die Erdatmosphäre eintreten, schaltet sich das Funksystem ab. Später schilderte Kranz, wie sich die Mitarbeiter in der Zentrale in diesem Moment fühlten:

> Jetzt gab es nichts mehr, was wir noch tun konnten … Es war totenstill im Raum. Das einzige Geräusch war das Surren der Geräte, das Brummen der Klimaanlage und hin und wieder das Klicken eines Feuerzeugs … Niemand rührte sich, so als wären alle an ihre Konsolen gekettet.

Anderthalb Minuten später erreicht die Meldung das Kontrollzentrum: Apollo 13 ist sicher gelandet.

Die Mitarbeiter jubeln. Der ansonsten so stoische Kranz bricht in Tränen aus.

*

Etwa 63 Jahre früher stellt ein junger Maler namens Pablo Picasso in seinem kleinen Studio in Paris seine Staffelei auf. Von einem unverhofften Geldsegen hat sich der notorisch klamme Maler eine große Leinwand geleistet. Nun beginnt er ein provokantes Projekt: das Porträt von Prostituierten in einem Bordell. Es soll ein ungeschminkter Blick auf das Laster werden.

Aber zuerst fertigt Picasso mit Kohle Skizzen von Köpfen, Körpern, Früchten an. In seiner ersten Version sind ein Matrose und ein Medizinstudent Teil der Szenerie. Schließlich beschließt er, ohne sie auszukommen und sich auf die fünf Frauen zu konzentrieren. Er experimentiert mit verschiedenen Posen und Anordnungen und verwirft die meisten wieder. Nach Hunderten Skizzen setzt er sich an die Leinwand. Später lädt er seine Geliebte und einige Freunde ein, um ihnen den Entwurf zu zeigen; ihre Reaktion ist derart ernüchternd, dass er das Gemälde ein paar Monate lang zur Seite legt. Aber irgendwann macht er sich wieder an die Arbeit und malt im Stillen weiter.

Picasso sieht das Porträt der Prostituierten als eine Art »Exorzismus« seines eigenen Stils: Je länger er daran arbeitet, umso weiter entfernt er sich von seinen früheren Bildern. Als er ein weiteres Mal Freunde einlädt, um ihnen das Bild zu zeigen, fällt das Urteil noch ablehnender aus. Er bietet es seinem treuesten Kunden zum Kauf an, doch der lacht nur.[3] Die Freunde des Malers meiden ihn und sorgen sich um seinen Geisteszustand. Enttäuscht rollt Picasso die Leinwand ein und versteckt sie im Schrank.

Erst neun Jahre später, mitten im Ersten Weltkrieg, zeigt er das Gemälde zum ersten Mal in der Öffentlichkeit. Um das Publikum nicht aufzubringen, ändert der Organisator der Ausstellung den Titel von *Le Bordel d'Avignon* (Das Bordell von Avignon) zu *Les Demoiselles d'Avignon* (Die Damen von Avignon). Die Reaktionen der Ausstellungsbesucher sind gemischt; ein Journalist schreibt: »Die Kubisten warten nicht bis Kriegsende, um ihren Kampf gegen den guten Geschmack aufzunehmen ...«[4]

Doch der Einfluss des Gemäldes wächst. Als *Les Demoiselles* einige Jahrzehnte später im Museum of Modern Art in New York ausgestellt wird, schreibt ein Kritiker der *New York Times*:

> Wenige Gemälde haben derart weitreichenden Einfluss gehabt wie diese Komposition von fünf entstellten nackten Gestalten. Mit einem Pinselstrich stellte es die Kunst der Vergangenheit infrage und gab der Kunst der Gegenwart eine neue Richtung.[5]

Später bezeichnete der Kunsthistoriker John Richardson *Les Demoiselles* als das originellste Gemälde der vergangenen sieben Jahrhunderte. Das Gemälde

> erlaubte den Menschen, die Dinge mit neuen Augen und neuem Bewusstsein zu sehen. Es ist das erste Kunstwerk, das eindeutig dem 20. Jahrhundert zuzuordnen ist, einer der wichtigsten Zünder der Moderne und ein Grundstein der Kunst des 20. Jahrhunderts.[6]

Was machte die Originalität dieses Gemäldes aus? Pablo Picasso stellte den Anspruch infrage, mit dem europäische Maler seit Jahrhunderten zu Werke gingen: die realitätsgetreue Abbildung des Lebens. Unter Picassos Pinsel verformten sich die Körper, zwei Frauen haben maskenhafte Gesichter, und jede der fünf Gestalten scheint in einem anderen Stil gemalt zu sein. Menschen sehen nicht mehr ganz menschlich aus. Picassos Gemälde verstieß gegen die westlichen Vorstellungen von Schönheit, Darstellung und Anstand. *Les Demoiselles* gilt heute als der schwerste Schlag, der je gegen die Tradition der Kunst geführt wurde.

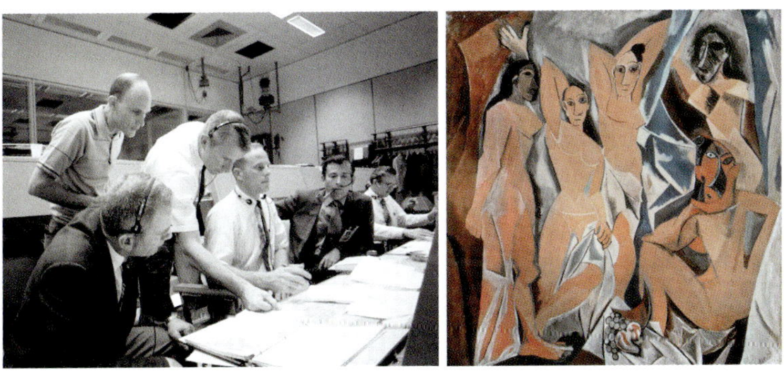

Kontrollzentrum der NASA und Picassos *Les Demoiselles d'Avignon.*

Was haben diese beiden Geschichten gemein? Auf den ersten Blick nicht viel. Die Rettung von Apollo 13 war eine kollektive Tat, während Picasso allein arbeitete. Die Ingenieure der NASA kämpften gegen die Uhr, während Picasso monatelang an seiner Staffelei saß und sich mit der Ausstellung fast ein Jahrzehnt lang Zeit ließ. Die Ingenieure suchten nach einer funktionierenden Lösung, während »Funktion« das Allerletzte war, für das sich Picasso interessierte: Er wollte etwas noch nie Dagewesenes schaffen.

Trotzdem stehen hinter der Kreativität der Ingenieure und des Künstlers die gleichen kognitiven Abläufe. Und nicht nur hinter der Kreativität von Technikern und Malern – auch hinter der von Friseuren, Buchhaltern, Architekten, Bauern, Schmetterlingsforschern und allen möglichen Menschen, die Neues in die Welt bringen. Wenn wir die Gussformen des Bekannten zerbrechen und etwas Neues schaffen, dann verwenden wir dazu alle dieselbe Software des Gehirns. Das menschliche Gehirn nimmt Erfahrung nicht passiv auf wie ein Diktiergerät, sondern es verarbeitet die von den Sinnesorganen gelieferten Daten unentwegt und erschafft damit neue Versionen der Welt. Die grundlegende Denksoftware unseres Gehirns, die unsere Umwelt registriert und neue Versionen erzeugt, bringt all das hervor, was uns umgibt: Straßenlaternen, Nationen, Sinfonien, Gesetze, Gedichte, Armprothesen, Handys, Deckenventilatoren, Wolkenkratzer, Boote, Drachen, Laptops, Ketchupflaschen und fahrerlose Autos. Außerdem bringt diese mentale Software Zukunftsvisionen hervor in Form von selbst heilendem Beton, beweglichen Gebäuden, Geigen aus Kohlefaser, biologisch abbaubaren Autos oder Nanoraumschiffen. Aber wie ein Computerprogramm, das still auf der Platine eines Laptops seine Arbeit verrichtet, läuft unsere Kreativität meist im Hintergrund ab und entzieht sich unserem Bewusstsein.

Die Programme, die unbemerkt in unserem Kopf ablaufen, sind etwas ganz Besonderes. Wir sind Teil eines großen Stammbaums von Arten. Aber warum choreografieren Kühe kein Ballett? Warum erfinden Eichhörnchen keine Aufzüge, um in die Baumwipfel zu kommen? Warum bauen Krokodile keine Schnellboote? Die Evolution hat die Programme in unserem Gehirn so aufgepeppt, dass wir die Welt nicht nur so wahrnehmen, wie sie ist, sondern dass wir uns auch alternative Szenarien vorstellen können. Genau um diese kreative Software geht es in diesem Buch: Wie funktioniert sie? Warum haben wir sie? Was machen wir damit? Und wohin führt sie uns? Wir sehen uns an, warum der Wunsch nach Neuem die Kreativität des Menschen beflügelt. Bei Ausflügen in Kunst, Wissenschaft und Technik werden wir den roten Faden der Innovation aufspüren, der diese unterschiedlichen Disziplinen miteinander verbindet.

So wichtig die Kreativität in der Vergangenheit der Menschheit war, so wichtig wird sie auf dem Weg in die Zukunft. Ob im Alltag, in der Schule oder in Unternehmen – überall gehen wir gemeinsam in eine Zukunft, die uns dazu zwingt, unser Bild von der Welt ständig zu überdenken. In den vergangenen Jahrzehnten haben wir den Wechsel von der Industrie- zur Informationsgesellschaft erlebt. Doch damit sind wir längst nicht am Ende angekommen. Wenn Computer immer mehr Aufgaben übernehmen, dann können wir Menschen uns anderen Tätigkeiten zuwenden. Schon jetzt sehen wir die Anfänge von etwas Neuem: der Kreativitätsgesellschaft. Synthetische Biologen, App-Entwickler, Multimediaingenieure, Entwickler von fahrerlosen Autos – das alles sind Tätigkeiten, an die in der Schule noch kaum jemand dachte, und heute sind sie nur die Speerspitze dessen, was auf uns zukommt. Wenn Sie in zehn Jahren ins Büro gehen, dann könnte Ihre Arbeit ganz anders aussehen als das, was Sie heute dort machen. Deshalb versucht man überall in den Vorstandsetagen hastig Schritt zu halten, denn die unternehmerischen Techniken und Verfahren verändern sich ständig.

Nur eines kann uns helfen, diese rasanten Veränderungen erfolgreich zu meistern: unsere kognitive Flexibilität. Wir nehmen das Rohmaterial unserer Erfahrung und stellen daraus etwas ganz Neues her. Mit unserer Fähigkeit, über Gelerntes hinauszugreifen, nehmen wir die Welt um uns her wahr und stellen uns gleichzeitig andere Welten vor. Wir beobachten Fakten und schaffen Fiktionen. Wir lernen das, was ist, und stellen uns vor, was sein könnte.

Wenn wir in einer sich ständig wandelnden Welt erfolgreich sein wollen, müssen wir verstehen, was in unseren Köpfen passiert, wenn wir etwas Neues erschaffen. Wenn wir uns die Werkzeuge und Strategien aneignen, mit denen wir neue Ideen generieren, können wir in die Zukunft blicken statt in die Vergangenheit.

Leider tun unsere Schulen nichts, um Innovation zu unterrichten. Kreativität beflügelt die Neugierde und Ausdrucksfähigkeit junger Menschen, doch sie wird unterdrückt, weil sich andere Fähigkeiten leichter in Prüfungen abfragen lassen. Die Unterdrückung der Kreativität spiegelt gesellschaftliche Befindlichkeiten wider. Lehrer unterrichten lieber brave Schüler, denn kreative Kinder und Jugendliche halten sich oft nicht an die Regeln. Eine Umfrage unter amerikanischen Eltern ergab, dass ihnen in ihren Kindern Respekt gegenüber Erwachsenen wichtiger ist als eigenständiges Denken, Anstand wichtiger als Neugierde und Benimm wichtiger als Kreativität.[7]

Wenn wir uns eine leuchtende Zukunft für unsere Kinder wünschen, dann sollten wir diese Prioritäten überdenken. Angesichts der rasanten Geschwindigkeit, mit der sich die Welt heute verändert, wird das alte Drehbuch für Leben und Arbeit seine Gültigkeit verlieren, und wir müssen unsere Kinder darauf vorbereiten, neue und eigene Drehbücher zu schreiben. Die kognitive Software, die in den Köpfen von Picasso und NASA-Ingenieuren läuft, ist auch in den Köpfen unserer Kinder installiert – aber sie will geschult sein. Eine ausgewogene Bildung fördert Wissen *und* Fantasie. Eine solche Bildung zahlt sich in einigen Jahrzehnten aus, wenn die Kinder die Schule längst hinter sich gelassen haben und eine Welt betreten, von der wir, die Eltern, nicht einmal die Konturen erahnen.

Einer von uns beiden (Anthony) ist Komponist, der andere (David) ist Hirnforscher. Wir sind seit vielen Jahren befreundet. Vor einiger Zeit komponierte Anthony sein Oratorium *Maternity*, basierend auf Davids Geschichte »The Founding Mothers«, die eine mütterliche Linie durch die Geschichte zurückverfolgt. Während unserer Zusammenarbeit kam unser Gespräch immer wieder auf die Kreativität. Wir hatten uns beide schon länger aus unserer jeweils eigenen Sicht mit diesem Thema beschäftigt. Seit Jahrtausenden eröffnen die Künste einen direkten Zugang zu unserem Innersten und zeigen uns nicht nur, *was* wir denken, sondern auch *wie*. Jede Kultur der Menschheitsgeschichte hatte ihre eigene Musik, Kunst und Geschichten. Die Hirnforschung wiederum hat in den vergangenen Jahrzehnten große Fortschritte erzielt beim Verständnis der oftmals unbewussten Kräfte, die hinter dem menschlichen Verhalten stehen. In unseren Gesprächen stellten wir fest, dass unsere unterschiedlichen Perspektiven ein neues Verständnis der Kreativität ermöglichen – und genau darum geht es in diesem Buch. Wir durchforsten die Erfindungen der Menschheit wie Paläontologen auf der Suche nach Knochen. In der Kombination mit den neuesten Erkenntnissen aus der Hirnforschung entdecken wir neue Facetten dieses so wesentlichen Aspekts unseres Selbst. In Teil 1 sehen wir uns an, welche Bedeutung die menschliche Kreativität hat, wie wir auf neue Ideen kommen und wie unsere Innovationen durch unsere Zeit und unsere Umwelt geprägt werden. In Teil 2 gehen wir den wesentlichen Eigenschaften des kreativen Denkens nach, von der Vervielfältigung von Möglichkeiten bis zur Risikobereitschaft. In Teil 3 wenden wir uns schließlich Schulen und Unternehmen zu und zeigen, wie wir in diesen Brutstätten der Zukunft die Kreativität fördern können. Dieses Buch ist ein Sprung ins kreative Denken, eine Feier des menschlichen Geistes und eine Vision, wie wir unsere Welt verändern können.

TEIL 1

NEUES UNTER DER SONNE

KAPITEL 1

NEUES IST MENSCHLICH

WARUM FINDEN WIR NIE DEN PERFEKTEN STIL?

Um zu sehen, wie groß unser Bedürfnis nach Neuem ist, reicht schon ein Blick auf die Frisuren in Ihrer Umgebung.

Diese ständige Neugestaltung lässt sich in sämtlichen menschlichen Erzeugnissen beobachten, von Fahrrädern bis hin zu Sportarenen:

Liegerad, Michael Killians Snowboard-Fahrrad, DiCycle von GBO Innovation Maker und Konferenzfahrrad.

Was die Frage aufwirft: Warum müssen wir dauernd mit unseren Frisuren, Fahrrädern und Sportstadien experimentieren? Warum finden wir nicht die eine perfekte Form und bleiben dabei?

Die Antwort: Veränderung wird nie enden. Weil es nicht um das *Richtige* geht, sondern um das *Nächste*. Wir Menschen sind der Zukunft zugewandt, und es gibt keinen Endpunkt. Aber was macht unser Gehirn so rastlos?

SADDLEDOME

KAPITEL 1

WIR PASSEN UNS SCHNELL AN

In jedem beliebigen Moment schwebt eine gute Million Menschen in bequemen Sesseln Tausende Meter hoch über der Erde. So beliebt ist der Flugverkehr. Doch es ist noch nicht lange her, da waren Flugreisen ein waghalsiges Abenteuer für einige wenige Pioniere. Heute ist das Fliegen ganz selbstverständlich: Wir steigen ein wie im Schlaf und werden nur wach, wenn unsere Erwartung an bequeme Sitze, leckere Mahlzeiten und unterhaltsame Filme enttäuscht wird.

In einem seiner Programme wundert sich der Komiker Louis C.K. darüber, dass wir nicht mehr über Flugreisen staunen. Er imitiert einen meckernden Passagier: »Und dann steigen wir ein, und die lassen uns da auf dem Rollfeld stehen, eine geschlagene Dreiviertelstunde. Wir haben einfach da rumgestanden.« Worauf Louis: »Echt jetzt? Und was ist dann passiert? Bist du dann geflogen, so richtig durch die Luft, wie ein Vogel? Hast du dieses Wunder des Flugs genossen, du Null?« Dann macht er sich über Leute lustig, die sich über Verspätungen aufregen. »Verspätung? Im Ernst? New York nach Kalifornien in fünf Stunden. Das hat mal dreißig Jahre gedauert. Wenn man nicht unterwegs gestorben ist.« Louis erinnert sich daran, wie er 2009 zum ersten Mal Internet im Flugzeug hatte. »Ich sitze im Flieger, und die so, öffnen Sie Ihr Laptop, Sie können ins Internet. Und es war schnell, ich habe mir auf YouTube Filme angeschaut. Das war cool: Ich war im Flieger!« Aber es dauert nicht lange, und das Internet setzt aus. Und der Sitznachbar von Louis wird sauer. »Das ist doch Mist!« Worauf Louis: »Vor zehn Sekunden hat er davon erfahren, dass es das gibt, und jetzt meint er schon, dass es die Welt ihm schuldig ist!«

Was eben noch neu war, ist jetzt schon normal. Sehen Sie sich nur an, wie selbstverständlich Handys heute sind. Dabei ist es noch gar nicht so lange her, da haben wir mit Münzen in der Tasche geklimpert, nach Telefonzellen gesucht, Treffen verabredet und dann doch verpasst, weil irgendetwas schiefging. Das Handy hat unsere Kommunikation radikal verändert – aber die neue Technik wird vor unseren Augen selbstverständlich und unsichtbar.

Aber nicht nur der Glanz der Technik verblasst rasch, auch Kunst altert schnell. Wie Marcel Duchamp schrieb:

> In fünfzig Jahren kommt eine neue Generation mit einer neuen kritischen Sprache und einem ganz anderen Ansatz. Deshalb geht es darum, ein Gemälde zu schaffen, dass zu unseren Lebzeiten lebendig ist. Kein Gemälde hat eine aktive Lebensdauer von mehr als dreißig oder vierzig Jahren … Nach dreißig oder vierzig Jahren stirbt ein Gemälde, es verliert seine Aura, seine Ausstrahlung, oder wie man es nennen will. Und dann ist es entweder vergessen, oder es geht in die Vorhölle der Kunstgeschichte ein.[8]

Im Laufe der Zeit werden selbst große Werke, die das Publikum einst erschreckten, entweder salonfähig oder vergessen. Was gestern noch Avantgarde war, ist heute schon normal. Die Speerspitze wird stumpf.

Selbst das beste Unternehmen wird von dieser Normalisierung betroffen. Alle paar Jahre geben Firmen große Summen für Berater aus, die ihnen erklären, dass sie alles auf den Kopf stellen müssen und jetzt zum Beispiel Großraum- statt Einzelbüros brauchen. Aber wie wir noch sehen werden, gibt es keine richtigen Antworten: Es geht allein um die Veränderung. Die Berater haben nicht unrecht, aber was sie im Einzelnen vorschlagen, spielt keine Rolle. Es geht nicht um die perfekte Lösung, sondern um das Neue.

Aber warum passen wir uns so schnell an Veränderungen in unserer Umgebung an? Die Antwort ist der Gewöhnungseffekt oder, genauer gesagt: die *Wiederholungsunterdrückung*. Wenn sich unser Gehirn an etwas gewöhnt, dann reagiert es mit jeder Begegnung ein bisschen schwächer. Stellen Sie sich zum Beispiel vor, Sie sehen zum ersten Mal etwas vollkommen Revolutionäres, zum Beispiel ein fahrerloses Auto. Beim ersten Mal rattert Ihr Gehirn heftig. Es nimmt etwas Neues auf und verarbeitet es. Beim zweiten Mal reagiert es schon etwas gelassener: Es interessiert sich weniger dafür, weil es nicht mehr ganz so neu ist. Beim dritten Mal fällt die Reaktion wieder schwächer aus. Und beim vierten Mal noch schwächer.

Je vertrauter etwas ist, umso weniger Energie verwendet unser Gehirn darauf. Deshalb scheint die erste Fahrt zu einem neuen Arbeitsplatz so lange zu dauern. Am zweiten Tag kommt uns die Fahrt schon etwas kürzer vor. Und irgendwann bemerken wir nicht einmal mehr, wie wir

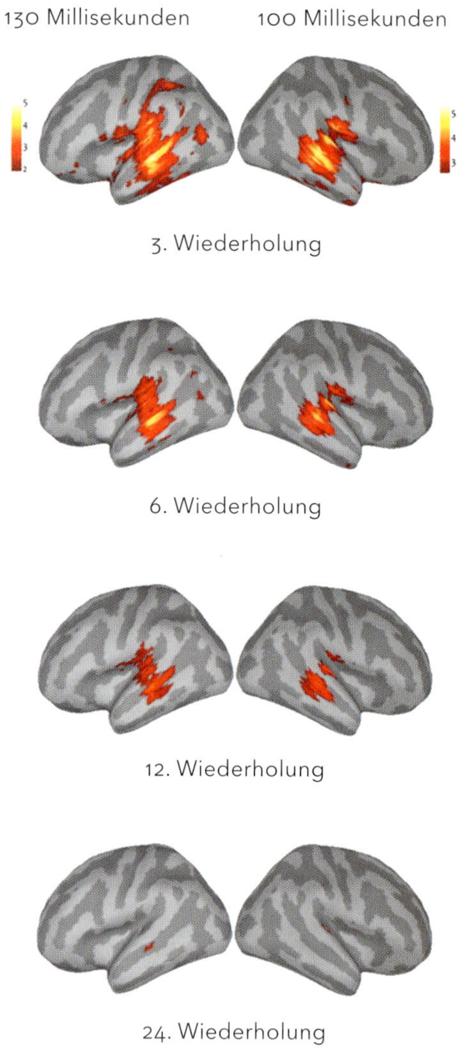

Wiederholungsunterdrückung in Aktion[9]

Magnetenzephalogramm das Gehirns, das im Abstand von 130 bzw. 100 Millisekunden mit demselben akustischen Reiz stimuliert wird. Je häufiger der Reiz wiederholt wird, umso schwächer reagiert das Hörzentrum.

die Strecke fahren. Die Welt wird vertraut und nutzt sich ab; was eben noch im Vordergrund war, das tritt in den Hintergrund.

Warum sind wir so? Weil unsere Körper auf die Energie angewiesen sind. Die Orientierung in der Welt ist eine anstrengende Aufgabe und erfordert eine Menge Bewegung und Hirntätigkeit, und beides verbraucht viel Energie. Wenn wir korrekte Vorhersagen treffen, kostet uns das weniger Energie. Wenn wir wissen, dass die essbaren Käfer unter ganz bestimmten Steinen sitzen, dann müssen wir nicht mehr jeden Stein umdrehen und sparen so eine Menge Energie. Je besser unsere Vorhersagen sind, umso weniger Energie verbrauchen wir. Wiederholung verbessert unsere Vorhersagen und optimiert unser Handeln.

Vorhersagbarkeit ist also wünschenswert und nützlich. Aber wenn unsere Gehirne all diese Bemühungen anstellen, um unsere Welt berechenbarer zu machen, dann drängt sich eine Frage auf: Wenn uns so viel an der Vorhersagbarkeit gelegen ist, warum werfen wir dann nicht zum Beispiel unsere Fernsehapparate weg und ersetzen sie durch Geräte, die rund um die Uhr ein gleichförmiges und vorhersagbares Piepsen von sich geben?

Weil keine Überraschung auch nicht gut ist. Je besser wir etwas verstehen, umso weniger Gedanken verschwenden wir darauf. Vertrautheit macht gleichgültig. Der Effekt der Wiederholungsunterdrückung setzt ein, und unsere Aufmerksamkeit lässt nach. Deshalb muss eine Ehe frisch gehalten werden. Deshalb können wir nur einmal über einen Witz lachen. Und deshalb gibt sich selbst der größte Fußballfan nicht damit zufrieden, sich dauernd dasselbe Spiel anzusehen. Vorhersagbarkeit mag beruhigend wirken, doch das Gehirn ist daran interessiert, immer neue Fakten in sein Modell von der Welt aufzunehmen. Und deshalb sucht es das Neue. Denn wenn das Gehirn etwas lernen kann, dann wird es hellwach.

Uns dürstet es immer nach Neuem: In dem Film *… und täglich grüßt das Murmeltier* muss der Fernsehmeteorologe Phil immer wieder denselben Tag erleben. Gefangen in der Endlosschleife, hat er irgendwann keine Lust mehr, immer dasselbe zu erleben. Also lernt er Französisch, wird Klaviervirtuose, freundet sich mit seinen Nachbarn an und setzt sich für die Schwachen ein.

Warum gefällt uns das? Weil wir keine absolute Vorhersagbarkeit wollen. Wir wollen Überraschungen. Nur so entkommen wir dem Autopiloten. Sie halten unsere Erfahrung frisch.

Es kommt nicht von ungefähr, dass die Neurotransmitter, die mit dem Belohnungssystem unseres Gehirns zusammenhängen, auf Überraschungen anspringen: Regelmäßige und vorhersehbare Belohnungen regen unser Gehirn sehr viel weniger an als unvorhersehbare Belohnungen. Überraschung befriedigt.

Daher folgen Witze einem ganz bestimmten Schema. Es kommen nie zwei Männer in eine Kneipe – es sind immer drei. Warum? Der erste gibt die Geschichte vor, der zweite ein Muster, damit der dritte dagegen verstoßen und die Vorhersage des Gehirns aushebeln kann. Der Witz entsteht durch den Verstoß gegen unsere Erwartungen. Wenn man einem Roboter denselben Witz erzählen würde, dann würde er vermutlich einfach zuhören, was jeder der drei Männer tut, aber den Witz würde er verpassen. Der funktioniert nämlich nur, weil das Gehirn immer Vorhersagen trifft und die Pointe seine Erwartungen auf den Kopf stellt.[10]

Werbemacher wissen, dass sie dauernd kreativ sein müssen, um unsere Aufmerksamkeit zu gewinnen. Mit ihren Werbespots wecken sie unser Interesse an bestimmten Waschmitteln, Kartoffelchips oder Parfüms, aber wenn ihre Spots nicht dauernd frisch sind, nehmen wir sie nicht mehr wahr, und sie verlieren ihre Wirkung.

Die Vermeidung der Wiederholung ist der Ursprung der menschlichen Kultur. Man hört oft, die Geschichte wiederhole sich, doch das stimmt so nicht. Sie reimt sich höchstens, wie Mark Twain meinte. Sie versucht ähnliche Dinge, aber die Details sind immer andere. Alles entwickelt sich. Innovation ist unerlässlich. Menschen wollen Neues.

Wir brauchen also beides. Einerseits will unser Gehirn Energie sparen, indem es die Welt wegerklärt. Andererseits sucht es den Reiz der Überraschung. Wir wollen nicht in einer Endlosschleife leben, aber genausowenig wollen wir ununterbrochen überrascht werden. Wir wollen nicht morgens aufwachen und schon wieder vom Murmeltier begrüßt werden, aber wir wollen auch nicht aufwachen und feststellen, dass sich die Schwerkraft umgekehrt hat und wir an der Decke kleben. Wir brauchen beides: Wir wollen Bekanntes nutzen und Unbekanntes erforschen.

DIE GOLDENE MITTE

Gehirne suchen ein Gleichgewicht zwischen Vertrautem und Neuem und müssen einen Kompromiss zwischen beiden herstellen.[11] Nehmen wir an, Sie überlegen, in welches Restaurant Sie Ihre Familie ausführen wollen. Sie können sich für das entscheiden, in das Sie immer gehen, oder Sie können etwas Neues ausprobieren. Wenn Sie sich für das Lieblingsrestaurant der Familie entscheiden, nutzen Sie Ihr Erfahrungswissen. Wenn Sie sich auf kulinarisches Neuland wagen, dann erforschen Sie das Unbekannte.

Tiere suchen diesen Kompromiss irgendwo in der Mitte. Wenn sie aus Erfahrung wissen, dass unter den roten Steinen Würmer sitzen und unter den blauen nicht, dann müssen sie dieses Wissen nutzen. Aber weil die Welt unberechenbar ist, müssen sie trotzdem auch anderswo suchen. Denn eines Tages könnten sie feststellen, dass die Würmer weg sind, zum Beispiel wegen einer Dürre, eines Waldbrands, oder weil ein Konkurrent sie ihnen weggefressen hat. Weil die wenigsten Gesetze dieser Welt unveränderlich sind, müssen Tiere das Gelernte nutzen *(unter den roten Steinen liegen Würmer)* und gleichzeitig versuchen, neue Entdeckungen zu machen *(was mag wohl unter den blauen Steinen liegen?)*. Deshalb sucht ein Tier überwiegend unter roten Steinen – aber nicht ausschließlich. Hin und wieder sieht es auch unter einem blauen Stein nach, auch wenn es dort in der Vergangenheit keinen Erfolg hatte. Es forscht weiter. Es steckt die Nase auch unter gelbe Steine, in Astlöcher und in den Bach, weil es nie weiß, woher die nächste Mahlzeit kommen wird. So finden Tiere die goldene Mitte zwischen der Ausnutzung von Erlerntem und der Suche nach Neuem.

In ihrer langen Entwicklung haben unsere Gehirne die goldene Mitte gefunden zwischen der Erforschung von Neuem und der Nutzung von Altem, zwischen Flexibilität und Starre. Die Welt soll berechenbar sein, aber auch nicht *zu* berechenbar: Wir leben im Spannungsfeld zwischen Bekanntem und Unbekanntem. Deshalb gibt es ständig neue Frisuren, Fahrräder, Sportstadien, Schrifttypen, Romane, Moden, Filme, Kücheneinrichtungen oder Autos. Die neuen Erzeugnisse haben große Ähnlichkeit mit ihren Vorgängern, aber sie wandeln diese auch ab. Wenn etwas allzu vorhersehbar ist, dann schauen wir nicht mehr hin, und wenn es zu überraschend ist, dann sind wir verwirrt. Wie wir in den folgenden Kapiteln sehen werden, blüht die Kreativität genau in diesem Spannungsfeld auf.

*

Wir brauchen also Neues, aber in Maßen. Wir wollen Überraschungen, aber wohldosiert. Deshalb gibt es in unserer Welt so viele »Skeuomorphe«: neue Dinge, die sich an Vertrautes anlehnen. Als beispielsweise der iPad auf den Markt kam, hatte er eine Lese-App mit einem Bücherregal aus »Holz«, und die Programmierer gaben sich alle Mühe, damit sich die »Seiten« der Bücher blättern ließen wie die von Büchern aus Papier. Warum erfand man das Buch nicht einfach für das digitale Zeitalter völlig neu? Weil man den Kunden entgegenkommen wollte, und die wünschten sich einen Bezug zum Vertrauten.

Selbst beim Wechsel von einer Technik zur nächsten stellen wir eine Verbindung zum Bekannten her. So hat zum Beispiel die Apple Watch einen Drehknopf, der aussieht wie der Knopf, mit dem man an einer analogen Uhr die Zeiger verstellte und die Feder aufzog. In einem Interview mit der Zeitschrift *New Yorker* erklärte der Designer Jonathan Ive, er habe den Knopf ein wenig versetzt, um ein Gefühl der »fremden Vertrautheit« herzustellen. Wenn er ihn in die Mitte gesetzt hätte, dann hätten Nutzer vermutlich erwartet, dass er die alte Funktion erfüllt, und wenn er ganz darauf verzichtet hätte, dann hätte die Uhr vielleicht nicht

mehr wie eine Uhr ausgesehen.[12] Skeuomorphe sind eine Brücke zwischen Alt und Neu.

Unsere Smartphones sind voller Skeuomorphe. Um zu telefonieren, drücken Sie auf das Symbol eines alten Telefonhörers mit Hör- und Sprechmuschel, obwohl sich diese Technik schon vor Jahren verabschiedet hat. Wenn Sie ein Foto machen, spielt das Gerät eine Audiodatei mit einem Kameraklicken ab, obwohl Digitalkameras keine mechanischen Verschlüsse haben. Wir löschen die Nullen und Einsen unserer Apps, indem wir sie in einen »Papierkorb« verschieben. Wir speichern Dateien, indem wir das Symbol einer Diskette anklicken – eine längst ausgestorbene Technik. Wir kaufen Waren im Internet, indem wir sie in den »Warenkorb« legen. Solche Bezüge schaffen einen nahtlosen Übergang von der Vergangenheit in die Zukunft. Selbst unsere modernste Technik ist über eine Nabelschnur mit ihrer Geschichte verbunden.

Diese Goldene Mitte zwischen der Erforschung des Neuen und der Nutzung des Alten ist nicht auf den Menschen beschränkt, aber während Eichhörnchen seit Jahrmillionen in verschiedenen Büschen suchen, haben wir Menschen mit unserer Technologie die Welt erobert. Irgendetwas muss also anders sein am menschlichen Gehirn. Nur was?

WARUM ZOMBIES KEINE HOCHZEIT FEIERN

Wenn Sie mit einem Zombie Essen gehen würden, dann würden Sie vermutlich nicht erwarten, dass er Sie mit einem originellen Einfall überrascht. Warum? Das Verhalten von Zombies ist automatisiert: Sie funktionieren nach vorgegebenen Programmen. Deshalb fahren sie nicht Skateboard, schreiben keine Memoiren, schicken keine Raketen auf den Mond und legen sich keine neuen Frisuren zu.

Zombies sind natürlich nur Filmwesen, aber sie verraten uns etwas über die Natur: Auch die meisten Tiere spulen mit ihrem Verhalten nur feste Programme ab. Zum Beispiel die Biene. Ein Reiz bewirkt jedesmal dieselbe Reaktion, und so entscheidet sich eine Biene zwischen verschiedenen Möglichkeiten wie »auf der blauen Blüte landen« oder »auf der gelben Blüte landen«, »angreifen« oder »wegfliegen«. Aber warum denkt die

Biene nicht kreativ? Weil ihre Gehirnzellen starr miteinander verbunden sind und Signale von Input zu Output weitergeben wie eine Kette von Feuerwehrleuten die Wassereimer.[13] Im Gehirn der Biene entstehen diese Ketten schon vor der Geburt: Chemische Signale geben die Routen von Gehirnzellen vor und lassen so unterschiedliche Hirnregionen entstehen, die für Bewegung, Hören, Sehen, Riechen und so weiter zuständig sind. Selbst wenn sie neues Territorium erforscht, arbeitet sie hauptsächlich mit Autopilot. Eine Biene lässt genauso wenig mit sich diskutieren wie ein Zombie: Sie ist nichts anderes als eine biologische Maschine, ihr Verhaltensprogramm ist das Ergebnis einer Jahrmillionen langen Evolution.

Auch wir Menschen haben ein wenig von Bienen in uns. Dieselbe neurale Maschinerie ermöglicht uns ein riesiges Portfolio von instinktiven Verhaltensweisen, die vom Gehen und Kauen über Ducken und Ausweichen bis hin zur Verdauung reichen. Außerdem haben wir ein Talent dafür, neue Fähigkeiten so gut zu lernen, dass unser Gehirn sie automatisiert. Wenn Sie Radfahren, Autofahren, Tippen oder mit Messer und Gabel essen lernen, dann ätzen Sie diese Fähigkeiten in schnelle Leiterbahnen auf die Platine Ihres Gehirns, um die Effizienz des Systems zu maximieren.[14] Die schnellsten Verbindungen werden gegenüber den langsameren bevorzugt. Hirnzellen, die für eine Aufgabe nicht mehr gebraucht werden, werden nicht mehr aktiviert.

Wenn die Geschichte hier schon zu Ende wäre, dann hätten wir unsere Zivilisationen niemals geschaffen: Es gäbe keine Gedichte, Hubschrauber, Hüpfstelzen, Jazz, Bratwurstbuden, Flaggen, Kaleidoskope, Konfetti und Cocktails. Worin unterscheidet sich also unser Gehirn von dem einer Biene? Das Gehirn einer Biene besteht aus einer Million Zellen, aber das menschliche Gehirn aus Hundert Milliarden und hat damit Spielraum für ein viel größeres Repertoire an Verhaltensweisen. Aber wir haben nicht nur mehr Gehirnzellen, sondern diese Zellen sind auch anders organisiert. Vor allem haben wir mehr Gehirnzellen zwischen Wahrnehmung (»was ist da los?«) und Handlung (»das will ich tun«). So können wir eine Situation registrieren, verarbeiten, Alternativen abwägen und schließlich (wenn nötig) handeln. Ein großer Teil unseres Lebens spielt sich in den Hirnregionen ab, die mit Wahrnehmen und Handeln beschäftigt sind, und deshalb können wir vom Nachdenken zum Erneuern wechseln.

Das gewaltige Wachstum der menschlichen Hirnrinde machte Unmengen von Gehirnzellen unabhängig von frühen chemischen Signalen, weshalb hier flexiblere Verbindungen entstehen können. Diese große Zahl nicht festgelegter Gehirnzellen verleiht uns Menschen eine geistige Flexibilität, die andere Tiere nicht haben. Sie ermöglicht uns »vermittelte« Verhaltensweisen – also Verhaltensweisen, die nicht auf Kommando erfolgen, sondern nach Abwägung.

Im Gegensatz zu den automatischen Verhaltensweisen verlangen nichtautomatische Verhaltensweisen Denken und Voraussicht – nur so können wir ein Gedicht verstehen, ein schwieriges Gespräch mit einer Freundin führen oder neue Lösungen für ein Problem entwickeln. Zu diesem Denken gehört die Suche nach innovativen Ideen. Die Gehirnzellen reagieren nicht auf Knopfdruck, sondern führen eine Art Parlamentsdebatte.[15] Alle nehmen an der Diskussion teil. Koalitionen werden geschmiedet. Wenn sich ein Konsens herausschält, kann eine Idee ins Bewusstsein aufsteigen – doch das, was uns wie eine plötzliche Eingebung vorkommt, ist in Wirklichkeit das Ergebnis einer ausführlichen inneren Debatte. Und wenn dieselbe Frage ein weiteres Mal ansteht, kann die Antwort ganz anders ausfallen. Eine Biene würde ihre Königin nicht mit den *Geschichten aus Tausendundeiner Nacht* umgarnen – es wäre immer dieselbe Nacht, denn das Bienengehirn geht immer denselben Weg. Da unsere Gehirnstruktur jedoch auf Improvisation ausgelegt ist, können wir Geschichten erfinden und unsere Welt neu erfinden.

Menschen leben in einem Spannungsfeld zwischen automatischen Verhaltensweisen, die Gewohnheiten hervorbringen, und nichtautomatischen Verhaltensweisen, die diese durchbrechen. Welches Gehirn ist besser: ein optimiertes und effizientes oder ein verästeltes und flexibles? Die Antwort ist: Wir brauchen beides. Automatisierte Verhaltensweisen machen uns zu Experten: Wenn Bildhauer meißeln, Architekten Gebäude entwerfen oder Wissenschaftler Experimente durchführen, dann hilft ihnen ihr erworbenes Geschick bei der Suche nach neuen Lösungen. Und wenn wir unsere neuen Ideen nicht umsetzen können, dann kämpfen wir für sie. Automatisiertes Verhalten bringt dagegen nichts Neues hervor. Mit vermitteltem Verhalten schaffen wir Neues. Das ist die neurologische Grundlage der Kreativität. Wie Arthur Koestler es ausdrückte: »Kreativität ist Überwindung der Gewohnheit durch Originalität.« Oder um es mit den Worten des Erfinders Charles Kettering zu sagen: »Runter von der Autobahn!«

ZUKUNFTSSZENARIEN

Die große Zahl von Hirnzellen, die zwischen Reiz und Reaktion liegen, ist ebenfalls ein entscheidender Grund für unsere eindrucksvolle Kreativität. Dank ihrer Hilfe können wir über Möglichkeiten nachdenken, die weit über das hinausgehen, was wir direkt vor Augen haben. Und das macht die Magie unseres Gehirns aus: Wir spielen unermüdlich *Was wäre wenn.*

Überhaupt ist dies eine der wichtigsten Aufgaben des Gehirns: der Entwurf von Zukunftsszenarien.[16] Soll ich zustimmend nicken oder dem Chef sagen, dass er Blödsinn daherredet? Will ich heute Abend Chinesisch, Italienisch oder Mexikanisch essen gehen? Wenn ich die Stelle bekomme, sollte ich dann lieber in ein Haus auf dem Land oder in eine Wohnung in der Stadt ziehen? Weil wir nicht alle Möglichkeiten durchprobieren können, um ihre Folgen zu verstehen, simulieren wir sie im Kopf. Nur eines der Szenarien wird schließlich Wirklichkeit (oder auch gar keins), aber indem wir uns auf die verschiedenen Alternativen vorbereiten, können wir flexibler auf die Zukunft reagieren.

Diese Fähigkeit machte uns zu kognitiv modernen Menschen. Bei der Erfindung alternativer Realitäten haben wir es zu einer wahren Meisterschaft gebracht. Wir nehmen das, *was ist,* und spielen damit *Was wäre wenn.*

Schon als Kinder simulieren wir die Zukunft: Fantasiespiele sind ein fester Bestandteil der menschlichen Entwicklung.[17] In den Gedanken eines Kindes wirbeln Vorstellungen herum, in denen es Präsident wird, zum Mars fliegt und heldenhaft Brände löscht. Mithilfe von Gedankenspielen dieser Art malen sich Kinder immer neue Möglichkeiten aus und sammeln Wissen über ihre Umgebung.

Auch als Erwachsene entwerfen wir Zukunftsszenarien, etwa wenn wir uns Alternativen überlegen oder uns vorstellen, was passiert, wenn wir einen anderen Weg wählen. Wenn wir darüber nachdenken, wo wir wohnen, was wir studieren, wie wir unser Geld anlegen und mit welchem Partner wir unser Leben verbringen wollen, dann ist uns klar, dass die meisten unserer Überlegungen falsch sein oder nie Wirklichkeit werden könnten. Werdende Eltern fragen sich: »Wird es ein Junge oder ein Mädchen?« Weil sie es nicht wissen, legen sie sich Alternativen für Namen, Kleidung, Einrichtung und Spielsachen zurecht. Auch Pinguine, Pferde, Koalas und Giraffen bringen nur ein Junges zur Welt, doch soweit wir wissen, macht sich keine dieser Arten derartige Gedanken.

Dieses Denken in Szenarien ist so alltäglich, dass wir gar nicht mehr bemerken, wie kreativ es eigentlich ist. Mithilfe der Sprache können wir unsere Vorstellungen an andere weitergeben. Wir spekulieren endlos darüber, was hätte sein können: »Wenn du mit zu der Party gekommen wärst, dann hättest du Spaß gehabt.« Oder: »Wenn du die Stelle angenommen hättest, dann wärst du heute reich, aber unglücklich.« Oder: »Wenn der Trainer nicht den Stürmer vom Feld genommen hätte, dann hätten wir gewonnen.«[18] Hoffnung ist eine Form der kreativen Spekulation: Wir stellen uns die Welt so vor, wie wir sie gern hätten, und nicht so, wie sie ist. Ohne es zu bemerken, leben wir einen großen Teil unseres Lebens im Konjunktiv.[19]

Zukunftsszenarien tragen auch zu unserer Sicherheit bei: Wir spielen bestimmte Schritte erst im Kopf durch, ehe wir sie in der wirklichen Welt umsetzen. Deshalb meinte der Philosoph Karl Popper: »Unsere Hypothesen sterben an unserer Stelle.« Wir simulieren die Zukunft (»Was würde passieren, wenn ich von dieser Klippe springe?«) und passen unser künftiges Verhalten daran an (»Ich trete besser einen Schritt zurück«).

Aber wir benutzen dieses Denkinstrument nicht nur, um uns am Leben zu erhalten, sondern um vollständige neue Welten zu erfinden. Diese alternativen Wirklichkeiten sind der Acker, auf dem unsere Fantasie reiche Ernte einholt. Das *Was wäre wenn* war der Weltraumaufzug, mit dem Einstein die Zeit neu verstand. Das *Was wäre wenn* entführte Jonathan Swift nach Liliput und ins Land der Riesen. Mit dem *Was wäre wenn* versetzte sich Shakespeare in Julius Cäsar. Das *Was wäre wenn* transportierte Alfred Wegener in eine Zeit, in der die Kontinente zusammenhingen. Das *Was wäre wenn* half Charles Darwin, sich den

Ursprung der Arten vorzustellen. Unsere Fähigkeit, uns Zukunftsszenarien auszumalen, ermöglicht unter anderem neue Formen des Reisens. Richard Branson gründete mehr als hundert Unternehmen, darunter eine kommerzielle Fluglinie, die Reisende ins Weltall befördern soll. Worauf er sein unternehmerisches Talent zurückführt? Auf die Fähigkeit, sich Dinge vorzustellen, die nicht auf der Hand liegen.

Aber es gibt noch etwas anderes, das unserer Kreativität Flügel verleiht und das nicht in unserem Kopf zu finden ist: die Gehirne anderer Menschen.

KREATIVITÄT WIRD GESELLSCHAFTLICH BESCHLEUNIGT

Die Freunde F. Scott Fitzgerald und Ernest Hemingway lebten als arme Schriftsteller in Paris. Der junge Robert Rauschenberg hatte Beziehungen zu Cy Twombly und Jasper Johns, ehe diese berühmt wurden. Die zwanzigjährige Mary Shelley schrieb ihren Roman *Frankenstein* in einem Sommer, den sie mit den Dichtern Percy Bysshe Shelley und Lord Byron verbrachte.

Wenn man dem Mythos glaubt, dann sind Künstler in der Abgeschiedenheit von der Welt am kreativsten. Die Autorin Joyce Carol Oates schrieb dagegen 1972 in einem Aufsatz: »Dass Künstler fern jeder Gemeinschaft leben müssen, ist ein Märchen … Künstler sind vollkommen normale und normal sozialisierte Menschen, auch wenn die romantische Tradition sie gern als tragische Einzelgänger darstellt.«[20]

So ziemlich das Schlimmste, was Künstlern passieren kann, ist ein Umfeld, in dem sich niemand für ihre Arbeit interessiert, ihnen niemand Beachtung schenkt und niemand sie unterstützt. Das einsame Genie, das unverstanden in der Wüste lebt, ist eine Märchenfigur. Denn Kreativität ist immer ein sozialer Akt.

Wenige Menschen verkörpern den Mythos des verkannten Genies so sehr wie Vincent van Gogh. Er lebte am Rand des künstlerischen Establishments und verkaufte zu Lebzeiten kaum Bilder. Aber bei genauerem Hinsehen erweist auch er sich als ein Mensch, der mitten im Leben stand: In regen Briefwechseln tauschte er sich mit anderen Malern über die Malerei und andere Künstler aus. Als er seine erste gute Besprechung erhielt, schickte er dem Kritiker zum Dank eine Zypresse. Er und Paul Gauguin planten eine Künstlerkolonie in den Tropen, ehe es zum Zerwürfnis zwischen beiden kam. Warum glauben dann trotzdem noch so viele Menschen, van Gogh sei ein tragischer Einzelgänger gewesen? Weil das unserer Vorstellung des Genies entspricht. Aber diese Vorstellung ist falsch. Van Gogh war weder ein Außenseiter noch ein Eremit, sondern nahm aktiv an der Kunstwelt seiner Zeit teil.[21]

Und nicht nur Maler sind sozial vernetzt, sondern alle kreativen Menschen. E.O. Wilson schrieb: »Den großen Wissenschaftler, der allein in einem versteckten Labor vor sich hin arbeitet, gibt es nicht.«[22] So gern viele Wissenschaftler glauben, dass ihnen ihre Geistesblitze in einsamer Genialität kommen – in Wirklichkeit arbeiten sie in einem Geflecht aus gegenseitigen Abhängigkeiten. Schon die Fragen, mit denen sich Wissenschaftler beschäftigen, stammen aus der kreativen Gemeinschaft: Isaac Newton, einer der größten Denker seiner Zeit, beschäftigte sich ausgiebig mit der Alchemie, die seine Zeitgenossen in Atem hielt.

Wir sind soziale Wesen. Wir arbeiten pausenlos daran, einander zu beeindrucken. Stellen Sie sich vor, Sie würden jedes Mal dasselbe antworten, wenn ein Freund Sie fragt, was Sie heute gemacht haben. Die Freundschaft würde vermutlich nicht sonderlich lange halten. Stattdessen versuchen wir, andere zu überraschen, zu verblüffen und zu erstaunen, und umgekehrt wollen wir von anderen überrascht, verblüfft und erstaunt werden.

Das ist übrigens auch einer der Gründe, warum Computer nicht sonderlich kreativ sind. Sie spucken nur aus, womit man sie füttert – Telefonnummern, Dokumente, Fotos. Das können sie zugegeben oft besser als unser eigenes Gedächtnis. Aber gerade weil Computer so exakt sind, haben sie kein Talent dafür, Witze zu machen oder zu schmeicheln, um etwas zu erreichen. Oder einen Film zu drehen. Oder einen Vortrag zu halten. Oder einen rührseligen Roman zu schreiben. Damit künstliche Intelligenz kreativ wird, müssten wir eine Gesellschaft von Computern schaffen, die einander überraschen und beeindrucken wollen. Doch der soziale Aspekt von Computern fehlt völlig, weshalb die »Intelligenz« von Computern rein mechanisch bleibt.

KAPITEL 1

ESSEN SIE IHR GEHIRN NICHT AUF

Ein kleines Weichtier namens Seescheide legt ein ganz sonderbares Verhalten an den Tag. Als Larve schwimmt sie umher und sucht sich einen Standort, an den sie sich heften kann. Sobald sie sich niedergelassen hat, frisst sie ihr eigenes Gehirn auf. Warum? Weil sie es nicht mehr braucht. Sie hat ihr festes Zuhause gefunden. Das Gehirn hat ihr geholfen, einen geeigneten Lebensraum zu finden, und nachdem es seinen Zweck erfüllt hat, wird es zum Rohstoff für den Aufbau von anderen Organen. Daraus lernen wir, dass das Gehirn dazu da ist, zu suchen, zu streben und zu entscheiden; wenn sich das Tier niedergelassen hat, hat es seinen Zweck erfüllt.

Wir Menschen neigen nicht dazu, unser eigenes Gehirn aufzufressen, was auch daran liegt, dass wir nie einen Punkt erreichen, an dem wir uns niederlassen. Mit unserem dauernden Drang, Routinen zu bekämpfen, müssen wir kreativ bleiben. In Kunst und Technik suchen wir nicht einfach nur die Befriedigung von Erwartungen, sondern Überraschung. Daher zeichnet sich die Menschheit während ihrer gesamten Geschichte durch ihre überbordende Fantasie aus: Wir bauen wunderliche Wohnräume, bereiten unsere Mahlzeiten nach immer neuen Rezepten zu, kleiden uns in ständig wechselndes Gefieder, kommunizieren mit hochkomplexen Lautgebilden und reisen auf selbst gebauten Rädern und Flügeln von einem Lebensraum zum anderen. Kein Aspekt unseres Lebens bleibt von unserer Genialität verschont.

Bei unserem Hunger nach Neuem wird die Innovation zum obersten Gebot. Und das beschränkt sich nicht auf einige wenige Genies. Der Innovationstrieb ist in jedem Gehirn angelegt, und der daraus resultierende Kampf gegen Eintönigkeit ist der Motor der gewaltigen Veränderungen von einer Generation, einem Jahrzehnt und einem Jahr zum anderen. Der Wunsch, Neues zu schaffen, ist Teil unserer biologischen Ausstattung.

Wir schaffen Hunderte Kulturen und erfinden Abermillionen neue Geschichten. Wir umgeben uns mit Dingen, die es noch nie gegeben hat – etwas, was Schweine, Lamas und Goldfische nicht tun. Aber woher kommen die neuen Ideen?

KAPITEL 2

DAS SCHÖPFERISCHE GEHIRN

Am 9. Januar 2007 stand Steve Jobs in Jeans und schwarzem Rolli auf der Bühne von MacWorld. »Hin und wieder kommt ein revolutionäres Produkt daher, das alles verändert«, verkündete er. »Heute wird Apple das Telefon neu erfinden.« Selbst nach Jahren der Spekulation war das iPhone eine Offenbarung. Niemand hatte je zuvor etwas Vergleichbares gesehen: Es war Kommunikationsgerät, Musikplayer und PC in einem, und man konnte es in die Tasche stecken. Die Medien bejubelten es als bahnbrechend, Blogger nannten es das »Jesus-Phone«. Das iPhone ähnelte anderen großen Erfindungen: Sie treffen uns unvorbereitet und scheinen wie ein Blitz aus heiterem Himmel zu kommen.

Aber Neuerungen kommen nie aus heiterem Himmel: Sie sind immer der letzte Zweig im Stammbaum der Erfindung. Der Informatiker und Designer Bill Buxton sammelt seit Jahrzehnten technische Geräte und kennt die lange Ahnenreihe, die unseren modernen Apparaten vorangehen.[23] Da ist zum Beispiel die Casio AT 550-7, eine Armbanduhr mit Taschenrechner aus dem Jahr 1984: Sie hatte bereits einen Touchscreen, auf den man mit dem Finger Ziffern schreiben konnte. Zehn Jahre später, und immer noch dreizehn Jahre vor dem iPhone, brachte IBM ein Handy mit Touchscreen auf den Markt.

Das Simon war das erste Smartphone der Welt: Der Bildschirm wurde mit einem Griffel bedient, und das Telefon hatte eine Reihe von Apps. Man konnte damit Faxe, E-Mails und Seiten verschicken, außerdem hatte es eine Weltzeituhr, ein Schreibprogramm, einen Kalender und sogar schon Wortergänzung. Leider verkaufte es sich kaum. Warum verschwand das Simon wieder? Unter anderem, weil die Batterie nur eine Stunde hielt, aber auch, weil die Mobiltelefonie damals unerschwinglich war und weil es kein Ökosystem von Apps gab. Aber genau wie der Touchscreen von Casio hinterließ das Simon sein Erbgut im iPhone, das scheinbar »aus heiterem Himmel« kam.

Vier Jahre nach dem Simon kam der Data Rover 840 auf den Markt, ein internetfähiger Organizer mit Touchscreen, der ebenfalls mit einem Griffel bedient wurde. Mobilcomputer fassten Fuß.

Beim Gang durch seine Sammlung deutet Buxton auf viele Geräte, die der Elektronikbranche den Weg bereiteten. Mit dem Palm Vx aus dem Jahr 1999 wurden sie so dünn, wie wir es heute kennen. »Damit kam das Vokabular auf, mit dem wir heute superschlanke Geräte wie die Laptops beschreiben«, erklärt Buxton. »Wo liegen die Wurzeln? Hier, genau hier.«[24]

Schritt für Schritt wurde der Boden für das

»revolutionäre« Produkt von Steve Jobs bereitet. Das Jesus-Phone war also doch keine jungfräuliche Geburt.

Ein paar Jahre nach Einführung des iPhone blätterte der Schriftsteller Steve Cichon durch einen Stapel von Tageszeitungen der *Buffalo News* aus dem Jahr 1991. Er war neugierig, was sich geändert hatte. In einer Ausgabe stieß er auf diese ganzseitige Anzeige eines Elektromarkts. Cichon war verblüfft: Jedes einzelne der beworbenen Produkte war durch das iPhone in seiner Tasche ersetzt worden.[25] Zwei Jahrzehnte zuvor hätten ihn diese Geräte 3054,82 Dollar gekostet; heute war an deren Stelle ein 142 Gramm schweres Gerät getreten, das einen Bruchteil dessen kostete und viel weniger Material verbrauchte.[26] Die Anzeige war die Ahnengalerie des iPhone.

Bahnbrechende Erfindungen kommen nie aus heiterem Himmel. Sie sind das Produkt »von Erfindern, die ihren Helden die besten Ideen klauen«, meint Buxton. Er vergleicht iPhone-Designer Jonathan Ive mit dem Gitarristen Jimi Hendrix, der in seinen Songs oft andere Musiker zitierte. »Wenn man die Geschichte kennt und genau hinhört, dann kann man Jimi Hendrix noch besser würdigen«, so Buxton.

Etwas Ähnliches meint auch der Kunsthistoriker Jon Gertner, wenn er schreibt:

> Wir haben das Bild vom Erfinder, der einen Geistesblitz, ein Aha-Erlebnis oder eine verblüffende Offenbarung hat. In Wirklichkeit haben große technische Sprünge selten einen eindeutigen Anfangspunkt. Zu Beginn formieren sich lediglich die Kräfte,

> die einer Erfindung vorangehen, oft kaum wahrnehmbar, eine Gruppe von Menschen oder Ideen finden zueinander, um dann im Laufe der nächsten Monate, Jahre oder Jahrzehnte an Klarheit, Schwung und Unterstützung zu gewinnen.[27]

Wie ein Diamant ist Kreativität nichts anderes als in funkelnde Formen gepresste Geschichte. Nehmen wir ein anderes revolutionäres Produkt von Apple, den iPod.

In den Siebzigerjahren waren Raubkopien eines der beherrschenden Themen der Musikbranche. Händler konnten nicht verkaufte Alben an die Plattenfirmen zurückschicken und erhielten einen Teil des Preises erstattet. Das nutzten viele, um gefälschte Kopien zu remittieren. Von Olivia Newton-Johns Album *Physical* wurden beispielsweise zwei Millionen Exemplare ausgeliefert, doch obwohl sich das Album lange unter den Top 10 hielt, wurden sage und schreibe drei Millionen Alben zurückgeschickt. Um diesen Betrug zu verhindern, hatte der britische Erfinder Kane Kramer eine Idee: Er wollte ein Verfahren entwickeln, um Musik digital per Telefon zu verschicken, um mit diesen Daten die Platten direkt im Laden drucken zu können. Aber weil die Plattenpressen so unhandlich waren, kam er auf den Gedanken, die Musik stattdessen in digitaler Form zu belassen und ein tragbares Abspielgerät zu entwickeln. Er entwarf ein digitales Abspielgerät, das er IXI nannte: Es hatte einen Bildschirm und Knöpfe, mit denen sich die Lieder auswählen und abspielen ließen.

Kramer entwarf nicht nur das Abspielgerät, sondern sah ganz neue Möglichkeiten für den Verkauf und die Verbreitung von digitaler Musik vorher. Der Handel hätte ein unbegrenztes Inventar und bräuchte keine Lager mehr. Paul McCartney war einer der ersten Investoren. Kramers Gerät hatte nur einen Haken: Der Speicherplatz reichte nur für ein einziges Lied.

Die Designer von Apple griffen die Idee auf, verpassten dem Gerät ein »Scrollrad«, einen größeren Speicher und neue Software, verpackten es in peppige Materialien und brachten es als iPod auf den Markt – 22 Jahre nach Kramer.

Steve Jobs sagte später:

> Kreativität heißt einfach, Dinge miteinander zu verbinden. Wenn Sie kreative Menschen fragen, wie sie etwas zustande gebracht haben, dann schämen sie sich oft ein bisschen, weil sie es im Grunde nicht selbst gemacht haben. Sie haben nur etwas erkannt. Nach einer Weile schien es ihnen offensichtlich – sie waren in der Lage, ihre Erfahrungen miteinander zu verbinden und etwas Neues daraus zu machen.

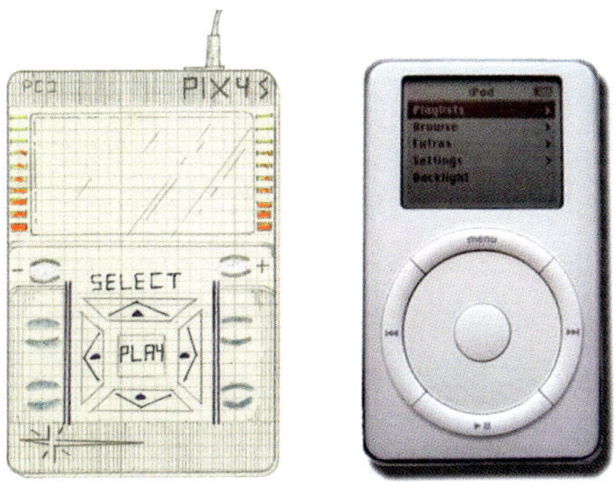

Links: Kramers Erfindung. Rechts: der spätere iPod von Apple.

Auch Kramers Idee kam nicht aus heiterem Himmel – sein Gerät trat in die Fußstapfen des Walkmans von Sony, eines tragbaren Kassettenrekorders. Der Walkman war möglich geworden durch die Erfindung der Kompaktkassette im Jahr 1963, die wiederum auf den Schultern des Tonbands aus dem Jahr 1924 stand, und so weiter. Alles entsteht aus dem Ökosystem von vorangegangenen Erfindungen.

Menschliche Kreativität existiert nicht im Vakuum. Wir bedienen uns bei unserer Erfahrung und den Rohstoffen in unserer Umgebung, um unsere Welt neu zu gestalten. Wenn wir wissen, wo wir herkommen und wo wir jetzt stehen, öffnen wir die Tür zu den nächsten großen Erfindungen. Aus seiner Gerätesammlung schließt Buxton, dass in der Regel zwei Jahrzehnte vergehen, ehe sich ein neuer Gedanke auf dem Markt durchsetzt. In der Zeitschrift *Atlantic* sagte er: »Wenn ich recht habe, dann ist das, was in zehn Jahren eine neue Milliardenbranche wird, heute schon zehn Jahre alt. Das eröffnet einen ganz neuen Blick auf die Innovation. Erfindungen kommen nicht aus heiterem Himmel, sondern sie werden wie Gold geschürft, gefördert, geläutert und geschmiedet, und dann wird etwas daraus hergestellt, das mehr wert ist als sein Gewicht in Gold.«

*

Bei der Rettung der havarierten Raumkapsel von Apollo 13 schürften und verarbeiteten die Ingenieure der NASA ihren vorhandenen Wissensschatz. Die Kapsel war Hunderttausende Kilometer entfernt, und die Lösung musste aus den Materialien improvisiert werden, die den Astronauten zur Verfügung standen. Die Ingenieure am Boden hatten ein Inventar sämtlicher Gegenstände, die sich in der Kapsel befanden, und sie konnten auf ihre Erfahrungen aus früheren Weltraummissionen zurückgreifen. Das alles nutzten sie, um einen Rettungsplan zu schmieden. Später schrieb Gene Kranz:

> Jetzt war ich dankbar für die viele Zeit, die wir vor dem Flug mit der Entwicklung von Alternativen und Notlösungen für alle möglichen Ausfälle zugebracht hatten. So wussten wir zum Beispiel, dass wir bei einem Ausfall der Brennstoffzellen das Wasser des Kommandomoduls, den kondensierten Schweiß und sogar den Urin der Mannschaft verwenden konnten, um die Systeme zu kühlen.

Aus ihrer gemeinsamen Erfahrung schürften die Ingenieure den Rohstoff für ihre Problemlösungen. Rund um die Uhr diskutierten sie Ideen und erprobten sie in den Kopien der Kapsel, die zu Ausbildungszwecken verwendet worden waren. Unter immensem Zeitdruck improvisierten sie mit dem vorhandenen Material.

Der kreative Prozess erhält seine Nahrung durch die Rohstoffe in unserer Umgebung. Man nehme als Beispiel die Frühzeit der Autoindustrie. Vor 1908 war der Bau eines Autos eine komplizierte Angelegenheit: Jedes Fahrzeug war ein Einzelstück, die verschiedenen Bauteile wurden an unterschiedlichen Orten gefertigt und dann sorgfältig zusammengesetzt. Henry Ford schuf die entscheidende Neuerung. Er optimierte den gesamten Ablauf und brachte die Herstellung der Teile und ihre Montage unter einem Dach zusammen. Am einen Ende wurden Eisenerz, Holz und Kohle in die Fabrik gefüttert, am anderen Ende spuckte sie Autos aus. Das Fließband revolutionierte die gesamte Fertigung: »Statt die Arbeit an einem Ort verrichten zu lassen und die Arbeiter daran vorbeizuführen, beließ das Fließband die Arbeiter an einem Ort und führte die Arbeit an ihnen vorbei.«[28] Dank dieser Erfindung rollten die Autos in beispielloser Geschwindigkeit aus dem Werk. Eine gewaltige neue Industrie war geboren.

Aber wie das iPhone kann auch das Fließband auf eine lange Ahnengalerie zurückblicken. Schon Anfang des 19. Jahrhunderts hatte Eli Whitney für die US-Armee Waffen mit austauschbaren Teilen hergestellt; so ließen sich defekte Gewehre ganz einfach reparieren, indem man beschädigte Teile austauschte. Für Ford war der Gedanke der austauschbaren Teile ein Geschenk: Statt Teile für jedes Fahrzeug einzeln zuzuschneiden, konnte er sie in Massen produzieren. Ebenfalls im 19. Jahrhundert hatten zum Beispiel Zigarettenhersteller ihre Fertigung in kleinere Einzelschritte zerlegt und auf diese Weise beschleunigt. Das Band selbst lernte Henry Ford in den Schlachthöfen von Chicago kennen. Später bekannte er: »Ich habe nichts Neues erfunden. Ich habe nur die Entdeckungen anderer Männer kombiniert, hinter denen Jahrhunderte an Arbeit stecken.«

Aber nicht nur Ingenieure schürfen in der Geschichte, sondern auch Künstler, Musiker und Schriftsteller. Samuel Taylor Coleridge war der Inbegriff des romantischen Dichters: leidenschaftlich, impulsiv, mit einer überbordenden Fantasie. Sein Gedicht *Kubla Khan* schrieb er nach einem Opiumtraum. Er schien von den Musen geküsst zu sein.

Nach Coleridges Tod rekonstruierte John Livingston Lowes aus seiner Bibliothek und seinen Tagebüchern den kreativen Prozess des Dichters.[29] Bei der Auswertung des Nachlasses stellte er fest, dass die Bücher, die das Arbeitszimmer des Dichters säumten, »ihren heimlichen Einfluss auf fast alles ausübten, was Coleridge in seiner schöpferischen Hochphase schrieb«. So fand er zum Beispiel heraus, dass die Beschreibung der Wasserschlangen in der berühmten Ballade *The Rime of the Ancient Mariner* – »Sie schwimmen her, sie schwimmen hin, / Die Spur wie Gold so hell« – auf eine Passage im Logbuch des Entdeckers

James Cook zurückgeht, in der dieser beschreibt, wie fluoreszierende Fische »eine golden leuchtende Spur« im Wasser hinterlassen.[30] Für einen Abschnitt des Gedichts nach dem anderen fand Lowes' Einflüsse in den Regalen des Dichters, was nicht weiter verwunderlich ist, denn Coleridge war nie selbst zur See gefahren. Lowes kam zu dem Schluss, dass Coleridges hitzige Fantasie von eindeutig benennbaren Quellen in seiner Bibliothek befeuert worden war. Alles hat seine Vorläufer. Wie die Autorin Joyce Carol Oates schrieb: »Die schönen Künste sollten genau wie die Naturwissenschaften als Gemeinschaftsleistung verstanden werden – der Versuch des Einzelnen, vielen Stimmen Stimme zu verleihen, ein Versuch, zusammenzubringen, zu erforschen und zu analysieren.«[31]

Was Kramers Entwurf für Jonathan Ive und Whitneys Gewehr für Henry Ford war, das war Coleridges Bibliothek für den Dichter: eine Grube, in der er schürfte, um aus dem gewonnenen Gold seine Gedichte zu schmieden.

Aber was ist mit einer Idee, Erfindung oder Schöpfung, die einen Sprung darstellt, wie man ihn in siebenhundert Jahren nicht gesehen hat? So hatte Richardson schließlich Picassos Gemälde *Les Demoiselles d'Avignon* beschrieben.

Doch selbst ein derart originelles Werk hat seine Vorläufer. Schon eine Generation vor Picasso waren erste Künstler auf Abstand zum Hyperrealismus der französischen Salonkünstler gegangen. Vor allem Paul Cézanne, der ein Jahr vor der Entstehung von *Les Demoiselles d'Avignon* starb, hatte seine Leinwände in geometrische Formen und Farbflecke heruntergebrochen. Sein *Mont Sainte-Victoire* erinnert an ein Puzzle. Picasso sagte später, Cézanne sei sein »einziger Lehrmeister« gewesen.

Paul Cézannes *Mont Sainte-Victoire*

Andere Aspekte von *Les Demoiselles* standen unter dem Einfluss eines Gemäldes, das einem Freund Picassos gehörte: dem Altarge-

El Grecos *Die Öffnung des fünften Siegels*

Paul Gauguins *Nave Nave Fenua*

mälde *Die Öffnung des fünften Siegels,* das El Greco Anfang des 17. Jahrhunderts geschaffen hatte. Picasso besuchte seinen Freund mehrfach, um das Altargemälde zu studieren, und lehnte seine Anordnung der Prostituierten an die Gruppierung der Figuren in El Grecos Gemälde an. Auch die Form und Größe von *Les Demoiselles* scheint von den ungewöhnlichen Proportionen des Altargemäldes beeinflusst zu sein.

Aber Picasso griff auch exotischere Einflüsse auf. Einige Jahrzehnte zuvor hatte sich der Maler Paul Gauguin über alle gesellschaftlichen Konventionen hinweggesetzt, hatte seine Frau und Kinder verlassen und war nach Tahiti ausgewandert. Dort lebte er in seinem privaten Garten Eden und ließ einheimische Kunst in seine Gemälde und Holzschnitte einfließen. Das war Picasso nicht entgangen.

Picasso war fasziniert von der Volkskunst, vor allem aus seiner Heimatregion, dem spanischen Baskenland. Eines Tages schlich sich ein Freund von Picasso im Louvre an einem schlafenden Wachmann vorbei und stahl zwei baskische Ausstellungsstücke, die er für 50 Franc an den Maler weiterverkaufte. Picasso wies später selbst auf die Ähnlichkeit

Eine iberische Skulptur und ein Ausschnitt aus Picassos *Les Demoiselles d'Avignon.*

zwischen den gestohlenen Skulpturen und den Gesichtern auf seinem Gemälde hin und erklärte, »die Kopfform, die Ohren und die Umrandung der Augen« seien identisch. Richardson schreibt: »Die iberische Bildhauerkunst war Picassos Entdeckung … Kein anderer Maler hat sie für sich beansprucht.«

Während Picasso an *Les Demoiselles* arbeitete, zeigte ein nahe gelegenes Museum eine Ausstellung mit afrikanischen Masken. In einem Brief an einen Freund schrieb Picasso, die Idee zu *Les Demoiselles* sei ihm am Tag seines Besuchs in dieser Ausstellung gekommen. Später erzählte er eine andere Geschichte und behauptete, er habe die Ausstellung erst besucht, nachdem das Gemälde schon fertig gewesen sei. Wie dem auch sei, es besteht eine unbestreitbare Ähnlichkeit zwischen den afrikanischen Masken und einem der

Eine afrikanische Maske und ein Ausschnitt aus Picassos *Les Demoiselles d'Avignon.*

radikalsten Merkmale seines Gemäldes, nämlich den maskenhaften Gesichtern zweier seiner Prostituierten.

Picasso schürfte das Rohmaterial in seiner Umgebung, und auf diese Weise brachte er seine Kultur voran. Wenn wir aufzeigen, welche Einflüsse auf seine Arbeiten gewirkt haben, minimieren wir auf keinen Fall seine Originalität. Seine Zeitgenossen hatten Zugang zu denselben Quellen wie er. Aber nur er brachte all diese Einflüsse zusammen und malte *Les Demoiselles d'Avignon.*

Genau wie die Natur bestehende Lebensformen benutzt, um daraus neue zu erschaffen, so arbeitet auch unser Gehirn mit Vorlagen. Vor mehr als vierhundert Jahren schrieb der französische Essayist Michel de Montaigne: »Die Bienen sammeln hier und allerorten von Blumen, aber sie machen daraus Honig, der ihnen ganz eigen gehört. Es ist weder Thymian mehr noch Majoran. Ebenso wird der Zögling das, was er von andern borgt, verändern und verwandeln, um ein ihm eigenes Werk daraus zu bilden.«[32]

Oder wie es der Wissenschaftshistoriker Steven Johnson ausdrückt: »Wir nehmen Ideen, die wir geerbt oder gefunden haben, und setzen sie zu neuen Formen zusammen.«[33]

Egal ob sie das iPhone erfinden, Autos am Fließband herstellen oder moderne Kunstwerke schaffen – Schöpfer greifen immer Vererbtes auf und verändern es. Sie nehmen die Welt in ihr Gehirn auf und modellieren verschiedenen Zukunftsszenarien daraus. Nirgends wird dies deutlicher als bei Menschen, die diese Fähigkeit aus irgendeinem Grund verlieren. Ein Beispiel ist die Grafikerin Lonni Sue Johnson, eine erfolgreiche Künstlerin, die unter anderem die Titelseiten der Zeitschrift *The New Yorker* gestaltete. Im Jahr 2007 erkrankte sie an einer lebensbedrohlichen Infektion, die ihr Gedächtnis zerstörte.[34] Sie überlebte, doch nun lebte sie in einem Zeitfenster von fünfzehn Minuten und konnte sich weder an ihre Ehe und Scheidung erinnern noch an Menschen, die sie gerade erst gesehen hatte. Ihr Gedächtnis war weitgehend entleert, und ihre Kreativität verdorrte. Sie malte nicht mehr, weil ihr nichts mehr einfiel. In ihrem Kopf schwirrten keine Vorlagen mehr herum, sie hatte keine Ideen mehr, wie sich Gesehenes neu zusammenstellen ließ. Wenn sie sich vor ein leeres Blatt setzte, dann sah sie nichts als ein leeres Blatt. Sie brauchte die Vergangenheit, um die Zukunft erschaffen zu können. Sie hatte nichts mehr, auf das sie zurückgreifen konnte, und deshalb konnte sie auch nicht mehr zeichnen. Lonni Sues Gehirn ist ein Beleg dafür, dass Kreativität auf das Gedächtnis angewiesen ist.

Aber es gibt doch sicher Aha-Erlebnisse, also Fälle, in denen jemand von einer Idee getroffen wird wie vom Blitz aus heiterem Himmel? Zum Beispiel der Orthopäde Anthony Cicoria, der 1994 von einer Telefonzelle aus mit seiner Mutter sprach, als er plötzlich von einem ganz realen Blitz getroffen wurde. Einige Wochen später begann er mit einem Mal, Musikstücke zu komponieren. Bei der Präsentation seiner *Lightning Sonata* erklärte er, die Musik sei ihm »von der anderen Seite« gegeben worden. Wenn es jemals einen Fall von Kreativität gab, die aus dem Nichts kam, dann könnte es doch dieser sein: ein Nichtmusiker, der plötzlich zu komponieren beginnt.

Aber bei genauerem Hinsehen benutzt auch Cicoria das Rohmaterial aus seiner Umgebung. So erzählt er zum Beispiel, dass er nach dem Unfall einen intensiven Wunsch verspürte, Klaviermusik des 19. Jahrhunderts zu hören. Es ist schwer zu sagen, was der Blitzschlag mit Cicorias Gehirn angestellt haben mag, aber es ist offensichtlich, dass er dieses Repertoire schnell aufsog. Seine Musik ist schön, und vor allem weist sie die gleiche Struktur auf wie die Musik, die er hörte: Komponisten wie Chopin, die fast zwei Jahrhunderte vor ihm lebten. Wie Lonni Sue Johnson benötigte er Rohstoffe, die er verarbeiten konnte. Sein Wunsch, Musik zu komponieren, mag aus heiterem Himmel gekommen sein, aber der zugrunde liegende schöpferische Prozess nicht.

Viele Menschen stehen bildlich gesprochen im Gewitter und warten darauf, vom kreativen Blitz getroffen zu werden. Aber der schöpferische Prozess entsteht aus vorhandenen Erinnerungen und Eindrücken. Neue Ideen werden nicht von einem Blitzschlag entzündet, sondern entstehen aus dem Zusammenspiel von Abermilliarden winzigen Funken im Dunkel des Gehirns.

DIE NEUGESTALTUNG DER WELT

Wir Menschen sind unermüdlich kreativ. Egal ob es sich um Worte, Klänge oder Bilder handelt: Wir sind wie eine Küchenmaschine, in die wir unsere Eindrücke füttern und die etwas ganz Neues daraus zubereitet. Wenn man unsere angeborenen Denkprogramme mit der immer größer werdenden Zahl der *Homo sapiens* multipliziert, dann erklärt das, warum Innovationen immer schneller aufeinanderfolgen. Zwischen der landwirtschaftlichen und der industriellen Revolution liegen elf Jahrtausende. Zwischen dem Beginn der industriellen Revolution und der Erfindung der Glühbirne vergingen nur 120 Jahre. Von dort bis zur Mondlandung waren es nur noch 90 Jahre, bis zur Erfindung des Internets weitere 22 Jahre und nur noch neun Jahre bis zur Entschlüsselung des menschlichen Genoms. Die Geschichte der Innovation ist eindeutig: Große Erfindungen folgen in immer kürzeren Abständen aufeinander.[35] Und genau das würde man von einem Gehirn erwarten, das die besten Ideen des ganzen Planeten aufgreift und weiter verbessert.

Bei der Neugestaltung der Welt traten Apple, NASA, Ford, Coleridge und Picasso in die Fußstapfen ihrer Vorgänger. Man könnte mei-

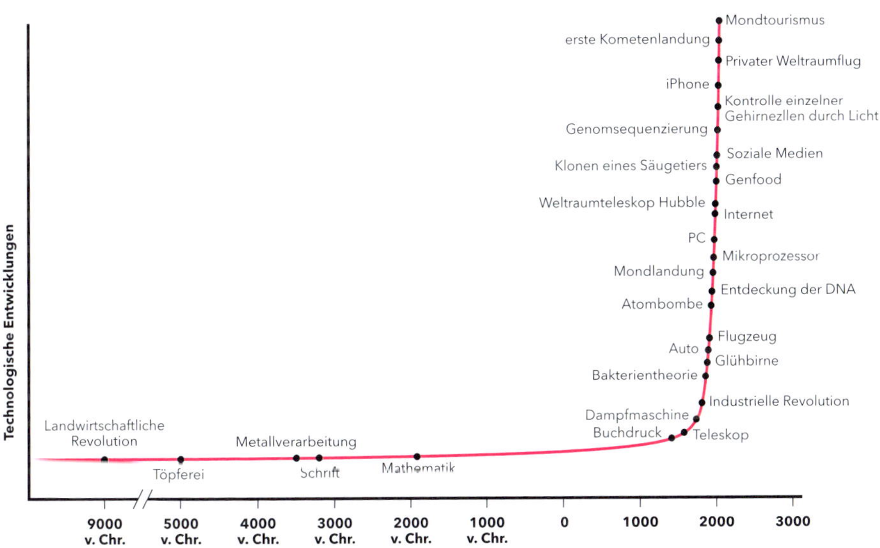

nen, dass sie dabei sehr unterschiedlich vorgegangen sein müssen – die Neuerfindungen von Elektrogeräten, Autos, Lyrik und Malerei sind schließlich sehr unterschiedliche geistige Unternehmungen. Es scheint, als würden kreative Köpfe sehr unterschiedliche Methoden zur Neugestaltung unserer Welt verwenden. Doch unserer Ansicht nach gibt es in Wirklichkeit nur drei grundlegende kognitive Strategien der Kreativität: Biegen, Brechen und Verbinden.[36]

Beim Biegen wird das Original verbogen oder in neue Form gebracht.

Krzywy Domek (»Krummes Häuschen«) von Szotyński und Zaleski im polnischen Ostseebad Zoppot.

Beim Brechen wird das Ganze auseinandergenommen.

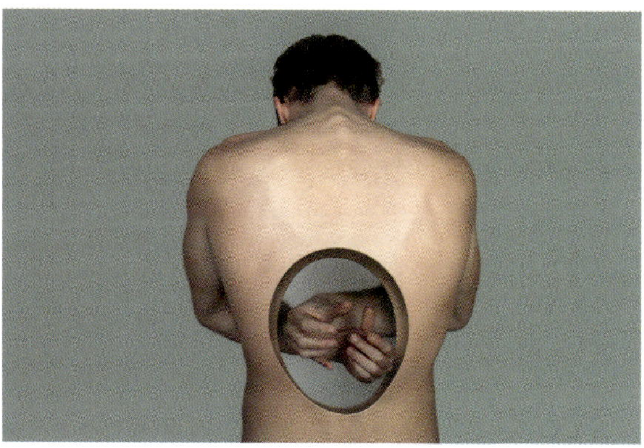

Yago Partal, *Defragmentados*

Und beim Verbinden werden zwei oder mehr Quellen kombiniert.

Thomas Barbey, *Oh Sheet!*

Mit diesen drei Begriffen Biegen, Brechen und Verbinden lassen sich auch die Gehirnoperationen zusammenfassen, die dem kreativen Denken zugrunde liegen. Für sich oder zusammengenommen haben uns diese drei kreativen Strategien vom IBM Simon zum iPhone gebracht und von religiöser zu moderner Kunst. Sie haben die Rückkehr von Apollo 13 genauso möglich gemacht wie das Fließband. Wir werden Ihnen zeigen, wie diese drei kreativen Strategien unserer Fantasie Flügel verleihen und wie wir mit ihrer Hilfe die Welt immer wieder neu gestalten.

Diese drei kreativen Strategien sind die Werkzeuge, mit denen wir die Welt sehen und verstehen. Nehmen wir nur unser Gedächtnis: Es ist keine Videoaufzeichnung, die unsere Erlebnisse detailgetreu aufzeichnet, sondern eine Mischung aus Verzerrung, Verkürzung und Vermengung. Der Input ist nicht identisch mit dem Output, weshalb Zeugen ein und desselben Autounfalls alle etwas anderes zu Protokoll geben und Teilnehmer ein und derselben Unterhaltung den Inhalt ganz unterschiedlich wiedergeben. Dieser Mechanismus ist die Quelle der menschlichen Kreativität: Wir biegen, brechen und verbinden alles, was wir wahrnehmen, und diese Instrumente führen uns weit über die Realität hinaus. Als Computer wären wir nicht zu gebrauchen, aber um alternative Welten zu erfinden, bringen wir genau die richtigen Voraussetzungen mit.

Sie kennen sicher die bunten Modelle, die das Gehirn in klare Zuständigkeitsbereiche unterteilen: Diese Region tut dieses, jene Region jenes. Dieses Modell vernachlässigt jedoch den wichtigsten Aspekt des menschlichen Gehirns: Die Gehirnzellen können sich frei miteinander verbinden, sodass keine Hirnregion für sich allein arbeitet. Wie in einer Gesellschaft stehen sie in einem lebhaften Austausch, sie verhandeln und kooperieren miteinander. Wie wir gesehen haben, ist dieser verbreitete Austausch die neurologische Grundlage unserer Kreativität. Bestimmte Fähigkeiten können zwar auf bestimmte Hirnregionen beschränkt sein, aber Kreativität ist eine ganzheitliche Angelegenheit: Sie entsteht im breiten Zusammenspiel weit voneinander entfernter neuronaler Netze.[37] Aufgrund dieser tiefen Vernetzung wendet unser Gehirn die drei kreativen Strategien auf eine große Bandbreite von Erfahrungen an: Wir sind dauernd damit beschäftigt, die Welt wahrzunehmen, zu verarbeiten und neue Versionen davon zu erschaffen.

Das Geschick, mit dem wir diese kreativen Strategien anwenden, ist unser Kapital, denn schon aus einigen wenigen Möglichkeiten lässt sich auf diese Weise eine atemberaubende Vielfalt hervorbringen. Sehen wir uns nur an, was die Natur mit dem Umbau einiger weniger Grundbausteine der DNA hervorbringt: Pflanzen und Fische, die in der dunklen Tiefsee überleben; Tiere, die das Festland bevölkern; Vögel, die durch die Lüfte fliegen; Lebewesen, die in der Hitze und im ewigen Eis, in der Höhe und der Tiefe, im Regenwald und der Wüste überleben – sie alle entstehen aus unterschiedlichen Kombinationen von nur vier Nukleotiden. Auf unserem Planeten sind Abermillionen Arten entstanden, von winzigen Amöben bis zu gigantischen Walen, allein durch den ständige Umbau der Erbinformation. Auch unser Gehirn verdankt seine Kreativität einigen wenigen Operationen, mit denen es Wahrnehmungen verändert und umbaut. Wir nehmen das Rohmaterial unserer Erfahrung und biegen, brechen und verbinden es, um Neues hervorzubringen. Diese drei kreativen Strategien sind ein unerschöpflicher Quell neuer Ideen und Verhaltensweisen.

Auch andere Tiere können kreativ sein, doch der Mensch ist unerreicht. Warum? Wie wir gesehen haben, hat unser Gehirn mehr Zellen zwischen Input und Output und bietet damit mehr Raum für abstrakte Vorstellungen und mehr Wege durchs neuronale Dickicht. Mehr noch, mit unserer außergewöhnlichen Sozialneigung tauschen wir unentwegt Gedanken aus, weshalb wir uns gegenseitig mit neuen Ideen befruchten. Das Wunder der menschlichen Kreativität ist nicht, dass uns Ideen aus heiterem Himmel in den Kopf kommen, sondern dass wir so viel Hirnschmalz darauf verwenden, sie zu entwickeln.

SICHTBARE UND UNSICHTBARE KREATIVITÄT

In unserem Gehirn läuft die kreative Software die ganze Zeit im Verborgenen. Wenn wir übertreiben, lügen, mit Worten spielen, aus Resten eine neue Mahlzeit kreieren, unsere Partner mit einem Geschenk überraschen, einen Strandurlaub planen oder über eine gescheiterte Beziehung nachdenken, verarbeiten und verändern wir Erinnerungen und Empfindungen, die wir früher aufgenommen haben.

Da unsere Gehirne seit Jahrmillionen über den Planeten streifen, stoßen wir auf Schritt und Tritt auf Belege für die menschliche Kreativität. Manchmal sind sie leicht zu erkennen, etwa wenn ein Automobilhersteller ein neues Modell auf den Markt bringt oder wenn Sie eine Coverversion Ihres Lieblingslieds hören. Aber in unserer modernen Welt ist diese unermüdliche Umverpackung von Erfindungen, Ideen und Erfahrungen nicht immer erkennbar.

Sehen Sie sich zum Beispiel YouTube an. Dieser Anbieter hat die Veröffentlichung von Videos im Internet revolutioniert. Dabei war es gar nicht so einfach, die Nummer eins zu bleiben: Bei YouTube erkannte man schnell, dass die Videos ruckelfrei laufen mussten, wenn man Besucher halten wollte. Es macht keinen Spaß, sich ein Video anzusehen, das dauernd unterbrochen wird: Wenn das passiert, klicken die Nutzer weg.[38] Das Problem wurde nicht kleiner, als hochauflösende Videos aufkamen, denn diese Dateien sind riesig und erfordern eine schnelle Internetverbindung. Wenn die Übertragung zu langsam wird, stauen sich die Bytes, und das Video stockt. Leider schwankt die Übertragungsgeschwindigkeit, was nicht an YouTube liegt, sondern an Ihrem Provider. Je beliebter die hochauflösenden Videos wurden, umso öfter mussten es die Nutzer erleben, dass die Bilder stockten. Die Techniker des Unternehmens standen vor einem scheinbar unlösbaren Problem. Wenn sie keinen Einfluss auf die Übertragungsgeschwindigkeit hatten, wie konnten sie dann ihren Nutzern ein zuverlässiges Streaming bieten?

Die Lösung war verblüffend einfach. In der Regel werden YouTube-Videos in drei Qualitäten abgespeichert: hochauflösend, normal und niedrig. Also entwickelten die Ingenieure ein Programm, das die Dateien mit den verschiedenen Auflösungen in kleine Schnipsel zerlegte, wie die Perlen einer Halskette. Während das Video auf Ihrem Computer abgespielt wird, beobachtet ein anderes Programm die Schwankungen der Übertragungsgeschwindigkeit und zeigt Ihrem Computer an, welche Auflösung noch störungsfrei bei Ihnen ankommt. Was aussieht wie ein ununterbrochenes Video, ist in Wirklichkeit eine Abfolge vieler Tausend Filmschnipsel. Solange genug hochauflösende Ausschnitte in Ihrer Übertragung sind, bemerken Sie gar nicht, dass auch solche mit schlechterer Bildqualität darunter sind. Sie beobachten nur, dass die Übertragung insgesamt besser geworden ist.

Um die Qualität des Streamings zu verbessern, zerhackten und mischten die Techniker die Videos und stellten damit die Erwartung infrage, dass hochauflösende Videos tatsächlich zu hundert Prozent hochauflösend sein müssen. Aber jetzt kommt das Entscheidende: Sie sehen die Kreativität nicht, auf der das Streaming beruht. Sie ist unsichtbar.

YouTube-Streaming ist ein Beispiel für unsichtbare Kreativität: Sie soll gar nicht auf sich aufmerksam machen. Es ist Kreativität mit Tarnkappe. In Wirtschaft und Technik muss sich die Kreativität oft verstecken, denn es kommt einzig darauf an, dass ein Instrument seine Aufgabe erfüllt: Das Video läuft ruckelfrei, die App aktualisiert Ihre Fahrtroute, die Smartwatch zählt Ihre Schritte. Innovation versteckt sich oft.[39]

Ein anderes Beispiel sind unsere Gebäude. Hier verbirgt sich die Technik in den Mauern: Luftschächte, Rohre, Kabel, Balken und so weiter. Das Centre Pompidou in Paris kehrt dagegen das Innere nach außen: Die funktionalen Elemente sind für alle Welt sichtbar auf der Fassade angebracht.

Die Fassade des Centre Pompidou in Paris.

Wenn das Design an die Oberfläche tritt, dann wird die Kreativität sichtbar. Die Rohre und Kabel der Erfindung sind zu sehen, und wir erkennen die inneren Abläufe, die Innovation ermöglichen.

Am häufigsten begegnen wir der sichtbaren Kreativität in den Künsten. Weil die Künste geschaffen sind, um gesehen zu werden, sind sie so etwas wie die Open-Source-Software der Erfindung. Zum Beispiel Christian Marclays Installation *The Clock*: In dieser 24-stündigen Videomontage wird jede Minute des Tages durch eine Filmszene repräsentiert, in der eine Uhr mit genau dieser Zeit zu sehen ist. So schaut zum Beispiel um 14.18 Uhr Denzel Washington in *Die Entführung der U-Bahn Pelham 123* auf eine Uhr, die »14:18« anzeigt. Über die 24 Stunden hinweg werden Tausende Ausschnitte aus Filmen wie *Heißblütig – Kaltblütig*, *Moonraker – Streng geheim*, *Der Pate*, *Nightmare* und *Zwölf Uhr mittags* aneinandergereiht, und es ist eine schwindelerregende Vielfalt von Uhren zu sehen – Taschenuhren, Armbanduhren, Wecker, Stechuhren, Standuhren, Turmuhren, analog und digital, schwarz-weiß und in Farbe.[40]

Marclays Videoinstallation unterscheidet sich gar nicht so sehr von der Kunst der YouTube-Ingenieure: Wie sie zerhackt er vorhandenes Filmmaterial in kurze Schnipsel und flickt diese neu zusammen. Aber während die Kreativität der Programmierer verborgen ist, gibt uns Marclay einen Einblick in die Anatomie des schöpferischen Prozesses: Wir sehen, dass er die Filme zerstückelt und neu zusammengesetzt hat, um daraus seinen eigenen Film zu machen. Im Gegensatz zu den Technikern von YouTube macht er die Zerstückelung für uns sichtbar.

Die Kunst ist so alt wie die menschliche Kultur und hat über Zehntausende von Jahren hinweg ein ganzes Füllhorn von sichtbarer Kreativität hervorgebracht. Genau wie ein Hirnscan uns das Gehirn bei der Arbeit zeigt, so ermöglicht uns die Kunst einen Einblick in die Anatomie des schöpferischen Prozesses. Was können wir also aus dem Vergleich von Künsten und Wissenschaften über die Entstehung neuer Ideen lernen? Was hat freier Vers mit der Sequenzierung des Genoms und der Digitalisierung der Musik zu tun? Was hat die Sphinx mit selbst heilendem Beton zu tun? Was verrät uns Hip-Hop über Google Translate?

Um das zu verstehen, wollen wir uns nun die drei kreativen Strategien im Einzelnen ansehen.

KAPITEL 3

BIEGEN

Anfang der 1890er-Jahre mietete sich der französische Maler Claude Monet ein Zimmer gegenüber der Kathedrale von Rouen. Über zwei Jahre hinweg malte er mehr als dreißig Ansichten der Fassade. Obwohl die Perspektive immer dieselbe war, war kein Bild wie das andere. Monet zeigte die Kathedrale immer in einem anderen Licht: In einem leuchtete die Fassade im gleißenden Licht der Mittagssonne, in einem anderen wurde sie vom Abendlicht in Rot- und Orangetöne getaucht. Indem Monet dasselbe Motiv auf immer neue Weise darstellte, machte er Gebrauch von der ersten kreativen Strategie: Biegen.

Genau wie Monet nahm der japanische Maler Katsushika Hokusai ein Wahrzeichen Japans, den Berg Fuji, und fertigte 36 Holzschnitte an, die den Berg aus unterschiedlichen Entfernungen und in verschiedenen Stilen darstellten.

Im Lauf der Geschichte haben verschiedene Kulturen den menschlichen Körper in ganz unterschiedliche Formen gebogen.

Skulpturen aus Mexiko, Japan und Ghana.

Dasselbe gilt für Tiere.

Pferde aus China, Zypern und Griechenland.

Aber dieses Verbiegen findet nicht nur sichtbar statt, sondern auch unsichtbar. Zum Beispiel in der Herzchirurgie. Da Herzen versagen, fragten sich Ärzte lange, ob sie nicht künstliche Herzen herstellen konnten, ähnlich wie Arm- und Beinprothesen. Die Antwort war Ja: 1982 setzte William DeVries dem pensionierten Zahnarzt Barney Clark ein künstliches Herz ein, und dieser lebte noch vier Monate lang; als er starb, pumpte das künstliche Herz noch. Es war ein voller Erfolg für die Bionik.

Aber es gab ein Problem: Saugpumpen benötigen große Mengen Energie, und ihre beweglichen Teile nutzen sich ab. Außerdem gestaltete sich der Einbau in den Brustkorb eines Menschen schwierig. Daher fanden die Mediziner Billy Cohn und Bud Frazier im Jahr 2004 eine neue Lösung. In der Natur kommen zwar nur Saugpumpen vor, doch das hieß nicht, dass es nicht auch andere Lösungen geben konnte. Cohn und Frazer fragten sich, ob sie nicht eine Strömungspumpe verwenden konnten, die das Blut konstant durch den Körper pumpt wie Wasser durch einen Zierbrunnen.

Im Jahr 2010 erhielt der damalige amerikanische Vizepräsident Dick Cheney ein künstliches Herz mit einer Strömungspumpe, und seither hat er keinen Puls mehr. Der Puls ist lediglich ein Resultat des saugenden und pumpenden Herzens, aber er ist nicht nötig. Cohn und Frazer erfanden eine neue Art von Herz, indem sie den Prototypen der Natur nahmen, auf die Werkbank legten und verbogen.

Biegen kann ein Original auf ganz unterschiedliche Weise verändern. Zum Beispiel die Größe. Claes Oldenburgs Federbälle vor dem Nelson-Atkins Museum of Art in Kansas City sind beispielsweise so groß wie Zelte.

Claes Oldenburgs Federbälle.

Während der Olympischen Sommerspiele des Jahres 2016 installierte der Künstler JR die riesige Skulptur des Hochspringers Mohamed Younes Idris auf einem Gebäude von Rio de Janeiro.

Was sich vergrößern lässt, das lässt sich auch verkleinern. Weil der Schweizer Bildhauer Alberto Giacometti im Zweiten Weltkrieg in einem kleinen Hotelzimmer lebte, schuf er Miniaturskulpturen.

Alberto Giacometti, »Piazza«.

Und die französische Künstlerin Anastassia Elias schuf winzige Kunstwerke, die in Klorollen passen.

Anastassia Elias: »Pyramide«.

Mit einem gebündelten Ionenstrahl ritzt der Künstler Vic Muniz Zeichnungen auf Sandkörner.

Vic Muniz: »Sandburg Nummer 3«.

Was haben diese Kunstwerke damit zu tun, nächtliche Fahrten im Auto sicherer zu machen? Auf den ersten Blick gar nichts. Trotzdem war derselbe kognitive Prozess am Werk, als eine Lösung für ein vertracktes Problem der Windschutzscheiben gelöst wurde. Zu Beginn des Automobilzeitalters waren Nachtfahrten nämlich gefährlich, weil die Scheinwerfer entgegenkommender Autos stark blendeten. Daher machte sich der Erfinder Edwin Land daran, neue Windschutzscheiben zu entwickeln. Um die Sichtbarkeit zu verbessern, nutzte er den Effekt der Polarisation. Der Gedanke war nicht neu: Schon zu Napoleons Zeiten hatte der französische Ingenieur Étienne Louis Malus beobachtet, dass die Reflexion des Sonnenlichts auf Palastfenstern weniger stark war, wenn man sie durch ein Kalzitkristall sah. Aber es gab ein Problem. Generationen von Erfindern hatten versucht, große Kristalle zu verwenden. Aber stellen Sie sich eine 15 Zentimeter dicke Windschutzscheibe vor – Sie würden kaum noch hindurchsehen können.

Wie seine Vorgänger arbeitete Land zunächst mit großen Kristallen – ohne Erfolg. Bis er eines Tages ein Aha-Erlebnis hatte: Warum verkleinerte er die Kristalle nicht? Was Land später als »orthogonales Denken«[41] beschrieb, war im Grunde nichts anderes als der kognitive Prozess, der hinter den Miniaturen von Giacometti, Elias und Muniz steckt: Indem er die Kristalle verkleinerte, konnte er sie in Scheiben einbauen. Da die Kristalle mikroskopisch klein waren, blieb das Glas durchsichtig, und gleichzeitig verringerte sich der Blendeffekt. Die Fahrer sahen besser, doch die Kreativität hinter dieser Erfindung blieb unsichtbar.

Scheinwerfer durch eine nicht polarisierte Windschutzscheibe
und durch Lands polarisierte Scheibe.

Auch Formen lassen sich verbiegen. Im klassischen Ballett zielen die Figuren der Tänzer auf möglichst aufrechte Figuren. Die Choreografin Martha Graham verwendete dagegen neue Figuren, Bewegungen und Stoffe, um den menschlichen Körper in ganz neue Formen zu bringen.

Martha Graham; Fotos von Barbara Morgan.

Nicht nur Tänzer können sich verbiegen, sondern auch Gebäude. Mit Computerdesign und neuen Baumaterialien verdreht der Architekt Frank Gehry die normalerweise glatten Außenwände seiner Gebäude zu gekräuselten und gewundenen Fassaden

Drei Gebäude von Frank Gehry: Dancing House, Beekman Tower und das Lou Ruvo Center for Brain Health.

Kann man mit einer ähnlichen Strategie einem Auto zu einer größeren Reichweite verhelfen? Ein Hindernis bei der Einführung von Brennstoffzellen ist die Größe des Tanks: Normale Wasserstofftanks haben die Form eines Fasses und nehmen zu viel Raum ein. Ein Unternehmen namens Volute hat deshalb einen faltbaren Tank entwickelt, der beliebig in ungenutzte Freiräume des Wagens eingepasst werden kann.

Der passförmige Tank von Volute.

Das menschliche Gehirn findet eine endlose Vielfalt von Möglichkeiten, Dinge zu verbiegen. Der Künstler Claes Oldenburg verbog nicht nur die Größe, wie bei den Federbällen, sondern auch das Material: Statt Marmor oder Stein verwendete er für seine Skulpturen weiche Materialien wie Vinyl oder Stoff. In seinen übergroßen »Eisbeutel« baute er einen Motor ein, mit dem sich die Skulptur aufblasen und entleeren lässt – das kann der starre Marmor natürlich nicht.

Claes Oldenburgs »Eisbeutel«.

Genau wie Skulpturen hatten Roboter einst starre Körper. Vom Roboter B-9 aus der Fernsehserie *Verschollen zwischen fremden Welten* bis zu den automatischen Schweißmaschinen in den modernen Fabriken sind Roboter Helfer aus Stahl. Ihre glitzernde Haut ist stabil, aber sie hat auch ihre Nachteile: Metallteile sind schwer, und es kostet viel Energie, sie zu bewegen; außerdem sind die Blechkameraden nicht in der Lage, empfindliche Objekte zu handhaben, ohne sie zu zerbrechen. Das Unternehmen Otherlab experimentiert daher mit »weichen Robotern«: Statt Metall verwenden sie leichte und kostengünstige Materialien. Die aufblasbaren Roboter des Herstellers sind viel leichter und verbrauchen deutlich weniger Strom. Weiche Roboter eröffnen ganz neue Möglichkeiten: So haben Wissenschaftler schwammartige Roboter entwickelt, die sich winden und kriechen wie Regenwürmer und Raupen; so können sie sich über Oberflächen bewegen, auf denen herkömmliche Roboter aus Metall stecken bleiben würden. Andere Roboter können mit ihrem weichen Griff Eier und lebendes Gewebe anfassen, die ein Metallgreifer zerdrücken würde.

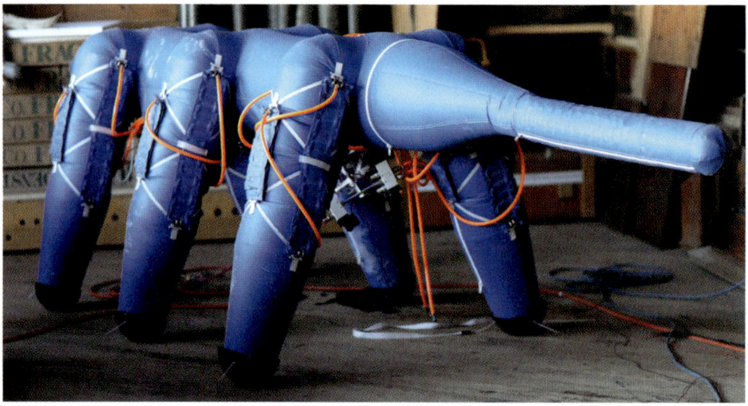

Der Ameisenroboter von Otherlab.

Gehirne variieren ständig dasselbe Thema, und dazu gehört auch unsere Zeitwahrnehmung. Die chaotische Polizeitruppe der Keystone Kops verfolgte Verbrecher im Zeitraffer, um die Slapsticks noch lustiger zu machen. Im Film *Bonnie und Clyde* wurde dagegen der finale Showdown des Ganovenpärchens in Zeitlupe aufgenommen, sodass ihr Tod im Kugelhagel der Polizei zu einem Ballett wird. Im Film *300* wechselt die Darstellung der Schlachtszenen zwischen Zeitraffer und Zeitlupe und spielt mit den Erwartungen der Zuschauer: Die Krieger verletzen einander auf die sonderbarste Art und Weise.

Auch die Technik verbiegt die Zeit. So funktionierte zum Beispiel die Strömungspumpe des künstlichen Herzens erst nicht wie geplant, da sich im Blutstrom Wirbel bilden und an scharfen Biegungen Klumpen entstehen können, die das Risiko eines Schlaganfalls erhöhen. Nach mehreren Experimenten entdeckten Frazier und Cohn, dass sie die Gefahr einer Verklumpung verringern konnten, indem sie die Fließgeschwindigkeit des Bluts variierten. Indem sie das pulslose Herz so programmierten, dass es geringfügig beschleunigte und verlangsamte, bekamen sie ein potenziell tödliches Problem in den Griff. Im Film *300* steigert die wechselnde Geschwindigkeit den Eindruck der Gewalt, im Herzen wirkt dieselbe Form der Zeitverbiegung lebensrettend.

Es gibt noch andere Möglichkeiten, die Zeit zu verbiegen. In der Regel fließt die Zeit vorwärts, aber nicht so in Harold Pinters Theaterstück *Betrogen*. Das Stück erzählt eine Dreiecksgeschichte: Roberts Frau Emma hat eine Affäre mit seinem besten Freund Jerry. Doch Pinter kehrt die Chronologie um: Das Stück beginnt mit einer Begegnung von Emma und Jerry einige Jahre nach dem Ende ihrer Beziehung. Das Stück erzählt die Ereignisse rückwärts und endet schließlich viele Jahre früher an dem Abend, an dem Jerry Emma seine Liebe erklärt. Jeder Schritt in die Vergangenheit zeigt frühere Pläne und Versprechungen, die niemals wahr werden. Wenn wir schließlich in der Schlussszene die Liebenden belauschen, klingen ihre Beteuerungen falsch. Indem Pinter den vertrauten Zeitpfeil umkehrt, legt er die Wurzeln der Zerstörung einer Beziehung bloß.

Gehirne lassen nicht nur im Theater die Zeit rückwärts laufen, sondern auch im Labor. Während des Zweiten Weltkriegs stellte der Schweizer Physiker Ernst Stückelberg fest, dass man das Verhalten eines Positrons als Elektron beschreiben ließ, das sich rückwärts durch die Zeit bewegt. Das widerspricht zwar jeder Alltagserfahrung, doch mit der Umkehrung der Zeit ließ sich die subatomare Welt besser verstehen.

Andere Wissenschaftler versuchen, den Zeitpfeil umzudrehen und einen Neandertaler zu rekonstruieren. Die Neandertaler sind unsere Vettern, die sich in etwa 10 Prozent der Gene von uns unterscheiden. In vieler Hinsicht waren sie uns ähnlich: Sie benutzten Werkzeuge, bestatteten ihre Toten und kannten das Feuer. Obwohl sie größer und stärker waren als wir, wurden sie von unseren Vorfahren verdrängt: Die letzten Neandertaler verschwanden vor 35 000 bis 50 000 Jahren. Der Biologe George Church von der Universität Harvard hat vorgeschlagen, einen Neandertaler zu rekonstruieren, indem man bei einem modernen menschlichen Genom beginnt und von dort aus in die Vergangenheit zurückgeht. So wie Pinter die Chronologie auf der Bühne umkehrte, würden Biologen die menschliche Evolution umkehren, die Stammzelle eines Neandertalers herstellen, sie in einen menschlichen Embryo verpflanzen und diesen in eine Gebärmutter einsetzen. Noch ist Churchs Idee nichts als Spekulation, doch sie ist ein weiteres Beispiel dafür, wie das Gehirn die Zeit manipuliert, um Neues zu schaffen.

*

Manche Verbiegungen sind größer als andere. In den Sechzigerjahren erwies der Pop-Art-Künstler Roy Lichtenstein den Kathedralen von Monet seine Reverenz. Seine Bilder sind grobkörniger und weniger bunt, doch der Ursprung ist unverkennbar.

Roy Lichtenstein: Rouen.

Auch in Karikaturen werden herausragende Merkmale verzerrt, um eine komische Wirkung zu erzielen – aber nicht so weit, dass man das Original nicht mehr erkennen kann.

Aber wenn die Verzerrung größer wird, kann es passieren, dass der Ursprung kaum noch zu identifizieren ist. So ist zum Beispiel kaum noch zu erkennen, dass diese beiden Gemälde von Monet dieselbe japanische Brücke in Giverny zum Gegenstand haben.

Claude Monets »Wasserlilien und japanische Brücke« und »Japanische Brücke«.

Und in Francis Bacons Porträts werden Gesichter so stark verzerrt und verdreht, dass die Gemalten nicht mehr erkennbar sind.

Francis Bacon: Drei Porträtstudien (darunter ein Selbstporträt)

Die Fähigkeit, etwas so weit zu verbiegen, dass es nicht mehr erkennbar ist, löste zu Beginn des Fernsehzeitalters ein Problem. Als in den Fünfzigerjahren das Fernsehen aufkam, wollten die Sender die Zuschauer zur Kasse bitten. Das Kabelfernsehen lag jedoch noch in ferner Zukunft, und es gab keine Möglichkeit, eine Sendung nur in ausgewählte Haushalte zu übertragen; den Sendern blieb nichts anderes übrig, als ihre Sendungen an alle auszustrahlen. Wie konnten die Anbieter ihre Zuschauer dazu bringen, für etwas zu bezahlen, das sie mit einer einfachen Antenne empfangen konnten? Die Lösung: Ingenieure fanden eine Möglichkeit, das Signal zu verquirlen wie Rührei, so wie es Bacon mit seinen Porträts gemacht hatte. Eine Form der Verschlüsselung mischte beispielsweise die Zeilen des Fernsehbilds. In einer anderen wurden die Zeilen zeitversetzt gesendet. Um neue Filme oder Sportereignisse sehen zu können, bekamen die Abonnenten einen Decoder, der das Signal entschlüsselte, alle anderen sahen nur verzerrte Bilder.[42] Die Verzerrungen verliehen Bacons Porträts psychologische Tiefe, und die Fernsehsender verdienten damit gutes Geld.

DER IRRGLAUBE VOM ENDE DER GESCHICHTE

Wir erliegen leicht dem Irrglauben, dass schon alles gesagt und getan ist. Aber die Geschichte des Verbiegens sagt uns etwas anderes: Es gibt immer noch mehr zu tun. Die menschliche Kultur ist immer unabgeschlossen.

Messer sind ein hübsches Beispiel. Die ältesten Steinklingen sind etwa zwei Millionen Jahre alt.

Messer aus der Steinzeit.

Im Laufe der Zeit schufen unsere Vorfahren Messer mit längerer Klinge und einem Griff, mit denen sich mehr Kraft einsetzen ließ. Aus diesen bescheidenen Anfängen wurden Messer in unzählige Formen gebogen, der Stammbaum der Schneidgeräte ist dick und weit verzweigt. Sehen Sie sich allein diese Messer von den Philippinen des 19. Jahrhunderts an.

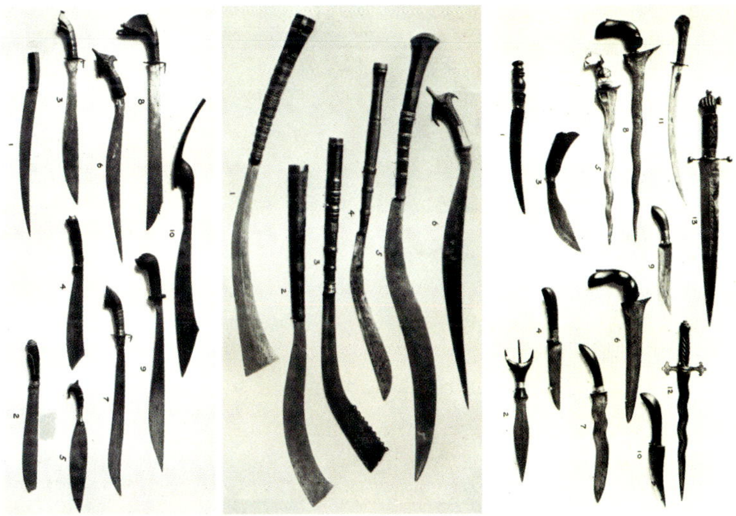

Messer von den Philippinen des 19. Jahrhunderts.

Auch Schirme und Sonnenschirme gibt es schon seit Urzeiten. Die alten Ägypter stellten sie aus Palmblättern oder Federn her, die Römer aus Leder und Häuten, die Azteken aus Federn oder Gold.[43] Im alten Rom und in China waren die Schirme bereits faltbar. In Indien und Siam waren die königlichen Schirme dagegen so schwer, dass sie rund um die Uhr gehalten werden mussten.

Der moderne Faltschirm wurde 1969 von Bradford Phillips erfunden und hat sich lange gehalten, doch damit ist die Geschichte des Schirms noch längst nicht zu Ende. Beim Patentamt der Vereinigten Staaten gehen bis heute so viele neue Patentanträge ein, dass es vier Schirmexperten beschäftigt.[44] Da ist zum Beispiel der asymmetrische Senz-Schirm, der sich bei starkem Wind weniger leicht umstülpt; der UnBrella, der umgekehrt geöffnet wird und seine Speichen außen hat;

oder der Nubrella, der wie ein Rucksack getragen wird, damit der Nutzer die Hände frei hat.

Senz-Schirm, UnBrella und Nubrella.

Auch in den Künsten ist kein Ende abzusehen. Die Klassiker werden ständig recycelt. Shakespeares *Romeo und Julia* wurde zu Ballett, Oper, Musical adaptiert und mehr als vierzig Mal verfilmt, zum Beispiel als *Gnomeo und Julia*, in dem die tragischen Liebenden von Gartenzwergen dargestellt werden.

Jazzmusiker Bobby Short spielte 35 Jahre lang im New Yorker Café Carlyle Klavier und sang. Aber egal wie oft er die Standards »I'm in Love Again« oder »Too Marvelous für Words« spielte, war keine Darbietung wie die andere. Für einen Jazzmusiker gibt es keine richtige Darbietung und keine letztgültige Version: Das Ziel ist vielmehr die ständige Erneuerung. Daher ist dasselbe Lied immer anders.[45]

Auch Sherlock Holmes ist ein beliebtes Objekt der Neuerfindung. In Arthur Conan Doyles Kurzroman *Eine Studie in Scharlachrot* entdeckt die Polizei eine Leiche und an der Wand die in Blut geschriebene Botschaft RACHE. Inspektor Lestrade von Scotland Yard zieht Sherlock Holmes hinzu, um diesen verblüffenden Fall zu lösen. Bei einer Untersuchung des Tatorts interpretiert Lestrade die blutigen Lettern:

> Es bedeutet selbstverständlich, dass jemand den Frauennamen Rachel schreiben wollte, vor der Vollendung jedoch gestört wurde. Glauben Sie mir: Wenn sich dieser Fall aufklärt, werden

> Sie feststellen, dass eine Frau namens Rachel darin verwickelt ist. Ja, lachen Sie nur, Mr Sherlock Holmes. Sie mögen pfiffig sein, aber wenn es hart auf hart kommt, sind die alten Spürhunde immer noch die besten.[46]

Aber Holmes untersucht den Tatort weiter und zieht schließlich einige erstaunliche Schlüsse:

> Es wurde ein Mord begangen, und der Täter ist ein Mann im besten Alter. Er misst über eins achtzig, hat aber relativ kleine Füße, trug klobige Stiefel mit breiten Kappen und rauchte eine dunkle Zigarre aus Tiruchirapalli.

Nachdem er herausgefunden hat, dass das Opfer vergiftet wurde, fügt er hinzu: »Ach, eins noch, Lestrade … Das Wort an der Wand ist das deutsche Wort *Rache*, nicht Rachel. Verschwenden Sie Ihre Zeit also nicht mit der Suche nach Rachel.«

Die Geschichte war ein Klassiker, aber Klassiker werden dauernd neu erfunden, und die Autoren der BBC-Serie gaben der Geschichte einen interessanten Dreh. In der ersten Episode (die den Titel »Eine Studie in Rosarot« trug) wird unter ähnlichen Umständen die Leiche einer Frau aufgefunden. Das Opfer hat das Wort *Rache* in die Holzdielen gekratzt.

Lestrade lässt Holmes ein paar Minuten Zeit, um sich den Tatort anzusehen, dann fragt er ihn, ob er eine Idee hat. Ein Polizist gibt vom Flur aus seinen Senf dazu: »Das ist eine Deutsche. Das Wort *Rache* ist deutsch.« Holmes erwidert: »Danke für Ihren Senf. Das ist natürlich Quatsch« und schließt die Tür. Dann fährt er fort: »Sie ist nicht von hier und wollte eine Nacht in London verbringen und dann in ihre Heimatstadt Cardiff zurück. So weit, so offensichtlich.«

Lestrade fragt vorsichtig: »Und die Botschaft?« Holmes erklärt, die Frau sei unglücklich verheiratet gewesen und habe eine Reihe von Liebhabern gehabt. Außerdem habe sie einen rosaroten Koffer dabeigehabt, der verschwunden sei. Zum Abschluss sagt er: »Sie muss ein Telefon oder einen Kalender gehabt haben. Finden wir heraus, wer Rachel war.«

»Das heißt Rachel?«, fragt Lestrade zweifelnd. Holmes erwidert sarkastisch: »Nein, sie wollte einen Wutbrief auf Deutsch schreiben. Natürlich heißt das Rachel.«

Auch eine Möglichkeit, einer klassischen Geschichte einen neuen Dreh zu geben.

*

Da unser Gehirn unentwegt Input verbiegt, entwickelt sich unsere Sprache weiter. Weil Veränderung im Erbgut der menschlichen Kommunikation angelegt ist, sehen Wörterbücher heute ganz anders aus als vor fünfhundert Jahren. Sprache befriedigt das Bedürfnis nach Austausch und Bewusstsein nicht nur, weil sie die Welt beschreibt, sondern auch, weil sie flexibel ist und sich mit ihr neue Ideen mitteilen lassen. Dank ihrer kreativen Möglichkeiten können wir kommunizieren, was wir wollen.[47]

Nehmen wir zum Beispiel die französische Gaunersprache *verlan*, in der Silben vertauscht werden. Aus *bizarre* wird so *zarbi*, aus *cigarette* wird *garettsi*.[48] Ursprünglich wurde sie nur von Jugendbanden und Kriminellen verwendet, um die Polizei in die Irre zu führen, aber inzwischen sind viele Wörter so verbreitet, dass sie Eingang in die französische Alltagssprache gefunden haben.

Definitionen in Wörterbüchern müssen ständig überarbeitet werden, um mit den neuen Verwendungen und Bedeutungen Schritt zu halten. So bedeutete zum Beispiel im Mittelalter das Wort *fahren* jede Art der Fortbewegung über eine längere Strecke; dabei war es egal, ob man zu Fuß ging oder ritt. Als die Kutsche dazukam, fuhr man natürlich auch auf Rädern. Aber weil irgendwann niemand mehr weitere Strecken zu Fuß oder zu Pferd zurücklegte, verloren sich diese Bedeutungen, und heute fährt man nur noch mit dem Auto oder Schiff. Mit *Frau* redete man im Mittelalter nur Fürstinnen an, alle anderen Frauen nannte man *Weib*. Als Französisch schick wurde, nannte man vornehme Frauen »Madame« oder »Dame«, »Frau« wurde nun für alle Angehörigen des weiblichen Geschlechts verwendet, und »Weib« wurde verpönt.[49] Wenn Sie sich hundert Jahre in die Zukunft beamen könnten, dann würden Sie sich vermutlich wundern, was Ihre Enkel so daherreden, denn Sprache ist ein sich ständig verändernder Spiegel der menschlichen Erfahrung.

*

Wie wir gesehen haben, ist »Biegen« die Veränderung eines bestehenden Vorbilds. Durch Veränderung von Größe, Form, Material, Geschwindigkeit, Abfolge und so weiter bietet diese kreative Strategie eine schier unendliche Vielzahl von Möglichkeiten. Weil unser Gehirn unentwegt die Wirklichkeit manipuliert, nimmt unsere Kultur immer mehr Variationen von überlieferten Themen auf.

Aber das Gehirn kennt noch eine weitere kreative Strategie: Es kann ein Thema aufbrechen und in seine Bestandteile zerlegen.

KAPITEL 4

BRECHEN

Brechen bedeutet, ein Ganzes – zum Beispiel einen menschlichen Körper – zu zerlegen und aus den Bruchstücken etwas Neues zu schaffen.

Sophy Caves »Schwebende Köpfe«, Auguste Rodins »Schattentorso« und Magdalena Abakanowicz' »Die Unerkannten«.

Für seinen »zerbrochenen Obelisk« nahm Barnett Newman einen Obelisken, zerbrach ihn in zwei Teile und stellte ihn auf den Kopf.

Barnett Newman, »Zerbrochener Obelisk«.

Auf ähnliche Weise zertrümmerten Georges Braque und Pablo Picasso in ihren kubistischen Gemälden die sichtbare Welt in ein Puzzle aus Winkeln und Perspektiven. In seinem gewaltigen Gemälde *Guernica* benutzte Picasso dieselbe Technik, um die Schrecken des Krieges zu zeigen: Körperteile von Zivilisten, Tieren und Soldaten – ein Torso, ein Bein, ein Kopf, alle abgetrennt, kein Körper ist vollständig – fügen sich zu einer brutalen Darstellung der Grausamkeit und des Leids.

Georges Braques »Stillleben mit Violine und Krug« und Pablo Picassos »Guernica«.

Dieselbe kognitive Strategie, mit der Newman, Braque und Picasso ihre Kunstwerke schufen, trug interessanterweise auch dazu bei, Flughäfen sicherer zu machen. Am 30. Juli 1971 wurde ein Jumbo-Jet der PanAm in San Francisco auf eine kürzere Startbahn verlegt. Auf der neuen Piste mussten die Piloten die Maschine steiler nach oben ziehen, doch leider versäumten sie es, die nötigen Änderungen vorzunehmen. Das Flugzeug hob ab, gewann nicht schnell genug an Höhe und streifte einen Antennenmast. Seinerzeit waren Türme und Zäune von Flughäfen schwer und stabil gebaut, um auch starken Winden widerstehen zu können; daher fuhr der Mast wie ein gewaltiges Schwert durch das Flugzeug. Ein Flügel wurde eingedellt, Teile des Fahrwerks wurden ab- und die Kabine aufgerissen. Das rauchende Flugzeug flog hinaus auf den Pazifik und musste fast zwei Stunden lang Runden drehen, um Treibstoff aus dem Tank abzulassen, ehe es notlanden konnte. Bei der Landung platzten die Reifen, und die Maschine kam von der Landebahn ab, 27 Fluggäste wurden verletzt.

Zerbrechlicher Mast.

Daraufhin gab die Luftfahrtbehörde eine neue Sicherheitsverordnung heraus. Ingenieure erhielten den Auftrag, Unfälle wie diesen künftig zu verhindern, und ihre Gehirne fanden unterschiedliche Strategien. Wenn Sie heute vom Flugzeug aus die Masten und Funktürme entlang der Startbahn sehen, dann wirken sie noch immer solide, aber sie sind es nicht. Sie sind zerbrechlich, das heißt, sie sind so konstruiert, dass sie beim Kontakt in kleine Stücke zerfallen, die dem Flugzeug nicht schaden. Das Gehirn der Ingenieure sah einen soliden Mast und erfand ein »Was wäre wenn«, in dem der Mast in Stücke zerbrach.

Mit dem Aufbrechen eines Ganzen begann auch der Siegeszug der Mobiltelefonie. In den Anfangstagen funktionierte der Mobilfunk genau wie Fernsehen und Radio: Das Signal wurde von Sendemasten in große Regionen ausgestrahlt. Mit einem entscheidenden Unterschied: Beim Fernsehen konnten beliebig viele Menschen gleichzeitig das Programm empfangen, aber bei der Mobiltelefonie konnten immer nur ein paar Dutzend Nutzer gleichzeitig telefonieren, weil sonst das Netz zusammenbrach. Wer zu Stoßzeiten telefonieren wollte, hörte oft ein Besetztzeichen. Die Telefongesellschaften stellten fest, dass man Telefonanrufe nicht wie Fernsehprogramme behandeln konnte. Also versuchten sie etwas Neues und brachen das große Sendegebiet in kleine Regionen mit eigenen Sendemasten herunter.[50] Damit war die moderne Mobiltelefonie geboren.

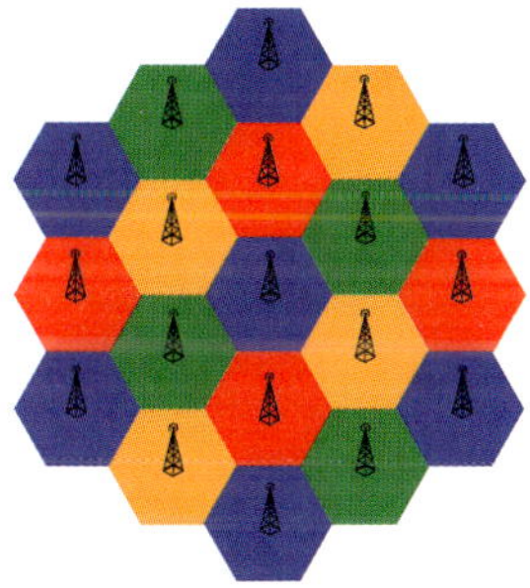

Die Farben stehen für unterschiedliche Übertragungsfrequenzen.

Das System hatte den großen Vorteil, dass dieselbe Übertragungsfrequenz in unterschiedlichen Regionen genutzt werden konnte: Auf diese Weise konnte eine größere Zahl von Kunden gleichzeitig telefonieren. In einem kubistischen Gemälde tritt uns die Zerstückelung zusammenhängender Flächen direkt vor Augen. In der Mobiltelefonie ist diese Idee im Hintergrund, und wir merken nur, dass die Anrufe nicht unterbrochen werden.

Der Dichter e. e. cummings zertrümmerte in seinen Gedichten Wörter und Sätze. Im folgenden Gedicht ist fast jedes Wort auf mehrere Zeilen verteilt:

(fe
derr
egen

:träum
t feld ü
ber forst &;

we
r könnte
sein

san
!f!
te

r?k
ein
er)

Ein ganz ähnliches Verfahren verwendete der Biochemiker Frederick Sanger im Labor. Wissenschaftler wollten herausfinden, aus welchen Aminosäuren sich das Insulin zusammensetzt, doch das Molekül war einfach zu lang. Also zerhackte Sanger Insulinmoleküle in handlichere Stücke und sequenzierte diese. Mithilfe dieser Methode wurde der Aufbau des Insulins schließlich entschlüsselt. Für diese Arbeit erhielt Sanger 1958 den Nobelpreis. Seine Technik wird bis heute verwendet, um die Struktur von Proteinen zu ermitteln.

Doch das war erst der Anfang: Sanger fand auch eine Methode, um die DNA kontrolliert zu zerstückeln. Die Strategie war dieselbe: Er zerlegte lange Molekülketten in handlichere Abschnitte, die man untersuchen konnte. Mit der Eleganz der Methode beschleunigte er die Gensequenzierung und ermöglichte das Human Genome Project sowie die Analyse des Erbguts Hunderter anderer Arten. 1980 erhielt Sanger für diese Arbeit einen weiteren Nobelpreis.

Mit der kreativen Zerstückelung von Wörtern und Sätzen eröffnete e.e. cummings einen anderen Zugang zur Sprache, und mit der Zerstückelung der DNA eröffnete Sanger den Zugang zum Erbgut.

Dieselbe kognitive Strategie ist am Werk, wenn wir Filme sehen. In den Anfangstagen des Kinos entwickelten sich die Szenen in Echtzeit, so wie im wirklichen Leben. Jede Szene bestand aus einer einzigen Einstellung und wurde am Stück gefilmt, der einzige Schnitt erfolgte zwischen den Szenen. Ein Mann ruft ins Telefon: »Ich bin gleich da!«, legt auf, sucht seine Schlüssel und läuft zur Tür hinaus. Dann geht er durch den Flur, die Treppe hinunter und zur Haustür hinaus auf die Straße. Dort spaziert er weiter den Gehsteig entlang, kommt zum Café, betritt das Café und setzt sich an einen Tisch, um zu warten.

Filmpioniere wie Edwin Porter strafften die Darstellung, indem sie den Mittelteil der Szenen herausschnitten. Nun sagt der Mann: »Ich bin gleich da«, es folgt ein Schnitt, und in der nächsten Einstellung sitzt er schon im Café und wartet. Die Zeit wird aufgebrochen, und die Zuschauer bemerken es nicht einmal. In der Folgezeit gingen die Regisseure immer mehr dazu über, die Zeit zu komprimieren. In der Frühstücksszene von *Citizen Kane* folgen die Zeitsprünge rasch aufeinander, Kane und seine Frau altern vor unseren Augen, und das liebevolle Gespräch verwandelt sich in frostiges Schweigen. Mithilfe von Montagen dampften Regisseure lange Zugfahrten oder den Aufstieg eines Sternchens zu Ruhm auf wenige Sekunden zusammen – die Filmstudios von Hollywood hatten eigene Montageexperten, deren einzige Aufgabe darin bestand, Szenen wie diese zusammenzuschneiden. In *Rocky IV* nehmen die Trainingsmontagen des Boxers Rocky Balboa und seines Gegners Ivan Drago ein geschlagenes Drittel des Films ein. Filmszenen entwickelten sich nicht mehr wie Szenen im wirklichen Leben, die Zerstückelung der Zeit ist heute fester Bestandteil der Filmsprache.

Das Aufbrechen der durchgängigen Handlung revolutionierte auch das Fernsehen. Im Jahr 1963 wurde das Footballspiel zwischen Armee und Marine live übertragen. Damals waren die Aufzeichnungsgeräte schwer zu bedienen, weshalb es kaum möglich war, präzise zu einer bestimmten Stelle zurückzuspulen. Doch Regisseur Tony Verna fand eine Möglichkeit, akustische Markierungen auf dem Band anzubringen, die nur im Studio zu hören waren, aber nicht in der Übertragung. Auf diese Weise konnte er den Beginn jedes Spielzugs wiederfinden. Er brauchte ein paar Dutzend Anläufe, um die Geräte richtig zu koordinieren. Im letzten Viertel des Spiels schaffte er es, nach einem entscheidenden Touchdown der Armee das Band zur richtigen Stelle zurückzuspulen und die Wiederholung in die Liveübertragung einzuspielen. Verna hatte den Zeitstrom durchbrochen und die Sofortwiederholung erfunden. Und weil es eine Premiere war, musste der Sprecher erklären: »Das ist nicht live! Meine Damen und Herren, die Armee hat nicht noch einmal gepunktet!«

Die Anfangstage des Kinos mit ihren langen Einstellungen erinnern an die Pionierzeiten der Computer, die immer nur eine Berechnung nach der anderen anstellen konnten. Ein Nutzer stanzte seine Lochkarten, stellte sich in eine Schlange, und wenn er an die Reihe kam, reichte er die Karten dem Techniker; dann wartete er ein paar Stunden, bis die Berechnungen abgeschlossen waren, und holte das Ergebnis ab.

Das brachte den MIT-Informatiker John McCarthy auf den Gedanken des Timesharing: Was wäre, wenn der Computer nicht nur eine Berechnung nach der anderen anstellen, sondern zwischen mehreren hin und her springen könnte, wie ein Kinofilm, der zwischen Einstellungen wechselt? Dann müssten die Nutzer nicht mehr warten, bis sie an die

Reihe kamen, sondern konnten gleichzeitig am Großrechner arbeiten. Dabei hätte jeder Nutzer den Eindruck, die ungeteilte Aufmerksamkeit des Computers zu haben, obwohl dieser in Wirklichkeit schnell zwischen allen hin und her sprang. Niemand musste mehr warten, jeder Nutzer würde an einem eigenen Terminal sitzen und hätte seinen eigenen Zugang zum Computer.

Mit dem Übergang von Röhren zu Transistoren bekam McCarthys Idee neuen Anschub, genau wie mit der Erfindung benutzerfreundlicherer Programmiersprachen. Aber es war technisch nicht ganz einfach, die Berechnungen des Computers in winzige Bruchstücke zu zerhacken. McCarthys erster Versuch ging gründlich daneben: Vor einem Publikum von möglichen Kunden lief der Arbeitsspeicher des Rechners über, und die Maschine spuckte nur noch Fehlermeldungen aus.[51] Glücklicherweise ließen sich die technischen Hürden bald überwinden, und wenige Jahre später saßen Nutzer an eigenen Bildschirmen und arbeiteten in Echtzeit am Großrechner. Durch die unsichtbare Zerstückelung der digitalen Verarbeitung stieß McCarthy eine Revolution in der Kommunikation zwischen Mensch und Maschine an. Wenn wir uns heute vom GPS unseres Handys durch eine fremde Stadt führen lassen, dann greift das Gerät auf zahlreiche Server zu, die wiederum rasend schnell zwischen Millionen von Nutzern hin und her schalten – in der Cloud kommt McCarthys Idee zur vollen Entfaltung.

Das Gehirn kann nicht nur die Zeit in kleine Häppchen zerlegen, sondern auch die sichtbare Welt. In dieser Fotocollage mit dem Titel *Crossword Puzzle* benutzte David Hockney große Fliesen, die einander überlappen und aneinander stoßen.

David Hockneys »The Crossword Puzzle«.

Im Pointillismus werden Bilder aus vielen kleinen Punkten aufgebaut.

Georges Seurats »Ein Sonntagnachmittag auf der Insel La Grande Jatte«.

Bei der digitalen Fotografie sind die Bildpunkte schließlich so klein, dass man sie gar nicht sieht. Die Erfindung der unsichtbaren Zerlegung ist das Fundament unseres gesamten digitalen Universums.

Der Gedanke der Pixelung – der Zerlegung in winzige Teile – hat eine lange Geschichte. Wenn wir eine E-Mail »cc« an weitere Adressaten schicken, dann verwenden wir einen Skeuomorph aus dem analogen Zeitalter: »cc« steht für nichts anderes als »carbon copy« oder Durchschlag. Im 19. und 20. Jahrhundert erstellte man diesen Durchschlag, indem man einen Bogen Kohlepapier zwischen zwei weiße Blätter legte; wenn man die drei Blätter in die Schreibmaschine steckte, wurde der Text, den man auf die oberste Seite tippte, durch das Kohlepapier auf die untere Seite durchgeschlagen. Das war allerdings eine unschöne Angelegenheit, denn man konnte das Kohlepapier kaum anfassen, ohne schwarze Finger zu bekommen. Dafür fanden die Erfinder Barrett Green und Lowell Schleicher in den Fünfzigerjahren eine Lösung. Sie zerlegten das Kohlepaper in hunderte kleine Felder und erfanden Mikrokapseln mit Tinte. Wenn jemand einen Stift auf das Papier setzte, dann platzten die Mikrokapseln darunter und färbten an dieser Stelle das darunterliegende Papier.[52] Jahrzehnte später läutete der Fotokopierer das Ende des Kohlepapiers ein, doch die Mikrokapseln von Green und Schleicher lebten in Retardkapseln und Flüssigkristallanzeigen fort: Die ersten Retardmedikamente waren Gelatinekapseln mit Hunderten kleinen Pillen, die über mehrere Stunden hinweg vom Körper aufgenommen wurden. Ähnlich bestehen Flüssigkristallbildschirme aus Abermillionen von mikroskopisch kleinen Kristallen. Was einst ganz und unzerteilbar schien, wird in kleine Teile heruntergebrochen.

Die Technik des Aufbrechens erscheint uns derart natürlich, dass wir gar nicht bemerken, wie sehr wir sie beim Schreiben und Sprechen verwenden. Um die Kommunikation zu vereinfachen, verkürzen wir Wörter wie Automobil zu Auto oder Fahrrad zu Rad, oder wir ziehen sie zusammen zu geht's, macht's oder jein.[53] Außerdem verwenden wir gern Akronyme wie Pkw, WM, UNO, Stasi, Azubi, Laser oder EU.

Diese Verkürzungen demonstrieren, wie gut das Gehirn darin ist, Dinge zu komprimieren: Oft können wir etwas auf das Wesentliche reduzieren und es immer noch verstehen. Deshalb ist unsere Sprache voller Synekdochen, in denen ein Teil für das Ganze steht. Wenn wir vom »Gesicht, das tausend Schiffe bewegt« sprechen, dann meinen wir damit natürlich die schöne Helena in ihrer Gänze und nicht nur ihr Gesicht – aber wir können dieses Fragment verwenden, ohne dass der Sinn verloren geht. Deshalb können wir uns »auf zwei Rädern bewegen«, wenn wir Motorrad fahren oder um jemandes Hand anhalten.

Auch in der Kunst finden wir die Verkürzung auf das Wesentliche. Zum Beispiel in diesen Skulpturen an der französischen Küste, die so etwas wie die visuelle Entsprechung der Synekdoche sind.

Bruna Catalanos »Reisende«.

Sobald das Gehirn erkannt hat, dass sich das Ganze in Teile zerlegen lässt, kann es ganz neue Eigenschaften hervorbringen. David Fishers »dynamische Architektur« will die feste Struktur eines Gebäudes aufbrechen und die einzelnen Etagen rotieren lassen wie ein Aussichtsrestaurant. Die Etagen sollen sich unabhängig voneinander oder als Ensemble drehen lassen, wodurch das Hochhaus ein sich ständig veränderndes Element in der Skyline wird. Dank der Fähigkeit unseres Gehirns, Dinge auseinanderzunehmen, können einst zusammenhängende Teile voneinander gelöst werden.

Eine der großen Erfindungen der klassischen Musik bestand darin, Motive in kleinere Teile zu zerlegen. So zum Beispiel Johann Sebastian Bach in seiner Fuge in D-Dur im *Wohltemperierten Klavier*. Das ist das Hauptthema:

Grämen Sie sich nicht, wenn Sie keine Noten lesen können. Hier geht es lediglich darum, dass Bach dieses Thema später in zwei Teile zerlegt, den ersten Teil vergisst und sich nur noch auf die letzten vier Noten konzentriert (hier in Rot). In der folgenden Passage wiederholt er einander überlagernde Versionen dieses Motivs ganze dreizehn Mal und setzt die Bruchstücke zu einem fließenden Mosaik zusammen.

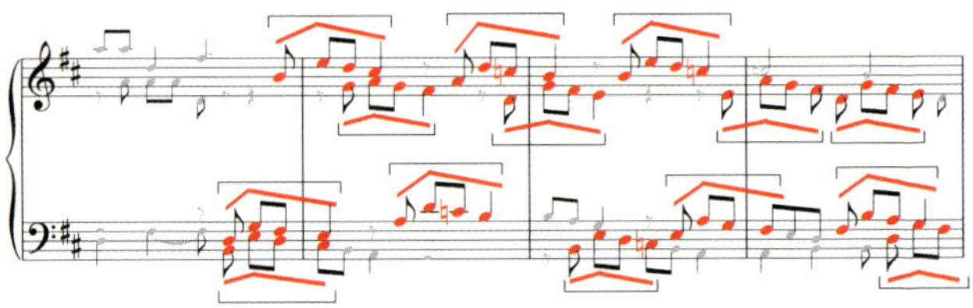

Diese Art von Brüchen gaben Komponisten wie Bach eine Flexibilität, wie sie Volkslieder nicht haben. Sie mussten nicht das gesamte Thema wiederholen, sondern konnten die Fragmente freier variieren und kombinieren, etwa wie in den montierten Filmszenen von *Citizen Kane* oder *Rocky IV*. Gerade Bach hat ein Talent dafür, Themen einzuführen, sie aufzubrechen und dann endlos weiterzuentwickeln.

Weil das Ganze in kleinere Teile zerlegt werden kann, werden oft Teile entfernt und verworfen. In seiner Installation »Super Mario Clouds« hackte sich Cory Arcangel in das Computerspiel *Super Mario* und entfernte alles außer den Wolken. Die Besucher

Cory Arcangels »Super Mario Clouds«.

der Installation gingen durch übergroße Pixelwolken, die friedlich über Leinwände schwebten.

Die Fähigkeit des Gehirns, das eine wegzulassen und das andere zu behalten, ermöglichte auch technische Erfindungen. Ende des 19. Jahrhunderts kamen Bauern auf den Gedanken, ihre Pferde durch Dampfmaschinen zu ersetzen. Die ersten Traktoren funktionierten allerdings noch nicht sonderlich gut: Sie waren im Grunde nichts anderes als Lokomotiven und so schwer, dass sie die Ernte plattwalzten. Es war ein Fortschritt, als die Dampfmaschinen durch Benzinmotoren ersetzt wurden, doch auch damit blieben sie schwerfällig und unhandlich.

Dampftraktor des 19. Jahrhunderts

Es sah ganz so aus, als würde sich der Traktor nie durchsetzen. Bis Harry Ferguson auf die Idee kam, ein paar Teile zu entfernen. Er verzichtete auf den kompletten Unterbau und schraubte den Sitz direkt auf den Motor. Sein Ferguson-Traktor war leicht und damit ideal zum Pflügen. Indem er einen Teil der Struktur beibehielt und den Rest verwarf, bereitete er den Boden für den modernen Traktor.[54]

Eine ähnliche Strategie läutete fast hundert Jahre später eine Revolution der Musikbranche ein. Im Jahr 1982 versuchte Dieter Seitzer, Professor für Elektrotechnik am Frauenhofer-Institut in Erlangen, ein System patentieren zu lassen, mit dem man Musik per Telefon verkaufen konnte. Da dieses Projekt aufgrund der Größe der Audiodateien keine praktische Relevanz zu haben schien, lehnte das Patentamt den Antrag ab. Daraufhin beauftragte Seitzer seinen jungen Doktoranden Karlheinz Brandenburg damit, ein Verfahren zur Komprimierung der Dateien zu entwickeln.[55] Es gab bereits Komprimierungsmethoden für gesprochene Sprache, doch diese Lösungen von der Stange eigneten sich nicht für Musik. Brandenburg entwickelte eine Methode, die von den Besonderheiten des menschlichen Hörens ausgeht. Er wusste, dass unser Gehirn selektiv hört: So werden zum Beispiel leise Geräusche durch laute übertönt, genau wie hohe Frequenzen durch tiefe. Daher konnte er die nicht gehörten Frequenzen einfach kappen oder abschwächen, ohne dass die Hörer einen Qualitätsverlust bemerken. Brandenburgs größte Herausforderung war Suzanne Vegas A-cappella-Aufnahme von »Tom's Diner«: Für die weibliche Singstimme, die allein singt und summt, benötigte er Hunderte Anläufe, um die richtige Klangqualität hinzubekommen. Nach Jahren der Feinarbeit fanden Brandenburg und seine Kollegen schließlich das optimale Verhältnis von Dateigröße und Klangqualität: Indem sie dem Ohr nur das gaben, was es tatsächlich hörte, konnten sie die Größe der Audiodateien um bis zu 90 Prozent reduzieren.

Anfangs fragte sich Brandenburg, ob seine Entwicklung überhaupt einen praktischen Nutzen hatte, doch als wenige Jahre später die digitale Musik aufkam, musste man plötzlich so viel Musik wie möglich auf einen iPod quetschen können. Indem sie die akustischen Daten zerhackten und flexibel die nicht gehörten Frequenzen entfernten, hatten Brandenburg und seine Kollegen das MP3-Verfahren entwickelt, mit dem heute der größte Teil der Musik im Internet komprimiert wird. Wenige Jahre nach dessen Einführung war »mp3« der beliebteste Suchbegriff und wurde häufiger gegoogelt als »Sex«.[56]

Immer wieder stellen wir fest, dass wir viel weniger Information benötigen, als wir glauben. So erging es auch Manuela Veloso und ihrem Team von der Carnegie Mellon University bei der Entwicklung des CoBot – eines elektronischen Helferleins, das durch die Gänge eines Gebäudes flitzt und Aufträge erledigt. Die Forscher statteten den CoBot mit Sensoren aus, um ihm ein möglichst detailreiches dreidimensionales Bild seiner Umgebung zu vermitteln. Doch die Verarbeitung dieser gewaltigen Datenmengen überforderte die Prozessoren des CoBot. Solange das Problem nicht gelöst war, rührte sich der CoBot nicht vom Fleck. Irgendwann wurde den Forschern klar, dass der CoBot gar nicht die gesamte Umgebung auswerten musste, um eine Wand zu bemerken – es reichte völlig aus, wenn er erkannte, dass sich drei Punkte auf derselben Ebene befanden. Der Sensor nimmt zwar eine Menge Daten auf, doch das Programm wertet nur einen Bruchteil davon aus und benötigt dazu nur zehn Prozent der Rechnerkapazitäten. Wenn das Programm drei Punkte in einer Ebene erkennt, weiß der CoBot, dass er eine Wand vor sich hat. So wie sich das mp3-Verfahren die Tatsache zunutze macht, dass das menschliche Gehirn nicht auf alles achtet, was das Ohr hört, muss der CoBot nicht alles verarbeiten, was der Sensor liefert. Er sieht nicht mehr als eine Strichzeichnung, aber das reicht völlig aus, um keine Menschen und Wände zu rammen. Im Freien wäre der CoBot orientierungslos, doch in einem Gebäude reicht seine eingeschränkte Sicht vollkommen aus. Wenn die tapfere Maschine inzwischen Hunderte Besucher in das Büro von Dr. Veloso geführt hat, dann nur, weil sie ihre Umgebung in ihre Bestandteile zerlegt – so wie Helenas Gesicht derjenige Teil ihrer Anatomie ist, der »tausend Schiffe bewegt«.

Diese Methode, Dinge aufzubrechen und Überflüssiges wegzulassen, hat auch bei der Erforschung des Gehirns ganz neue Möglichkeiten eröffnet. Hirnforscher waren lange frustriert angesichts der Unmengen von grauer Masse, die sie untersuchen mussten. Dieses Problem lösen sie, indem sie das Gehirn in hauchdünne Scheiben zerlegen – auch eine Form des Aufbrechens. Die Wissenschaftler digitalisieren jedes Scheibchen und setzen das Gehirn dann wieder zu einer Computersimulation zusammen. Aber weil beim Aufschneiden des Gehirns so viele Verbindungen beschädigt werden, ist das Ganze bestenfalls eine Annäherung. Doch die Hirnforscher Karl Deissreith und Kwanghun Chung fanden eine andere Lösung. Fettmoleküle halten das Gehirn zusammen, aber sie streuen auch das Licht. Die Wissenschaftler fanden eine Möglichkeit, das Fett aus einem Mäusegehirn zu entfernen, ohne die Struktur zu beeinträchtigen. Mit einem Mal war die graue Masse transparent. Wie Arcangels Installation der Wolken aus *Super Mario* entfernt die CLARITY-Methode einen Teil des Originals, ohne die Lücken wieder aufzufüllen – in diesem Fall ermöglichten diese Lücken den Wissenschaftlern, große Gruppen von Gehirnzellen in noch nie dagewesener Weise zu untersuchen.[57]

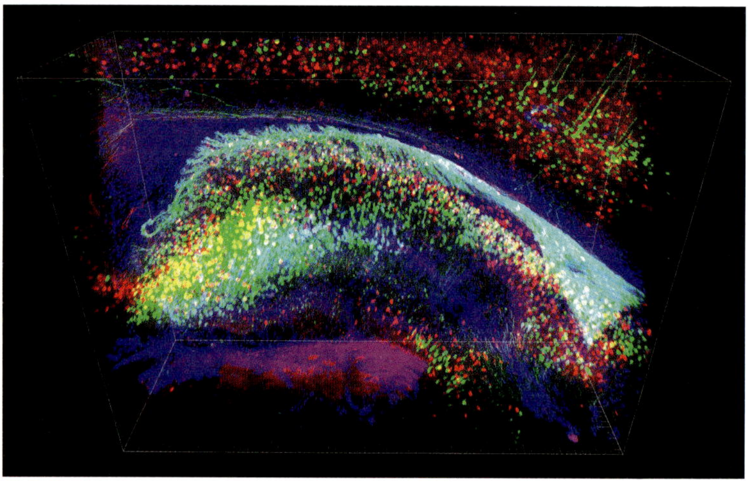

Hippocampus einer Maus, dargestellt mit der CLARITY-Methode.

Mit der Strategie des Aufbrechens können wir etwas Festes oder Großes in handliche Stücke herunterbrechen. So zerlegt unser Gehirn die Welt in kleinere Teile, die sich umgestalten oder neu gruppieren lassen.

Wie das Biegen kann das Brechen ein Einzelobjekt zum Gegenstand haben: Man kann ein Bild pixeln oder die Etage eines Gebäudes rotieren lassen. Aber was passiert, wenn wir mehr als einen Gegenstand haben? Viele kreative Sprünge sind das Ergebnis von überraschenden Kombinationen – egal ob es sich um Sushi-Pizza, Hausboote oder Waschsalon-Cafés handelt oder um poetische Metaphern wie das »wilde Chrysantemenhaupt«, wie die Dichterin Marianne Moore einen Löwenkopf umschreibt.[58] Damit kommen wir zur dritten kreativen Strategie des Gehirns.

KAPITEL 5

VERBINDEN

Beim Verbinden kombiniert das Gehirn zwei oder mehr Dinge auf kreative Weise miteinander. Ein Beispiel sind die mythologischen Mischwesen aus Mensch und Tier, die in vielen Kulturen der Welt entstanden. Die alten Griechen machten aus Mensch und Stier den Minotaurus, die alten Ägypter aus Mensch und Löwe die Sphinx. In Afrika wurden Frau und Fisch zur Mami Wata, einer Meerjungfrau. Was passierte bei der Schöpfung dieser drei Chimären hinter der Kulissen des Gehirns? Die Verbindung mehrerer Dinge brachte etwas ganz Neues hervor.

Ein griechischer Minotaurus, die ägyptische Sphinx und die Mami Wata der Ovimbundu aus Angola.

Gehirne haben auch Tiere untereinander vermengt: Der griechische Pegasus war ein geflügeltes Pferd, der südostasiatische Gajasimha war halb Elefant, halb Löwe, und das englische Wappentier Allocamelus war halb Esel, halb Kamel. Auch unsere modernen Superhelden sind oft Chimären: Batman, Spiderman, Antman und Wolverine.

Wie in den Mythen, so in der Wissenschaft. Der Genetikprofessor Randy Lewis erkannte das große wirtschaftliche Potenzial der Seide von Spinnen, die ein Vielfaches stärker ist als Stahl.[59] Wenn man diese Seide in Massen gewinnen konnte, dann ließen sich daraus zum Beispiel kugelsichere Westen und andere Kleidungsstücke herstellen. Leider ist die Spinnenhaltung schwierig, denn wenn die Tiere in großer Zahl zusammenleben, werden sie zu Kannibalen und fressen sich gegenseitig zum Frühstück. Außerdem ist die Gewinnung der Seide Schwerstarbeit: Die Herstellung eines vier Quadratmeter großen Tuchs beschäftigte Millionen von Spinnen und 82 menschliche Mitarbeiter einige Jahre lang.[60] Dann kam Lewis auf einen originellen Gedanken: Warum verpflanzt man das Gen, das für die Herstellung der Seide verantwortlich ist, nicht einfach in das Erbgut einer Ziege? Das Ergebnis: Freckles, die Spinnenziege. Freckles sieht aus wie eine Ziege, aber in ihrer Milch produziert sie Spinnenseide. Lewis und seine Mitarbeiter melken sie und gewinnen im Labor die Seide aus der Milch.[61]

Die Gentechnik eröffnet die Möglichkeit, lebende Chimären zu erzeugen, und sie bringt nicht nur Spinnenziegen hervor, sondern auch Bakterien, die menschliches Insulin erzeugen, leuchtende Fische, Schweine mit Quallengenen und Ruppy, den ersten transgenetischen Hund der Welt, der dank der Gene einer Seeanemone unter ultraviolettem Licht rot fluoresziert.

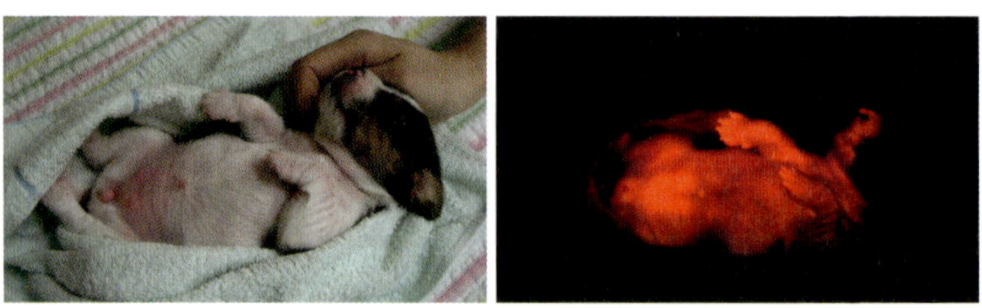

Ruppy bei Licht und im Dunkeln.

Das Netz unserer Gehirnzellen verwebt die Fäden des Wissens aus unserer natürlichen Umwelt. Mithilfe von Computerprogrammen zur Simulation von menschlichen Skeletten entwarf der Künstler Jooris Laarman »Knochenmöbel«. So wie im menschlichen Skelett die Stärke der Knochen optimal verteilt ist, haben Laarmans Möbel dort mehr Material, wo sie mehr tragen müssen.

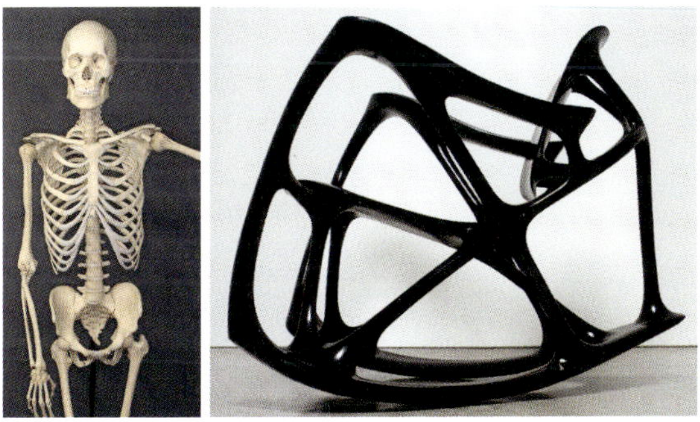

Ein menschliches Skelett und Jooris Laarmans Knochenmöbel.

Auch der japanische Ingenieur Elji Nakatsu fand in der Natur eine Lösung für ein kniffliges Problem. Er sollte in den Neunzigerjahren einen Hochgeschwindigkeitszug entwerfen, doch es gab eine Schwierigkeit: Bei hohen Geschwindigkeiten erzeugte die Nase der Lokomotive einen ohrenbetäubenden Lärm. Aber als begeisterter Beobachter von Vögeln wusste Nakatsu, dass der Eisvogel dank seines spitz zulaufenden Schnabels beim Eintauchen ins Wasser kaum eine Welle hinterlässt. Daher kam Nakatsu auf den Gedanken, seiner Lokomotive einen Schnabel zu verpassen. Und tatsächlich senkt das den Lärmpegel, wenn der Zug mit 300 Kilometern pro Stunde dahinrast.

Ein Eisvogel und ein japanischer Hochgeschwindigkeitszug.

Das Gehirn stellt oft exotische Kombinationen aus Dingen her, die es gesehen hat. Diese Videoinstallation von Chitra Ganesh und Simone Leigh verbindet zum Beispiel den leise atmenden Torso einer Frau mit einem leblosen Kieshaufen.

Chitra Ganesh und Simone Leigh:
»Meine Träume, meine Arbeit müssen bis nach der Hölle warten«.

Auf den ersten Blick scheint die Kombination aus Lebendem und Leblosem vor allem in der Kunst interessant zu sein, doch interessanterweise kann sie auch dazu beitragen, die zerbröckelnden Gebäude und Brücken der Welt zu retten. Die Hälfte aller modernen Bauwerke – von Straßen über Brücken bis zu Hochhäusern – besteht aus Beton, einem ausgesprochen wetterempfindlichen Baustoff, der nur schwer zu reparieren ist. Auf der Suche nach einer Lösung für dieses Problem blickten Chemiker in die Natur. Sie kamen auf den Gedanken, eine Bakterie und ihre bevorzugte Nahrung in den Beton zu mischen. Solange der Beton intakt ist, ruhen die Bakterien. Aber wenn der Beton einen Sprung bekommt und Wasser eindringt, werden die Bakterien aktiv. Sie fressen die Nahrung, die auf sie wartet, und setzen dabei Kalzit frei, das den Spalt wieder schließt. Dank dieser wunderbaren Kombination aus Mikroorganismen und Baumaterialien heilt sich der Beton selbst.[62]

Mit ähnlichem Geschick stellen unsere Gehirnzellen ein Verbindung zwischen unserer digitalen und unserer analogen Welt her. Computer mögen besser rechnen können, aber vieles, was wir Menschen spielend können, ist für unsere digitalen Freunde eine harte Nuss. Zum Beispiel die Bilderkennung. Schon Kleinkinder können Gesichter erkennen, aber Computer haben damit ihre liebe Not.

Warum? Für einen Computer ist ein digitales Foto nicht mehr als eine Ansammlung von verschiedenfarbigen Bildpunkten. Der Computer muss lernen, übergeordnete Muster zu erkennen, und dazu benötigt er Abermillionen von Beispielen. Das wurde Anfang der 2000er-Jahre deutlich, als Menschen damit begannen, Abermilliarden von Bildern ins Internet zu laden. Google suchte nach Möglichkeiten, diese Bilder automatisch zu etikettieren, doch sosehr man sich auch mühte, die Programme funktionierten einfach nicht.

Der Informatiker Luis von Ahn löste das Problem, indem er Mensch und Maschine zusammenkoppelte. Er erfand das »ESP-Spiel«: Zwei Menschen loggen sich irgendwo in der Welt ein. Beide sehen ein Foto und sollen Begriffe eingeben, die es beschreiben. Wenn die beiden dasselbe Wort wählen (zum Beispiel Jaguar), dann fasst der Computer das als Bestätigung auf und versieht das Bild mit dem entsprechenden Etikett. Wenn die beiden Teilnehmer weiterspielen und weitere gemeinsame Begriffe eingeben, werden auch diese hinzugefügt (zum Beispiel Wald, Tier, Pfoten, Baum, Ruhen). Menschliche Nutzer übernehmen die Bilderkennung und Computer die Buchhaltung. Keiner von beiden wäre allein imstande gewesen, Millionen von Bildern auszuzeichnen, aber gemeinsam sind sie das wichtigste Instrument der Etikettierung von Bildern im Internet.[63]

Unsere Vorliebe für Kombinationen zeigt sich auch in der Verbindung von Gegenwart und Vergangenheit. Im Kinofilm *Zurück in die Zukunft* reist Marty McFly dreißig Jahre in die Vergangenheit zurück; durch ein Missgeschick verhindert er dort, dass sich seine Eltern kennenlernen, und bringt seine eigene Geburt in Gefahr. In Mark Twains Roman *Ein Yankee am Hofe des Königs Artus* wird die Hauptfigur ins

Mittelalter zurückversetzt, wo seine Technikkenntnisse als Zauberei gelten. In Ray Bradburys Roman *A Sound of Thunder* reist ein Jäger in die Kreidezeit zurück und tritt dort zufällig auf einen Schmetterling, womit er die gesamte Zukunft verändert. Unsere Fantasie vermengt verschiedene Epochen vollkommen problemlos.

Das besondere Talent des Gehirns für die Kombination verschiedener Welten und Vorstellungen spiegelt sich in unserer Sprache wider. Nehmen Sie nur zusammengesetzte Begriffe wie Regenbogen, Lidschatten, Herzschlag, Kühlschrank oder Seelenverwandte.[64] Im Cockney Rhyming Slang, der reimenden Gaunersprache der Londoner, wird ein Wort durch zwei Begriffe ersetzt, deren zweites sich auf das ursprüngliche Wort reimt – so wird zum Beispiel *phone* zu *dog-and-bone* und *stairs* zu *apples-and-pears.*

Aus unserer Vorliebe für Kombinationen kommen auch die Metaphern. In seinem Gedicht *Prufrock* schrieb T.S. Eliot »Wenn der Abend ausgestreckt am Himmel liegt, / Wie ein Patient im Ätherrausch auf einem Tisch«, weil sein Gehirn eine Verbindung herstellte zwischen einem natürlichen Phänomen und etwas, das in einem Krankenhaus passiert. Und in seinem »Brief aus einem Gefängnis in Birmingham« vermengte Martin Luther King Musik, Geologie und Meteorologie in seinem Bild einer neuen Gesellschaft:

> Die Zeit ist gekommen, die Grundsätze der Demokratie zu verwirklichen und das Klagelied unserer Nation in eine schöpferische Hymne der Brüderlichkeit zu verwandeln … Wir wollen alle hoffen, dass sich die dunklen Wolken des Rassismus bald verziehen, dass sich der dichte Nebel gegenseitigen Nichtverstehens bald von unseren verängstigten Gemeinden hebt und dass in nicht allzu ferner Zukunft die strahlenden Sterne der Liebe und Brüderlichkeit mit all ihrer funkelnden Schönheit über unserer großen Nation leuchten.[65]

Kreolsprachen entstehen aus der Verbindung mehrerer Sprachen. Unlängst haben sich Sprachwissenschaftler mit der Erfindung von Kreolsprachen durch Kinder beschäftigt. In Australien sprechen die Bewohner entlegener Dörfer oft drei Sprachen: Warlpiri (die Sprache der Aboriginals), Kriol (eine auf dem Englischen basierende Kreolsprache) und Englisch. Wenn die Eltern mit ihren Kleinkindern sprechen, wechseln sie zwischen diesen Sprachen hin und her. Die Kinder nehmen das Sprachgewirr der Eltern als eine einzige Sprache war und schaffen daraus ihre eigene Sprache. Das Ergebnis: Light Warlpiri mit Elementen, die in keiner der drei Sprachen vorkommen. So bezieht sich zum Beispiel das neue Wort *you'm* auf einen Menschen in der Vergangenheit und Gegenwart, aber nicht in der Zukunft – ein Phänomen, das es in den Sprachen der Eltern nicht gibt. Während die Kinder das Rohmaterial ihrer Erfahrung verarbeiten, verändert sich allmählich die Sprache des Dorfes, und traditionelle Sprachen werden allmählich durch verbundene Sprachen ersetzt.[66]

Das menschliche Gehirn vermengt oft mehrere Quellen gleichzeitig. Während der Renaissance schufen Komponisten Chorwerke, in denen verschiedene Texte gleichzeitig gesungen wurden. In einem berühmten Stück wird ein lateinisches Kyrie mit zwei weltlichen französischen Liedern kombiniert: Die erste Stimme singt das Kirchenlied, die zweite feiert »den Liebesmonat Mai«, und die dritte rät Ehebrechern, »die Schuld bei sich selbst zu suchen und nicht beim Papst«. Noch ein halbes Jahrtausend später ist die musikalische Collage im Hip-Hop lebendig, der Texte, Melodien und Breaks von älteren Stücken borgt und zu neuen zusammensetzt. Sie übernahm beispielsweise Dr. Dres Hit »Let Me Ride« aus dem Jahr 1992 einen Drumpart von James Brown, Gesang von Parliament und Effekte von King Tee.[67] Der legendäre »Amen Break« – ein kurzes Schlagzeugsolo aus einem Song der Winstons aus den Sechzigern – wurde in mehr als zweitausend Aufnahmen verwendet, von Amy Winehouse genauso wie von Jay Z.[68]

Oft steckt hinter einem technischen Sprung eine unsichtbare Kombination. Normalerweise entsteht ein Foto mit einer einzigen Belichtungszeit und Brennweite, sodass eine bestimmte Menge Licht in die Linse fällt; aus diesem Grund sind einige Bereiche des Bilds unter- und andere überbelichtet. Wenn Sie zum Beispiel ein Bild Ihrer Mutter vor einem Fenster aufnehmen, dann erscheint sie vor dem Hintergrund des einfallenden Lichts dunkel. HDR- oder Hochkontrastfotografie erweckt dagegen den Eindruck, dass alles natürlich belichtet ist. Und das geht so: Eine Digitalkamera schießt in rascher Folge eine Reihe von Fotos, aber mit unterschiedlichen Brennweiten und Belichtungszeiten, sodass unterschiedliche Mengen Licht einfallen. Ein Programm verbindet diese Bilder dann und stellt den optimalen örtlichen Kontrast her, das heißt, das Maß, in dem sich benachbarte Objekte unterscheiden. Das Ergebnis ist ein Bild, das Elemente aus den verschiedenen Fotos kombiniert. Die Hochkontrastbilder wirken oft wirklicher als die Wirklichkeit und sind das Resultat einer unsichtbaren Kombination verschiedener Aufnahmen.

Auch Big Data ermöglicht ganz neue Verbindungen. Wenn Sie einen Text in Google Translate eingeben, dann versucht der Computer erst gar nicht, Sie zu verstehen. Stattdessen vergleicht er den eingegebenen Text mit seiner gewaltigen Datenbank aus Suchen und Sätzen und durchforstet ihn Wort für Wort und Satz für Satz nach den besten Entsprechungen. Das Programm braucht kein Wörterbuch – Übersetzung wird eine Frage der Statistik. Dem Programm ist es gleichgültig, was Sie sagen, denn es sieht Ihren Text nur als Flickenteppich von anderen Texten. In der mehrstimmigen Musik der Renaissance kann man die Verbindung der Texte hören, aber bei Google Translate findet sie im Verborgenen statt.

Manchmal ist es offensichtlich, dass zwei Quellen verbunden wurden, aber oft ist es schwer zu erkennen: Sie können so weit vermischt werden, dass sie sich kaum noch trennen lassen. Beispiele für eindeutig erkennbare Vermengungen sind zum Beispiel I.M. Peis Pyramide im Hof des Louvre oder Frida Kahlos Gesicht auf dem Körper eines Hirschs.

Fließender sind die Übergänge in Craig Walshs Projektionen von menschlichen Gesichtern auf Bäume oder in den »verwischten Gebäuden« von Elizabeth Diller und Ricardo Scofidio, die in den Nebel aus Tausenden Wassersprühern gehüllt sind.

Dieser Art der Vermengung begegnet man auch an den Stränden von Brasilien. Aus der Kombination von Fußball und Beachvolleyball entsteht dort ein neuer beliebter Sport namens *futevolei*. Das Spiel wird mit einem Fußball auf einem Volleyballplatz gespielt. Wie beim Fußball darf der Ball mit allen Körperteilen außer den Händen berührt werden, und wie beim Beachvolleyball müssen die Mannschaften den Ball über ein

»Shark Attack« beim Futevolei.

Netz ins gegnerische Feld bringen und erzielen Punkte, wenn der Ball auf der gegnerischen Seite den Boden berührt. An die Stelle des Schmetterns tritt eine Angriffsvariante namens »shark attack«, bei dem ein Spieler hochspringt und den Ball mit möglichst hohem Bein ins gegnerische Feld katapultiert.

Jasper Johns, 0-9.

Im Extremfall geht die Vermengung so weit, dass die Ursprünge kaum noch auseinanderzuhalten sind. In Jasper Johns' Gemälde *0-9* ist beispielsweise so gut wie nicht mehr zu erkennen, dass hier diese beiden Ziffern übereinandergelegt wurden.

Diese Art der gründlichen Vermischung kann für die Menschheit einen großen Sprung bedeuten. Vor weniger als zehntausend Jahren begannen die Bewohner von Mesopotamien nach Kupfer zu graben. Ein knappes Jahrtausend später suchten ihre Nachfahren nach Zinn. Beide Metalle sind relativ weich, doch in der Mischung entsteht die Legierung Bronze, die härter ist als Schmiedeeisen. Vor rund 4500 Jahren wurden die beiden Metalle erstmals gezielt gemischt, die Bronzegegenstände haben einen höheren Anteil an Zinn als das in der Natur vorkommende Kupfer. Die Bronzezeit war geboren, die Legierung aus Kupfer und Zinn wurde zum Material der Wahl für Waffen und Rüstungen sowie für Münzen, Skulpturen und Töpfe. In der Bronze sind die beiden Bestandteile nicht mehr auseinanderzuhalten, und es ist schwer zu glauben, dass dieses harte, schimmernde Material aus der Kombination zweier weicher Metalle entstanden sein soll.[69]

So wie die Legierung Bronze entstehen auch andere Werkstoffe, Tinkturen, Tränke und Elixiere aus der gründlichen Mischung mehrerer Inhaltsstoffe. Im Jahr 1920 kombinierte der Parfümeur Ernest Beaux erstmals natürliche Essenzen aus Rose, Jasmin, Melisse, Zitrone, Vanille und Sandelholz mit künstlichen Düften namens Aldehyden. Er füllte die unterschiedlichen Mischungen in durchnummerierte Fläschchen und bat seine Chefin Coco, ihren Lieblingsduft auszuwählen. Nachdem sie alle durchprobiert hatte, entschied sie sich für das fünfte Fläschchen, und damit war das berühmteste Parfüm der Welt geboren: Chanel N° 5.

Unser Gehirn streift ständig durch unsere Bibliothek an Erfahrungen und stellt oft Verbindungen zwischen weit entfernten Dingen her. Nachdem die Vereinigten Staaten in den Zweiten Weltkrieg eingetreten waren, verband der Grafiker Norman Rockwell die moderne Industrie, die zunehmende Beteiligung von Frauen an der Arbeitswelt und Michelangelos Jesaja und schuf eine neue Figur namens »Rosie the Riveter«. Wie der Kognitionsforscher Mark Turner schreibt: »Das menschliche Denken umspannt gewaltige Weiten von Zeit, Raum, Kausalität und Handlung … Das menschliche Denken kann all dies überblicken, Beziehungen erkennen und neue herstellen.«[70]

Michelangelos *Jesaja* und Norman Rockwells *Rosie the Riveter*.

Meistens bekommen wir es gar nicht mit, dass hinter den Kulissen Dinge miteinander kombiniert werden, doch die gegenseitige Befruchtung von Wissen bringt dauernd neue Techniken hervor. So zum Beispiel in der Mikrofluidik, einem Pfeiler der medizinischen Diagnose: Auf einer Spezialschale werden Blutproben in winzige Ströme geteilt, und jeder wird auf bestimmte Krankheitserreger untersucht. Da die Herstellung dieser Schalen aufwendig und teuer ist, sind sie für Entwicklungsländer unerschwinglich. Auf der Suche nach einer kostengünstigeren Alternative fand die Bioingenieurin Michelle Khine eine überraschende Lösung: Schrumpffolien. Bei diesem Kinderspielzeug handelt es sich um Folien, die durch Erwärmung gedehnt wurden; Kinder malen auf die Folien, und wenn sie wieder erwärmt werden, schrumpfen sie und verwandeln das Bild in eine Miniatur. Khine stellte fest, dass sie mit einem Tintenstrahldrucker Rinnen auf die Folien drucken konnten und durch Erhitzung in einem Toaster das Plastik zu einer funktionierenden Mikrofluidikschale formen konnten. So ließ sich zu einem Stückpreis von wenigen Cent ein Instrument für Bluttests herstellen.

Als Albert Einstein über seine Allgemeine Relativitätstheorie nachdachte, stellte er sich vor, in einem Aufzug zu stehen. Wenn der Aufzug im Erdgeschoss stand und er darin einen Ball fallen ließ, dann fiel dieser durch die Schwerkraft zu Boden. Aber was wäre, wenn er sich in der Schwerelosigkeit des Weltraums befände und nach oben fahren würde? Dann würde der Ball genauso zu Boden fallen, aber diesmal, weil sich der Boden in Richtung Ball bewegt. Für jemanden, der im Aufzug stand, waren diese beiden Szenarien nicht zu unterscheiden: Man konnte nicht sagen, ob der Ball durch die Schwerkraft nach unten gezogen wurde oder ob sich der Boden des Aufzugs nach oben bewegte. Daraus leitete Einsteins seine Äquivalenzprinzip ab und folgerte, dass man die Schwerkraft als eine Art Beschleunigung behandeln könne. Indem er den Aufzug mit dem Weltall verknüpfte, gelangte er zu unerwarteten Erkenntnissen über die Natur der Wirklichkeit.

Verbindung ist eine starke Innovationsstrategie, weil hier unterschiedliche Denkweisen zusammenkommen und etwas ganz Neues hervorbringen. Im Tierreich entsteht Vielfalt durch geschlechtliche Verbindung, doch sie ist immer beschränkt auf genetisch passende Partner, die zur gleichen Zeit leben. Der menschliche Geist hingegen ist ein gewaltiges Dickicht aus Erinnerungen und Empfindungen, in dem sich Ideen ungehindert paaren können.

KAPITEL 6

DAS KREATIVE UMFELD

Als die Ingenieure der NASA den elektrischen Strom an Bord der Raumkapsel Apollo 13 umkehrten, um die Batterien des Kommandomoduls aufzuladen, wendeten sie die kognitive Strategie des Biegens an, genau wie Picasso, als er die verzerrten menschlichen Körper von *Les Demoiselles* malte. Als die NASA-Ingenieure Geräte auseinandernahmen, zerbrachen sie, genau wie Picasso, als er Formen zertrümmerte. Und als die Ingenieure Pappe, Plastikfolien, eine Socke und einen Schlauch zusammenklebten, um einen Luftfilter zu improvisieren, verbanden sie, genau wie Picasso, als er iberische und afrikanische Masken in sein Bild aufnahm. Die Ingenieure und der Künstler arbeiteten mit sehr unterschiedlichen Materialien, doch sie benutzten dieselben Innovationsstrategien: Sie verbogen, zerbrachen und verbanden Bekanntes. So schrieben sie Geschichte: die einen mit einer spektakulären Rettungsaktion, der andere mit einem revolutionären Gemälde.

Diese drei kognitiven Strategien sind Werkzeuge, mit denen unser Gehirn Erfahrungen in neuen Output verwandelt – sie sind die grundlegenden Programme unserer Innovationssoftware. Das Rohmaterial stammt aus allen Bereichen unserer Umwelt: Redewendungen, Gitarrensolos, Spielsachen, Fotos, Ideen und jede Erinnerung, die wir uns bewahrt haben. Mit diesen drei Strategien verbiegen, zerbrechen und verschmelzen unsere Gehirne unsere Erfahrungen, und machen daraus etwas Neues. Unsere gesamte Zivilisation blüht durch das Zusammenspiel von Abwandlungen, Neuzusammensetzungen und immer neuen Kombinationen.

Die Sache hat jedoch noch eine andere Seite. Unsere Gehirne bringen eine Überfülle an neuen Ideen hervor, doch die meisten setzen sich nie durch. Warum gelangen so viele kreative Gedanken niemals in Umlauf?

DIE KULTUR GIBT DIE RICHTUNG VOR

Nicht alle kreativen Ideen finden ihr Publikum. Kreative Strategien allein reichen offenbar noch nicht aus, um andere Menschen zu erreichen. Denn der schöpferische Akt ist nur ein Teil der Geschichte. Der andere ist die Gemeinschaft, für die diese Kreation bestimmt ist. Es reicht noch nicht, Neues in die Welt zu bringen. Es muss auch ankommen. Daher beschreibt die Schriftstellerin Joyce Carol Oates das Schreiben als »Wortexperiment, das den Zeitgenossen zur Beurteilung vorgelegt wird«.

Und was die Zeitgenossen von dem Experiment halten, hängt von der Kultur ab, in der sie leben – denn welche Schöpfungen in einer Gesellschaft geschätzt werden, hängt davon ab, was vor ihnen kam. Die Erzeugnisse unserer Fantasie werden von der regionalen Geschichte beflügelt oder ausgebremst.

Welche Schöpfungen wir interessant finden, hängt davon ab, wo wir leben. Französische Bühnenautoren des 17. Jahrhunderts schworen beispielsweise auf die drei aristotelischen Einheiten: Ein Theaterstück sollte *eine* Handlung haben, an *einem* Ort stattfinden und *einen* Zeitraum von höchstens einem Tag überspannen. Zeitgenössische englische Dichter wie Shakespeare kannten diese Regeln zwar auch, doch sie kümmerten sich nicht darum; so kommt es, dass Hamlet im ersten Akt des gleichnamigen Theaterstücks von Dänemark nach England reist und mehrere Wochen später zurückkommt. Und das japanische Nō-Theater hatte überhaupt kein Interesse an einer realistischen Darstellung von Raum und Zeit: Zwei Figuren konnten nebeneinander auf der Bühne stehen, ohne in der Handlung gleichzeitig präsent zu sein.[71] Was in London und Tokio gespielt wurde, wäre in Paris niemals auf die Bühne gekommen, weil die kulturellen Werte einfach zu unterschiedlich waren. Schöpfer und Publikum sind durch kulturelle Zwänge gebunden: Was an einem

Ort als originell gilt, ist nicht unbedingt auf einen anderen Ort übertragbar, weil es nicht aus demselben kulturellen Nährboden kommt.

So hatten Franzosen und Engländer auch ganz unterschiedliche Vorstellungen vom Gartenbau. Französische Gärten des 17. und 18. Jahrhunderts waren symmetrisch angelegt, und die Pflanzen wurden sorgfältig gestutzt; sie wurden mit der gleichen architektonischen Strenge angelegt wie ein Palast. Die Engländer bevorzugten dagegen Gärten mit gewundenen Pfaden und üppig wucherndem Grün – sie sollten natürlich wirken. Capability Brown, einer der führenden englischen Landschaftsarchitekten des 18. Jahrhunderts, verglich seine Arbeit mit der Dichtkunst: »Hier setze ich ein Komma. Dort, wo es nötig ist, eine Sichtachse zu schneiden, setze ich eine Klammer. Und da ende ich mit einem Punkt und beginne einen neuen Satz.«[72] Diese freie Form wäre bei seinen französischen Kollegen niemals durchgegangen.

Der Garten von Versailles und ein englischer Garten von Capability Brown.

Das Wien des 18. und 19. Jahrhunderts war Heimat fortschrittlicher Komponisten: Haydn, Mozart, Beethoven und Schubert lebten und arbeiteten hier. Doch bei aller Kühnheit komponierte keiner von ihnen ein Stück, das auch nur ein wenig disharmonisch klang, von langen Pausen unterbrochen wurde, den menschlichen Atem als Instrument verwendete und mit auf- und abschwellenden Trommeln arbeitete – alles Elemente, die zu dieser Zeit in der japanischen Gagaku-Musik vorkamen. So einfallsreich die westlichen Komponisten waren, blieben sie dennoch in den klar vorgegebenen Geleisen ihrer eigenen Kultur.

Das europäische Ballett der Zeit idealisierte elegante und scheinbar mühelose Bewegungen: Beim Sprung sollten die Tänzer schweben, und auf ihrem Gesicht sollte keinerlei Gefühlsregung erkennbar sein. Indische Tänzer waren dagegen erdverhaftet, zu ihrem Tanz gehörten kraftvolle Bewegungen und Windungen des Körpers sowie rasche Bewegungen von Kopf, Händen und Füßen. Mit Änderungen der Mimik und Gestik konnten sie in ein und demselben Tanz die Rolle des Schöpfers Shakti und des Zerstörers Shiva einnehmen – im klassischen europäischen Ballett ganz und gar undenkbar. Wir glauben zwar, dass unsere Kreativität grenzenlos ist, doch unsere Gehirne – und das, was sie hervorbringen – werden von ihrem gesellschaftlichen Umfeld geprägt.

Aber nicht nur die Kunst wird von der Kultur bestimmt, auch wissenschaftliche Wahrheiten können je nach Ort sehr unterschiedlich aufgenommen werden. Während des Zweiten Weltkriegs nahmen die Vereinigten Staaten Naturwissenschaftler wie Albert Einstein, Leó Szilárd und Edward Teller auf, die vor den Nationalsozialisten aus Deutschland geflohen waren und in ihrer neuen Heimat am Bau der Atombombe mitwirkten. Doch die Nationalsozialisten hatten einen Vorsprung und geniale Wissenschaftler wie Werner Heisenberg an ihrer Seite. Warum gewannen dann nicht sie den Wettlauf um die Atombombe? Auch hier spielte das kulturelle Umfeld eine entscheidende Rolle: In der freien Welt genoss Einstein großes Ansehen, doch verschiedene deutsche Wissenschaftler lehnten seine Theorien als »jüdische Wissenschaft« ab und beschäftigten sich erst gar nicht mit ihnen.[73] Unter Einsteins Kritikern war unter anderem der Nobelpreisträger Philipp Lenard, der die Relativitätstheorie als »vertrottelte Späße über Raum und Zeit« abtat und behauptete: »Sie wollte wohl auch gar nie wahr sein.« Lenard ging sogar so weit zu behaupten, der Zweck der jüdischen Wissenschaft bestehe darin, das deutsche Volk gezielt in die Irre zu führen. Durch die Brille ihrer Vorurteile sahen die Nationalsozialisten die wissenschaftlichen Theorien anders als die Amerikaner.[74]

Nicht nur Theorien, sondern auch Erfindungen können je nach ihrem Entstehungsort ein ganz unterschiedliches Schicksal erleiden. So wurde nach dem Zweiten Weltkrieg an zwei verschiedenen Orten gleichzeitig eine revolutionäre Technik erfunden: In den Bell Labs in New Jersey entwickelten Ingenieure ein kleines Gerät, das elektrische

Signale effektiver verstärkte als die damals verwendeten Vakuumröhren; sie nannten ihre Erfindung »Transistor«. Gleichzeitig erfanden in einem Labor von Westinghouse vor den Toren von Paris zwei ehemalige nationalsozialistische Forscher ein nahezu identisches Gerät, das sie »Transitron« nannten. Bell Labs meldete seine Erfindung in den Vereinigten Staaten zum Patent an, Westinghouse in Frankreich. Zuerst schien es so, als würde das französische Produkt die Oberhand behalten, denn es war hochwertiger als das amerikanische. Doch der Vorsprung schmolz rasch. In Paris kam die Erfindung nicht an, die Regierung verlor das Interesse und investierte lieber in die Atomenergie.[75] Gleichzeitig verbesserte Bell seinen Transistor und fand eine Möglichkeit, ihn in Radios einzubauen. Innerhalb weniger Jahre wurden Transistoren in alle Elektrogeräte eingebaut und wurden schließlich das Fundament der digitalen Revolution. In den Vereinigten Staaten wurde der Transistor angenommen und sollte die kommenden Jahrzehnte bestimmen. Auf der anderen Seite des Atlantiks erlebte er dagegen einen Kurzschluss.

Aber nicht nur auf den Ort kommt es an, sondern auch auf den Zeitpunkt. Kulturen verändern sich und mit ihnen Geschmäcker und Einstellungen. Nehmen wir Shakespeares Drama *King Lear* aus dem Jahr 1605, an dessen Ende König Lear über seiner toten Tochter Cordelia kniet und ausruft: »Ein Hund, ein Ross, ’ne Maus soll Leben haben Und du nicht einen Hauch?« Als der Dichter Nahum Tate das Stück ein Jahrhundert später erneut auf die Bühne brachte, ließ er es glücklich enden, um dem Zeitgeist zu entsprechen. In der neuen Version überlebt Cordelia, Wahrheit und Tugend siegen, und König Lear kehrt auf seinen Thron zurück, so wie im damaligen England König Karl II.[76] Tates Version wurde über ein Jahrhundert lang aufgeführt. Ein ähnliches Schicksal erlitt Lillian Hellmans Stück *Kinderstunde* aus dem Jahr 1934, in dem zwei Lehrerinnen beschuldigt werden, eine lesbische Beziehung zu führen. Als Regisseur William Wyler das Stück 1936 verfilmte, machte er aus der lesbischen eine heterosexuelle Dreiecksbeziehung, um die Zensur zu umgehen. Anfang der Sechzigerjahre verfilmte er das Stück ein zweites Mal, und weil sich die moralischen Vorschriften inzwischen gelockert hatten, konnte er nun Hellmans ursprüngliche Geschichte erzählen.

Auch wissenschaftlicher Fortschritt wird vom historischen Moment geprägt. Viele Elemente dessen, was wir heute als wissenschaftliche Methode bezeichnen – Experimente, Veröffentlichung der Ergebnisse, Beschreibung der Methode, Überprüfung durch andere Wissenschaftler –, kamen im England des späten 17. Jahrhunderts auf. Zuvor erforschte man die Natur nicht durch Experimente, sondern durch Eingebung und Spekulation. Visionen waren wichtiger als Fakten. Aber England hatte einen Bürgerkrieg hinter sich, und die Gelehrten wollten sich zum Wohl des Landes versöhnen. Der Chemiker Robert Boyle war der Ansicht, dass sich Einigkeit eher erzielen ließ, wenn man Experimente durchführte und handfeste Beweise vorlegte. Doch seine Methode stieß auf heftige Kritik, vor allem vom Philosophen Thomas Hobbes, in dessen Augen die Entscheidungen eines Komitees unzuverlässig und leicht manipulierbar waren. Vor allem misstraute Hobbes der Elite, die das wissenschaftliche Establishment seinerzeit beherrschte.[77]

Wenn sich Boyles experimentelle Methode schließlich durchsetzte, dann weniger aufgrund ihrer Verdienste, sondern weil sie die Stimmung der Zeit traf: In der Revolution des Jahres 1688 war die Monarchie gestürzt worden, und das Parlament war an die Macht gekommen. Boyles Methode entsprach dem Zeitgeist: Sie demokratisierte die Wissenschaft und betonte die kollektive Natur der Forschung. Solange Könige absolut regierten, hatten auch einzelne Forscher die Macht, Erkenntnisse quasi per Dekret zu verkünden. Jetzt, da das Parlament regierte, herrschten bürgerliche Wissenschaftler.[78] Auch eine so grundlegende Angelegenheit wie die Suche nach der Wahrheit wird also durch kulturelle Umstände geprägt.

Weil die historischen Zusammenhänge eine so wichtige Rolle spielen, erblicken Erfindungen zu ganz bestimmten Momenten das Licht der Welt. Die Geschichtsbücher sind voller Dinge, die im Grunde schon viel früher hätten erfunden werden können, weil die Information längst verfügbar war, die aber nicht erfunden wurden. Sehen Sie sich zum Beispiel diesen Dialog aus Ernest Hemingways Geschichte *Hills Like White Elephants* an, in dem ein Mann und eine Frau über eine Abtreibung sprechen, ohne das Wort in den Mund zu nehmen:

»Gut und kühl, das Bier«, sagte der Mann.

»Ja, angenehm«, sagte das Mädchen.

»Die Operation ist wirklich ganz einfach, Jig«, sagte der Mann. »Es ist eigentlich gar keine Operation.«

Das Mädchen blickte hinunter zu den Tischbeinen.

»Ich weiß, dass es dir nichts ausmachen würde, Jig. Es ist keine Sache. Es geht nur darum, die Luft reinzulassen.«

Das Mädchen schwieg.

»Ich gehe mit und bleibe die ganze Zeit bei dir. Die lassen einfach nur die Luft rein, und danach geht alles seinen Gang.«

»Und was ist nachher mit uns?«

»Danach ist alles in Ordnung. Wie immer.«

Jeder Satz dieses Dialogs ist in schlichter Alltagssprache gehalten. Autoren, die hundert Jahre früher lebten, hätten genauso einfach schreiben können, aber sie taten es nicht. Sie drückten sich anders aus, wie zum Beispiel James Fenimore Cooper, der in seinem Roman *Die Ansiedler an den Quellen des Susquehanna* folgende Zeilen schrieb:

> »Es tut mir weh, Zeuge der Vergeudung sein zu müssen, die man allenthalben in dieser Gegend trifft«, sagte der Richter; »denn die Ansiedler spielen mit dem Segen, der ihnen zunutze kommen könnte, mit dem Leichtsinn eines glücklichen Spielers. Ich kann Euch von diesem Tadel nicht ausnehmen, Kirby; denn Ihr schlagt ja diesen Bäumen fürchterliche Wunden, da doch ein kleiner Einschnitt dieselbe Wirkung machen würde. Ich muss Euch ernstlich darauf aufmerksam machen, dass Jahrhunderte dazu gehören, bis ein Baum eine solche Größe erreicht, und ist er einmal zugrunde gerichtet, so wird es keiner von uns erleben, ihn durch eine Nachpflanzung ersetzt zu sehen.«[79]

Mit etwa derselben Zahl von Wörtern führen Hemingways wortkarge Figuren ein ganzes Gespräch. Hemingways Vokabular ähnelt dem von Cooper, doch seine Prosa war nicht rückwärts kompatibel: Leser des frühen 19. Jahrhunderts hätten sie als zu knapp und angedeutet empfunden.

Auch alles, was der Musiker Earle Brown 1961 bei der Komposition seines Stücks *Available Forms* verwendete, stand schon Beethoven und anderen Komponisten des 19. Jahrhunderts zur Verfügung: die Notenschrift, die Instrumente, die temperierte Stimmung. Aber kein Komponist dieser Zeit wäre auf den Gedanken gekommen, ein Stück zu schreiben, in dem die Noten in durchnummerierten Kästen stehen und der Dirigent improvisiert, indem er einen Kasten auswählt und die Musiker nach Gutdünken einsetzen und aufhören lässt. Aufgrund dieser Flexibilität klingt das Stück bei jeder Darbietung anders. Das Publikum in den westlichen Metropolen des 19. Jahrhunderts erwartete sorgfältig durchkomponierte Stücke, und das bedeutete, dass sie bei jeder Aufführung gleich zu klingen hatten. Ein Komponist dieser Zeit wäre zwar theoretisch in der Lage gewesen, ein Stück wie *Available Forms* zu schreiben, doch es lag einfach zu weit außerhalb der kulturellen Normen, weshalb Komponisten und Zuhörer diese Möglichkeit nicht einmal sehen konnten.

Mit seiner ganz einmaligen Geschichte erlegt jeder Ort den kreativen Möglichkeiten Grenzen auf. Kunst hat den Anspruch, für die Ewigkeit zu sein, doch sie hängt ganz wesentlich von ihrer Umgebung ab.

EIN EXPERIMENT IM LABOR DER ÖFFENTLICHKEIT

Im März 1826 saß Ludwig van Beethoven in einem Gasthaus gegenüber der Wiener Villa, in der sein neuestes Streichquartett uraufgeführt wurde. Er war bereits so schwerhörig, dass er ohnehin nicht in der Lage gewesen wäre, das Konzert zu hören. Doch was ihn wirklich fernhielt, war die Nervosität, mit der er die Reaktion des Publikums auf den letzten Satz erwartete.

Beethoven hatte dem letzten Satz den Titel »Große Fuge« gegeben. Mit einer Länge von etwa 17 Minuten war sie der längste Schlusssatz, der je komponiert worden war – länger als so manches vollständige Streichquartett. Unter anderem bestand der Satz aus einer temperamentvollen Einleitung, einem getragenen Abschnitt, einem tanzartigen Einschub und einem lebhaften Schluss. Damit war die »Große Fuge« so etwas wie ein in sich geschlossenes Streichquartett. Außerdem arbeitete sie mit komplexen Harmonien und Rhythmen, wie man sie damals noch nie gehört hatte. Beethoven wusste, was er seinem Publikum abverlangte, als er sein Quartett mit einem derart anspruchsvollen Finale abschloss.

Der Komponist sah sich in einer bekannten schöpferischen Zwickmühle. Kreativität ist ein gesellschaftlicher Akt und ein Experiment im Labor der Öffentlichkeit. Neue Arbeiten werden in ihrem kulturellen Umfeld beurteilt: Wie etwas Neues aufgenommen wird, hängt davon ab, was ihm vorangeht und wie weit es sich davon entfernt. Wir müssen ständig überlegen, wie dicht wir uns an die Gepflogenheiten der Gemeinschaft halten wollen oder wie weit wir uns davon entfernen. Wir suchen die goldene Mitte zwischen dem Vertrauten und dem Neuen.

Mit seinem kühnen Schlusssatz hatte Beethoven ganz auf das Neue gesetzt. Nun saß er im Gasthaus und wartete auf seinen Freund, den zweiten Violinisten Karl Holz, der ihm die Reaktion des Publikums schildern sollte. Aufgeregt kam Holz ins Gasthaus und berichtete Beethoven, das Quartett sei ein Erfolg gewesen: Das Publikum habe eine Wiederholung der beiden Mittelstücke verlangt. Doch als der Komponist nach der Großen Fuge fragte, musste ihm Holz mitteilen, dass das Publikum keine Zugabe gewünscht habe. Bitter enttäuscht rief er aus: »Oh, die Ochsen, die Esel! Ja, ja, diese Leckerbissen! Die lassen sie sich nochmals auftischen! Warum nicht lieber die Fuge?« Seiner Ansicht nach war die Große Fuge der einzige Satz, der eine Zugabe verdient hatte.[80]

Mit seinem Experiment war Beethoven den Gepflogenheiten seiner Gemeinschaft zu weit vorausgeeilt. Ein Kritiker der Premiere schrieb, das Finale sei »unverständlich, wie Chinesisch«.[81] Selbst die leidenschaftlichsten Bewunderer des Komponisten waren überfordert. Sein Verleger Mathias Artaria hatte Angst, die Diskussion um das Finale könne dem Verkauf des gesamten Quartetts schaden. Weil er wusste, wie nah Holz dem Komponisten stand, wandte er sich an ihn und bat ihn, Beethoven einen Vorschlag zu unterbreiten: Warum strich er das Finale nicht und schrieb ein neues? Holz schrieb:

> Ich stellte nun Beethoven vor, dass diese Fuge, ein außer dem Bereich der gewöhnlichen, ja selbst seiner neuesten ungewöhnlichen Quartettmusik, liegendes Kunstwerk sei, dass es für sich allein abgesondert dastehen müsse, auch allerdings eine eigene Opus-Zahl verdiene. Artaria sei gern bereit, ein neues Finale besonders zu honorieren. Beethoven wollte Bedenkzeit.

Beethoven war nicht dafür bekannt, allzu große Rücksichten auf die Fähigkeiten seiner Musiker und die Hörgewohnheiten seines Publikums zu nehmen, doch wider Erwarten ließ er sich auf den Vorschlag des Verlegers ein.[82] Angesichts der enttäuschenden Reaktionen kam er seinem Publikum entgegen; er ging in sein Arbeitszimmer zurück und komponierte ein neues, lyrisches Finale, das eher dem Zeitgeschmack entsprach als die Große Fuge und nur noch ein Drittel der Länge hatte. Seine Gründe für diese Entscheidung sind nicht überliefert. Aber es ist ein ausgezeichnetes Beispiel für den Kompromiss zwischen den persönlichen Vorstellungen des Künstlers und den Wünschen seines Publikums.

WER ALLZU KONVENTIONELL IST, WIRD ÜBERGANGEN

Zahllose Künstler standen und stehen vor derselben Frage wie Beethoven: Sollen sie etwas Vertrautes schaffen oder sollen sie sich auf Neuland vorwagen? Auf der Suche nach der goldenen Mitte neigen viele zu Ersterem. Das scheint der sicherste Weg, denn damit bauen sie auf etwas auf, das ihr Publikum kennt und liebt. Doch wer in Trippelschritten geht, läuft Gefahr, vom Publikum überholt zu werden.

Ein Beispiel ist das Smartphone von BlackBerry. Im Jahr 2003 brachte das Unternehmen RIMM das erste BlackBerry auf den Markt. Die wichtigste Neuerung war die vollständige Tastatur, die man zum Schreiben und Telefonieren verwenden konnte. Das Telefon war so erfolgreich, dass der Börsenwert des Unternehmens bis 2007 um 8000 Prozent stieg. In diesem Jahr brachte Apple das erste iPhone auf den Markt. Der Marktanteil und die Aktien von BlackBerry stiegen noch für kurze

Zeit weiter, doch nun rückten die Touchscreens in den Mittelpunkt des Publikumsinteresses. BlackBerry hielt jedoch an der Tastatur fest. Man hoffte, dass das iPhone eine Modeerscheinung bleiben und wieder verschwinden würde. Innerhalb weniger Jahre verlor das BlackBerry 75 Prozent seines Marktanteils, und die Aktie fiel von 138 auf 6,30 Dollar. Was war der Fehler von BlackBerry? Das Unternehmen hatte sich zu lange an »die richtige Lösung« geklammert und die Geschwindigkeit unterschätzt, mit der Telefone zu Multimediageräten werden würden. Die Tastatur des BlackBerry schränkt die Größe des Bildschirms ein und damit die Möglichkeit, Videos zu sehen und Apps zu nutzen. Was 2007 funktioniert hatte, war schon wenige Jahre später nicht mehr optimal. Die Entwicklung in Trippelschritten war gescheitert, das Unternehmen war nicht weit genug gegangen.

Eastman Kodak erlitt ein ähnliches Schicksal. Im Jahr 1885 erfand George Eastman den Rollenfilm. Mitte der 1970er beherrschte Kodak in den Vereinigten Staaten verblüffende 90 Prozent des Film- und 85 Prozent des Kameramarkts. Neun von zehn Fotos waren »Kodak-Momente«. Doch aus Furcht, seinen Filmverkäufen zu schaden, reagierte das Unternehmen zu zögerlich auf die digitale Technik. Kodak führte zwar eigene Digitalkameras ein, doch der Konzern wollte nicht wahrhaben, dass diese Technik an die Stelle der chemischen Bildentwicklung treten würde. Im Jahr 2012 meldete das Unternehmen, das die Fotoindustrie begründet hatte, Konkurs an.

Wieder und wieder verlieren einstige Pioniere den Anschluss, weil sie sich nicht an die Veränderungen anpassen. Wenn Amerikaner im Jahr 2000 einen Film sehen wollten, dann liehen sie sich ein Video bei Blockbuster. Der Videoverleih wurde von einem Programmierer gegründet und nutzte neue Analyseprogramme, um Trends zu beobachten und dafür zu sorgen, dass die beliebtesten Videos immer vorrätig waren. Auf dem Höhepunkt hatte Blockbuster in aller Welt 11 000 Filialen. Doch das Unternehmen reagierte nicht schnell genug auf das Internet, das Videos direkt ins Wohnzimmer lieferte. Im Jahr 2014 schloss die letzte Blockbuster-Filiale ihre Türen. Heute leiht sich niemand mehr Filme in einem Videoverleih aus. Wie BlackBerry und Kodak hatte sich Blockbuster zu lange an einer Idee festgeklammert.

Wie Ihnen die einstigen Mitarbeiter dieser Unternehmen bestätigen können, reicht es eben nicht aus, bei den alten Erfolgsrezepten zu bleiben – es sind die großen Sprünge, die das Interesse des Publikums wecken. So zum Beispiel, als elektrisches Licht die Gasfunzel ersetzte, das Auto die Pferdekutsche, der Ton- den Stummfilm, der Transistor die Röhre und der PC den Großrechner.

Das klingt ganz so, als müsse man eine Revolution vom Zaum brechen – aber die Revolution scheitert genauso oft wie die Entwicklung in Trippelschritten.

WER ALLZU WEIT VORAUSEILT, WIRD EINSAM

Zwischen 1865 und dem Beginn des Zweiten Weltkriegs wurden einige Hundert Versuche unternommen, eine Weltsprache zu schaffen. Das Ziel war eine »perfekte« Sprache, die leicht zu lernen war und keine der Schwierigkeiten von natürlichen Sprachen hatte. Viele Prominente unterstützten diese Bemühungen, weil sie glaubten, dass eine gemeinsame Sprache dem Weltfrieden dienen würde. Sprachen mit fantasievollen Namen wurden erfunden, zum Beispiel Auli, Espido, Esperido, Europal, Europeo, Geoglot, Globaqo, Glosa, Hom-Idyomo, Ido, Ilo, Interlingua, Ispirantu, Latino sine Flexione, Mundelingva, Mondlingvo, Mondlingu, Novial, Occidental, Perfektsprache, Simplo, Ulla, Universalglot und Volapük.[83] Die meisten dieser Sprachen ähnelten einander, sie hatten europäische Wurzeln, aber beseitigten Unregelmäßigkeiten in der Schreibung, dem Satzbau und bei den Endungen.

Niemand kam der Vision der Universalsprache näher als Ludwik Lejzer Zamenhof, der Erfinder von Esperanto. In Esperanto steht jeder Buchstabe für genau einen Laut. Alle Verben werden gleich konjugiert. Neue Begriffe werden gebildet, indem man Vor- und Nachsilben mit eindeutigen Bedeutungen anhängt. Die Nachsilbe -eg bedeutet zum Beispiel Größe oder Intensität: *vento* bedeutet Wind, *ventego* Sturm; *domo* bedeutet Haus, *domego* Villa.[84]

Zunächst kommunizierten nur Zemanhof und seine Verlobte in Esperanto – sie schrieben einander Liebesbriefe in der neuen Sprache.

Doch nachdem Zamenhof die Sprache in einem Aufsatz vorgestellt hatte, erhielt sie rasch Anhänger. Weltkongresse wurden abgehalten. Eine Bewegung wollte das neutrale Gebiet Moresnet zwischen Belgien und Deutschland zum ersten freien Esperantostaat Amikejo (»Ort der Freundschaft«) machen. Nach dem Zweiten Weltkrieg erhielt die Bewegung neuen Zulauf: Eine halbe Million Menschen unterschrieb eine Petition, in der die Vereinten Nationen aufgefordert wurden, Esperanto zur offiziellen Weltsprache zu ernennen. Im Jahr 1948 schrieben ihre Anhänger, Esperanto habe »alle Stürme gemeistert und die Prüfungen der Zeit bestanden … Es ist die lebendige Sprache einer lebendigen Gemeinschaft und bereit, größere Aufgaben zu übernehmen.«[85] Die Erklärung war der Höhepunkt der Bewegung, danach ebbte die Begeisterung ab: Kein Land hat die Kunstsprache je zu seiner Erst- oder auch nur Zweitsprache gemacht, und weltweit haben nur etwa tausend Menschen Esperanto als Muttersprache gelernt. Obwohl unsere vernetzte Welt von einer Universalsprache profitieren könnte, wäre es zu viel verlangt, dass die Menschheit eine ganz neue Sprache erlernt. Trotz ihrer Vorteile erwies sich die Universalsprache als zu revolutionär.

Viele andere radikale Lösungen wurden vorgeschlagen und vergessen. Zum Beispiel beim Kalender. Seit Papst Gregor im Jahr 1582 den nach ihm benannten Kalender einführte, wurden immer neue Systeme zur Einteilung des Jahres entwickelt. Wäre es zum Beispiel nicht sinnvoll, wenn alle Monate gleich lang wären und man jedes Jahr denselben Kalender verwenden könnte? Im Jahr 1923 wurde die Forderung nach einer Ablösung des Gregorianischen Kalenders so laut, dass der Völkerbund einen Wettbewerb ausschrieb. Gewinner war Moses Cotsworth mit einem dreizehnmonatigen immerwährenden Kalender, in dem jeder Monat 28 Tage hat und jedes Jahr mit einem Sonntag beginnt. Der dreizehnte Monat, der zu Ehren der Sonne »Sol« hieß, sollte zwischen Juni und Juli eingeschoben werden. George Eastman war derart begeistert, dass er Cotsworths Kalender als offizielle Zeitrechnung bei Kodak einführte, was er sechzig Jahre lang blieb. Doch die Vereinigten Staaten wehrten sich gegen den neuen Kalender, in dem ihr Nationalfeiertag nicht mehr auf den 4. Juli, sondern auf den 17. Sol fallen würden. Nach Jahren der Lobbyarbeit wurde das Projekt schließlich 1937 aufgegeben.

Land klein und die Bevölkerung umweltbewusst ist. Mit Unterstützung der Regierung baute Better Place 1800 Tankstellen und nahm seine Geschäfte auf. Das Unternehmen hoffte, dass eine kritische Menge von Autofahrern auf Elektroautos umsteigen würden, doch es war schwer, die Trägheit der Masse zu überwinden: Trotz aller Werbung waren die Kunden zum Wechsel nicht bereit. Better Place konnte nicht genug Autos verkaufen, um seine Tankstellen zu unterhalten. Sechs Jahre nach seinem triumphalen Beginn war das Unternehmen bankrott.

Wir leben in einer ständigen Spannung zwischen dem Vorhersehbaren und dem Überraschenden. Wenn wir uns zu sehr an das Vertraute halten, wird dies schnell langweilig, aber wenn wir es zu weit hinter uns lassen, erreichen wir vielleicht niemanden mehr. Die goldene Mitte zwischen Alt und Neu verschiebt sich dauernd und ist schwer zu finden. Zahllose Ideen sind auf dem Müllhaufen der Geschichte gelandet, weil sie dieses Ziel verfehlt haben. Bei der Einführung von Windows 8 wurde Microsoft kritisiert, weil das neue Betriebssystem zu weit ging; die Reaktionen fielen derart feindselig aus, dass die Entwickler entlassen wurden. Die neuen Versionen des Betriebssystems von Apple wurden dagegen kritisiert, weil sie nicht weit genug gingen. Um es mit Joyce Carol Oates zu sagen: Es ist immer ein Experiment.

Geschmäcker ändern sich ständig, aber selten in gleichmäßigen Schritten. Manchmal verändern sie sich im Schneckengang und dann wieder in Sprüngen. Auch die Richtung der Entwicklung ist unberechenbar. Daher blieb Esperanto ein Traum, und Blockbuster ist längst vergessen. Es ist schwer zu sagen, welcher Neustart ans Ziel kommt.

DIE SUCHE NACH DER UNIVERSELLEN SCHÖNHEIT

Wir sind alle Menschen. Könnte es also bei allen kulturellen Unwägbarkeiten nicht so etwas geben wie ein universelles Schönheitsideal, das an allen Orten und zu allen Zeiten Gültigkeit hat? Könnte es nicht unveränderliche menschliche Eigenschaften geben, die unsere kreativen Entscheidungen bestimmen, eine zeitlose Melodie, die unseren alltäglichen Improvisationen zugrunde liegt? Die Suche nach diesen allgemeingültigen Werten reicht weit in die Vergangenheit zurück, denn wenn wir sie finden könnten, dann wären sie so etwas wie der Polarstern, an dem wir unsere kreativen Entscheidungen ausrichten können.

Als Kandidat für universelle Schönheit wird oft die Symmetrie genannt. Nehmen wir zum Beispiel die geometrischen Muster von Perserteppichen oder der Decke der Alhambra von Granada, die zu unterschiedlichen Zeiten und an unterschiedlichen Orten entstanden.

Ein Perserteppich und die Decke der Alhambra.

Doch es gibt keine absolute Beziehung zwischen Schönheit und Symmetrie. Die Kunst des Rokokos oder der italienischen Renaissance ist selten symmetrisch, und Zen-Gärten werden gerade wegen ihrer fehlenden Symmetrie gepriesen.

François Boucher, »Triumph der Venus«, und ein Zen-Garten.

Aber vielleicht ist die universelle Schönheit ja anderswo zu finden. Im Jahr 1973 führte zum Beispiel die Psychologin Gerda Smets Experimente durch, indem sie Elektroden am Schädel befestigte (das EEG), um die Hirnaktivität bei der Wahrnehmung verschiedener Muster zu messen. Sie stellte fast, dass das Gehirn am intensivsten auf Muster mit einer Komplexität von etwa 20 Prozent reagiert.

Aus Smets (1973). Die Muster der zweiten Zeile haben eine Komplexität von etwa 20 Prozent.

Neugeborene richten den Blick länger auf Muster mit einer Komplexität von etwa 20 Prozent als auf andere. Der Biologe E. O. Wilson sah dies als Beleg für ein biologisch vorgegebenes universelles Schönheitsideal in der Kunst:

> Es könnte Zufall sein (was ich nicht glaube), dass ein großer Teil der Kunst in Friesen, Gittern, Inschriften, Logogrammen oder Fahnen dasselbe Maß an Komplexität aufweist … Vieles von dem, was in primitiver oder moderner Kunst als schön gilt, weist denselben Komplexitätsgrad auf.

Aber hat Wilson recht? Erregung mag ein Aspekt der Ästhetik sein, doch sie ist noch lange nicht alles. Wir leben in menschlichen Gesellschaften, die unentwegt versuchen, einander zu überraschen und zu inspirieren. Sobald 20 Prozent Komplexität zur Gewohnheit werden, suchen wir andere Dimensionen des Neuen.

Nehmen wir zum Beispiel zwei abstrakte Gemälde von Wassily Kandinsky und Kasimir Malewitsch, die etwa zur gleichen Zeit entstanden. Die chaotische Farbexplosion in Kandinskys *Komposition VII* ist hochkomplex, während Malewitschs übernatürlich ruhiges *Weiß auf Weiß* die Komplexität einer schneebedeckten Landschaft hat. Bei allen gemeinsamen biologischen Zwängen, und obwohl sie fast gleichzeitig in demselben kulturellen Umfeld arbeiteten, haben Kandinsky und Malewitsch radikal unterschiedliche Kunstwerke geschaffen.

Wassily Kandinskys *Komposition VII* (1913) und
Kasimir Malewitschs *Weiß auf Weiß* (1918).

Bildende Kunst unterliegt also keinen Naturgesetzen. Nachdem Smets ihre Experimente abgeschlossen hatte, fragte sie die Teilnehmer, welche Bilder ihnen besser gefallen hatten. Hier ergab sich kein Konsens.[86] Die intensivere Reaktion des Gehirns auf ein bestimmtes Maß an Komplexität hat also rein gar nichts mit dem ästhetischen Empfinden der Versuchsteilnehmer zu tun. Bei der Beurteilung von visueller Schönheit gibt es keine festen biologischen Gesetze.

Im Gegenteil, unsere Umwelt kann unsere Wahrnehmung vollkommen verändern. In der Müller-Lyer-Täuschung wird die Linie a als kürzer wahrgenommen als die Linie b, obwohl beide gleich lang sind. Wissenschaftler glaubten lange, dies sein eine universelle Eigenschaft der visuellen Wahrnehmung des Menschen.

Kulturübergreifende Untersuchungen kamen jedoch zu einem erstaunlichen Befund: Die Täuschung wird sehr unterschiedlich wahrgenommen, und Menschen aus dem Westen sehen sie oft extremer als andere.[87] Als Wissenschaftler maßen, wie die Linien wahrgenommen wurden, stellten sie fest, dass Menschen aus dem Westen den größten Unterschied sahen. Für Angehörige der afrikanischen Zulu, Fang und Ijaw war der Unterschied nur halb so groß. Und die San aus der Kalahariwüste fielen gar nicht auf die Täuschung herein, sondern erkannten auf Anhieb, dass a und b gleich lang sind.[88] Das heißt, dass Angehörige westlicher Kulturen die Welt anders sehen als die Jäger und Sammler aus der Kalahariwüste. Unsere Wahrnehmung der Welt hängt von unseren Überzeugungen ab, und Sehen ist da keine Ausnahme.[89]

Wie steht es mit der Musik? Wird die nicht oft als universelle Sprache der Menschheit bezeichnet?

Die Musik, die wir täglich hören, scheint festen Regeln zu folgen. Doch eine Untersuchung von Volksmusik aus aller Welt zeigt, dass wir eine große Vielfalt von Musik hören und dass wir auf sehr unterschiedliche Art und Weise hören. Auch Musik geht also weit über die uns vertraute westliche Musik hinaus. Wenn Eltern aus westlichen Kulturen ihr Kind in den Schlaf singen wollen, dann wählen sie ein beruhigendes Schlaflied und singen immer leiser. Die Pygmäen vom Stamm der Aka singen dagegen lauter und schlagen ihrem Kind dabei ins Genick. In der westlichen Musik gilt das Zusammenspiel der Instrumente als schön, auf Java das eigenständige Spiel. In der Volksmusik mancher Regionen spielt jeder nach seinem eigenen Tempo; in anderen, wie dem mongolischen Kehlgesang, ist keine Melodie erkennbar; in wieder anderen kommen ungewöhnliche Instrumente zum Einsatz, zum Beispiel bei den Wassertrommlern der Vanuatu-Inseln, die den Rhythmus auf den Wellen schlagen. Im westlichen Metrum wird der zweite, dritte oder vierte Schlag eines Takts betont, während bulgarische Rhythmen aus sieben, elf, dreizehn und fünfzehn Schlägen bestehen und indische oft aus hundert und mehr. Die westliche Stimmung teilt die Oktave in zwölf Töne in gleichem Abstand, die indische in 21 Töne in ungleichem Abstand.[90] Das westliche Ohr hört Töne als hoch oder tief, doch selbst das ist erlernt: die serbischen Roma hören Töne als »groß« oder »klein«, die äthiopischen Mensa bezeichnen sie als »Väter« und »Söhne«, und die Shoana aus Simbabwe nennen sie gar »Krokodile« und »Krokodiljäger«.[91]

Gibt es bei all diesen Unterschieden auch Gemeinsamkeiten in der Musik? Zum Beispiel biologische Vorlieben für die Kombination bestimmter Töne? Wissenschaftler wollten sehen, ob wir mit einer Neigung zur Harmonie geboren werden, und überprüften diese Annahme an Säuglingen. Vier bis sechs Monate alte Kleinkinder können zwar nicht sagen, was sie von der Musik halten, aber man kann ihr Verhalten beobachten. Daher stellten die Wissenschaftler zu beiden Seiten eines Raums je einen Lautsprecher auf. Auf dem einen spielten sie ein Menuett von Mozart und auf dem anderen eine verzerrte Version desselben Menuetts, in dem das Stück in eine Abfolge von Dissonanzen verwandelt wurde. In der Mitte des Raums saß das Kind auf dem Schoß der Mutter, und die Wissenschaftler beobachteten, wie lange es jedem Stück zuhörte, bis es sich abwandte. Dabei beobachteten sie, dass die Kinder dem Original länger zuhörten als der dissonanten Version. Das schien der Beweis dafür zu sein, dass die Vorliebe für Harmonie angeboren ist.[92]

Doch Experten in Musikwahrnehmung meldeten ihre Zweifel an dem Experiment an. Zum einen, weil sich Volksmusik wie die aus Bulgarien durch Dissonanzen auszeichnet. Und selbst innerhalb der westlichen Kultur hat sich die Wahrnehmung dessen, was als angenehm gilt, verändert: Einem mittelalterlichen Mönch hätten die einfachen Harmonien des Menuetts von Mozart vermutlich nicht gefallen.

Daher führten die Kognitionsforscherinnen Sandra Trehub und Judy Plantinga das Experiment noch einmal durch. Mit erstaunlichem Ergebnis: Die Babys hörten demjenigen Stück am längsten zu, das sie als erstes hörten. Wenn die dissonante Version zuerst kam, dann schenkten sie dieser genauso viel Aufmerksamkeit. Ihre Schlussfolgerung: Wir kommen nicht mit einer Vorliebe für Harmonie zur Welt.[93] Unsere Vorliebe für bestimmte Klänge ist genauso wenig angeboren wie unsere Vorliebe für bestimmte Proportionen.

Wissenschaftler geben sich große Mühe, allgemein menschliche Vorlieben der ästhetischen Wahrnehmung zu ermitteln. Wir scheinen zwar mit bestimmten biologischen Neigungen zur Welt zu kommen, doch Millionen Jahre des Biegens, Brechens und Verbindens haben eine große Bandbreite von Vorlieben hervorgebracht. Wir sind nicht nur das Produkt einer biologischen, sondern auch einer kulturellen Evolution.[94] So attraktiv der Gedanke eines für alle Menschen gültigen Schönheitsideals ist, es widerspricht der Vielfalt der Schöpfungen, denen wir in der Geschichte und den verschiedenen Regionen der Welt begegnen. Was wir als schön wahrnehmen, ist uns nicht in die Gene gelegt. Wenn wir kreativ forschen, wachsen wir auch in ästhetischem Sinne: Alles Neue, das wir als schön empfinden, erweitert die Definition dieses Begriffs. Deshalb kann es passieren, dass uns frühere Meisterwerke nicht gefallen und dass wir uns für Formen erwärmen, die frühere Generationen abgelehnt hätten. Was uns als Art ausmacht, ist nicht eine bestimmte ästhetische Vorliebe, sondern die verschlungenen und sich verzweigenden Wege der Kreativität selbst.

NICHT FÜR ALLE ZEITEN

Der englische Dramatiker Ben Johnson feierte seinen Dichterkollegen William Shakespeare als »nicht aus einer Zeit, sondern für alle Zeiten«.[95] Dem kann man schwerlich widersprechen: Der Barde scheint heute beliebter denn je. Im Jahr 2016 beendete die Royal Shakespeare Company eine Welttournee, auf der sie *Hamlet* in 196 Ländern gespielt hatte. Shakespeares Stücke werden immer wieder aufgeführt und neu erzählt. Gebildete Erwachsene in aller Welt zitieren ihn. Shakespeare ist ein kulturelles Erbe, das wir voller Stolz an unsere Kinder weitergeben.

Aber nicht so eilig, Ben. Was, wenn es in fünfhundert Jahren Gehirnimplantate gibt, über die wir sofort Zugang zu den Gefühlen eines anderen Menschen bekommen? Es könnte doch sein, dass wir die Erfahrung des direkten Kontakts zu einem anderen Gehirn als derart befriedigend erleben, dass ein dreistündiges Theaterstück – der Mummenschanz von Erwachsenen, die sich als jemand anders ausgeben und so tun, als würden sie spontan sprechen – vielleicht nur noch für Historiker von Interesse ist. Was, wenn uns die Konflikte zwischen seinen Figuren altmodisch erscheinen und wir stattdessen Geschichten über Gentechnik, Klone, ewige Jugend und künstliche Intelligenz wollen? Was, wenn wir derart mit Informationen überhäuft werden, dass wir nicht mehr in der Lage sind, weiter als ein oder zwei Generationen in die Vergangenheit zu blicken? Oder vielleicht sogar nur ein oder zwei Jahre?

Es fällt uns schwer, uns eine Zukunft vorzustellen, in der kein Shakespeare mehr auf dem Theaterprogramm steht. Aber das ist der Preis, den wir für unsere rastlose Fantasie bezahlen könnten. Jede Zeit hat andere Bedürfnisse, jede Gemeinschaft entwickelt sich weiter. Wir lassen ständig Altes los und machen Raum für Neues. Selbst die Meisterwerke einer Kultur verschwinden irgendwann in der Versenkung. Im europäischen Mittelalter war Aristoteles der meistgelesene Autor. Wir verehren den griechischen Philosophen zwar noch heute, doch eher als Symbol und weniger als lebendige Stimme. In Sachen Kreativität ist nichts für die Ewigkeit.

Aber Shakespeare wird wohl nicht vollständig verschwinden: Selbst wenn seine Stücke zum Studienobjekt von Spezialisten werden, lebt er im Erbgut seiner Kultur weiter. Das ist vielleicht unsterblich genug. Wenn angesichts des menschlichen Hungers nach Neuem etwas fünf oder sechs Jahrhunderte lang überlebt, dann hat es etwas erreicht, was nur sehr wenigen vergönnt ist. Wir ehren unsere Vorfahren, indem wir kreativ in unserer eigenen Zeit leben, selbst wenn das bedeutet, die Vergangenheit zu begraben. Vielleicht hatte Shakespeare den Ehrgeiz, der größte Bühnenautor aller Zeiten zu werden, aber vermutlich wollte er nicht der letzte Bühnenautor aller Zeiten sein. Seine Stimme klingt noch in allen nach, die er inspiriert hat. Eines Tages könnte der Dichter, der schrieb, »*Alle Männer und Frauen* treten auf und gehen wieder ab«, selbst von der Bühne abgehen und hinter den Kulissen weiterleben. Kurzlebigkeit und Vergessen sind der Preis, den wir für eine Kultur bezahlen, die sich ständig neu erfindet

*

Wir sind so sehr an unsere Welt gewöhnt, dass wir ihre Kreativität gar nicht mehr wahrnehmen. Aber alles um uns – unsere Gebäude, Medikamente, Autos, Kommunikationsmittel, Schirme, Stühle, Messer, Städte, Geräte, Lastwagen, Brillen, Kühlschränke und alles andere – wurde von Menschen geschaffen, die verfügbares Rohmaterial aufgenommen, verarbeitet und etwas Neues daraus gemacht haben. Wir sind die Erben von Milliarden Vorfahren und ihrer kognitiven Software. Keine andere Art verwendet so viel Energie darauf, imaginäre Welten zu erforschen. Und keine andere ist so entschlossen, das Imaginäre Wirklichkeit werden zu lassen.

Trotzdem sind wir nicht immer so kreativ, wie wir das gerne wären. Was können wir also tun, um unsere Kreativität zu steigern? Das sehen wir uns jetzt an.

TEIL 2

DIE KREATIVE EIN-STELLUNG

KAPITEL 7

LEIMEN SIE NIE DIE BAUKLÖTZE FEST

Der Film *LEGO Movie* entführt den Zuschauer in eine Welt, die ganz aus den bunten Bauklötzchen besteht – nicht nur die Gebäude, sondern auch die Figuren, der Himmel, die Wolken und sogar der Wind. Der Held, ein LEGO-Männchen namens Emmet, versucht den bösen Lord Business zu stoppen, der die Welt mit einer geheimnisvollen Substanz namens Kragle einfrieren will. Nur der Stein des Widerstands, der Kragle neutralisiert, kann Lord Business noch aufhalten. Die Bewohner der LEGO-Welt singen ihre Hymne »Everything Is Awesome« (»Alles ist toll«), während Emmet sie vor dem bevorstehenden Untergang warnen will.

Etwa in der Mitte des Films nimmt die Handlung eine überraschende Wendung: Es stellt sich heraus, dass die LEGO-Welt nur im Kopf eines Jungen namens Finn existiert. Lord Business ist in Wirklichkeit Finns Vater, der im Keller eine riesige LEGO-Stadt mit Wolkenkratzern, Straßen und Magnetschwebebahnen gebaut hat. Aus Ärger darüber, dass sein Sohn mit der Stadt spielt, hat er vor, alle Bauklötzchen mit dem Sekundenkleber Kragle festzukleben. Der Stein des Widerstands ist die Kappe der Tube.

Finns Vater hat die Stadt in jahrelanger Kleinarbeit aufgebaut. Sie ist ein Wunderwerk, doch als Zuschauer drücken wir natürlich Finn die Daumen, der mit den Steinen spielen und die Stadt umbauen will, und sind gegen den Vater, der sie in ihrem gegenwärtigen Zustand einfrieren möchte.

Dank der Rastlosigkeit unseres Gehirns wollen wir nicht nur das Unvollkommene weiter verbessern, sondern wir spielen auch mit den Dingen, die bereits perfekt zu sein scheinen. Zerstörung ist eben nicht nur zerstörerisch, sondern auch schöpferisch.

Kreative Menschen können die Vergangenheit lieben oder hassen, aber sie haben eines gemeinsam: Sie haben kein Interesse daran, die Bauklötze festzukleben. Wie der Schriftsteller William Somerset Maugham sagte: »Die Tradition ist ein Führer, kein Kerkermeister.« Man kann die Vergangenheit verehren, aber sie ist nicht unantastbar.

Wie wir gesehen haben, fällt die Kreativität nicht vom Himmel: Die Kultur muss uns die Bauklötzchen liefern. So wie ein Meisterkoch auf dem Markt die besten Zutaten sucht, um ein neues Rezept zu kreieren, suchen wir in unserem kulturellen Erbe nach dem Besten, um etwas Neues zu schaffen.

Im Jahr 1941 pferchten die Nationalsozialisten die Juden der polnischen Stadt Drohobytsch in einem Getto zusammen, die letzte Station vor ihrer Ermordung im Vernichtungslager. Einer davon war ein talentierter Maler und Schriftsteller namens Bruno Schulz. Zwar wurde Schulz kurzzeitig von einem SS-Offizier, der seine Malerei bewunderte, vor der Deportation bewahrt, doch dann wurde er von einem anderen Offizier auf offener Straße erschossen. Nur wenige von Schulz' Werken überlebten den Krieg, darunter einige Kurzgeschichten, die nach seinem Tod in einer Sammlung mit dem Titel *Die Zimtläden* veröffentlicht wurden. Einige Generationen später zollte der Schriftsteller Jonathan Safran Foer diesem Buch einen besonderen Tribut. Aber nicht, indem er es erhielt oder imitierte, sondern indem er mit einer Stanzmaschine Teile von Schulz' Texten herausschnitt und das Buch in eine Skulptur verwandelte. Foer zerschnitt hier nicht etwas, das er nicht mochte, im Gegenteil, er bewunderte das Buch. Er demonstrierte seine Hochachtung für das Werk seines Schriftsteller-

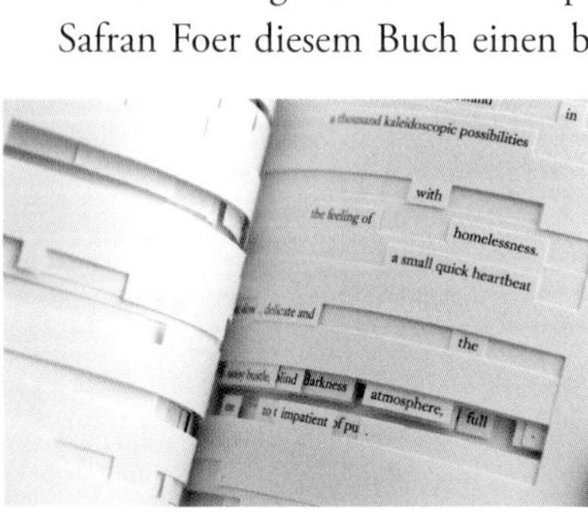

Eine Seite aus Jonathan Safran Foers »Tree of Codes«.

kollegen, indem er etwas Neues daraus machte. Wie Finn war er ein schöpferischer Zerstörer.

Eine Generation nach der anderen setzt die Bauklötze der Geschichte zu etwas Neuem zusammen. Édouard Manet betätigte sich als schöpferischer Zerstörer, als er sein Gemälde *Frühstück im Grünen* malte. Dabei ließ er sich vom Stich *Das Urteil des Paris* von Marcantonio Raimondi inspirieren; die drei Figuren rechts unten verwandelte er in zwei Herren aus der Bürgerschicht und eine Prostituierte, die in einem Park von Paris sitzen.

Raimondis »Das Urteil des Paris« und Manets »Frühstück im Grünen«.

Später machte Picasso Manets Gemälde zum Gegenstand der kreativen Zerstörung.

Picassos »Frühstück im Grünen«.

Und Robert Colescott setzte Picassos Gemälde zu *Les Demoiselles d'Alabama dénudées* neu zusammen.

Pablo Picassos *Les Demoiselles d'Avignon* und
Robert Colescotts *Les Demoiselles d'Alabama dénudées.*

Immer wieder versuchen Gesellschaften, ihre Traditionen festzuschreiben. Im 19. Jahrhundert setzte die französische Kunstakademie die Maßstäbe für die bildende Kunst: Sie erklärte der Öffentlichkeit, was guter Geschmack war und was man kaufen konnte. Die Akademie hatte genug Raum für Künstler unterschiedlicher Stilrichtungen, von den Klassikern bis zu den Romantikern. Aber wie Finns Vater fing sie irgendwann an, die Bauklötzchen festzukleben.

Alle zwei Jahre veranstaltete die Akademie den Salon de Paris, die größte Kunstausstellung des Landes, in der Künstler ihre neuesten Bilder zeigten. Wenn man sich in der französischen Kunstwelt einen Namen machen wollte, dann war dies der Ort. Wer hier ausgestellt wurde, dem öffneten sich die Türen zu Ruhm und Reichtum.

Der Salon war schon immer eine exklusive Veranstaltung gewesen, doch die Jury wurde immer wählerischer. Im Jahr 1863 wurden Tausende Gemälde abgelehnt, darunter auch Werke anerkannter Meister. Auch Manets *Frühstück im Grünen* gehörte zu denen, die es nicht geschafft hatten – die Jury war entsetzt über die offen zur Schau gestellte Sexualität und die scheinbar rohen Pinselstriche.

In früheren Salons blieb den abgewiesenen Künstlern nichts anderes übrig, als ihr Schicksal hinzunehmen. Doch diesmal hatten zu viele Künstler gegen die strengen Regeln der Akademie verstoßen. Die Maler protestierten so heftig, dass selbst Kaiser Napoleon III. die Hallen aufsuchte, um sich die abgewiesenen Gemälde anzusehen. Daraufhin ordnete er die Einrichtung eines Salon des Réfusés an, einer Ausstellung der Abgelehnten, die in der Nähe gezeigt wurden, damit sich das Publikum selbst eine Meinung bilden konnte.

Über vierhundert Künstler meldeten sich. Die Akademie gab sich wenig Mühe, den Salon des Réfusés ansprechend zu gestalten: Die Bilder wurden wild durcheinander an die Wände gehängt und schlecht gekennzeichnet. Auch einen Katalog gab es nicht. Verglichen mit dem Salon sah diese Halle aus wie ein Flohmarkt. Trotzdem war der Salon des Réfusés ein Wendepunkt in der Geschichte der französischen Kunst. Er markierte die Wende von mythologischen und historischen zu zeitgenössischen Themen. Die hyperrealistische Malweise wich experimentellen Techniken.[1] Tausende Besucher drängten sich in den engen Ausstellungsräumen und bestaunten die Bilder, die nach dem Willen der Akademie niemals hätten gezeigt werden sollen. Das Bedürfnis nach schöpferischer Zerstörung hatte gegen die Tradition gesiegt.

Unser Gehirn ist dauernd damit beschäftigt, das Rohmaterial in unserer Umwelt umzubauen. Dieser Trieb steckt nicht nur hinter der Kunst, sondern auch hinter den Wissenschaften. So gingen zum Beispiel die Geologen Anfang des 20. Jahrhunderts davon aus, dass die Kontinente niemals ihre Position verändert hatten. Ihrer Ansicht nach sah der Atlas von heute genauso aus wie der vor Millionen Jahren.[2] Ausgehend von den Daten, die man damals zur Verfügung hatte, war das eine solide und auf Beobachtungen gegründete Annahme.

Aber 1911 las Alfred Wegener einen Artikel, der identische Pflanzen zu beiden Seiten des Atlantiks beschrieb. Die Wissenschaftler der Zeit erklärten diese sonderbare Beobachtung mit Landbrücken, die einst die beiden Ufer verbunden hätten und inzwischen im Meer versunken seien. Doch Wegener fiel auch auf, dass die Küsten Afrikas und Südamerikas aufeinanderpassten wie zwei Puzzleteile. Dann entdeckte er unerwartete Entsprechungen in den Gesteinsschichten des südlichen Afrika und Brasiliens. Im Kopf fügte Wegener die sieben Kontinente zu einem einzigen zusammen, den er Pangaea nannte. Er stellte die Theorie auf, dass es einst einen zusammenhängenden Urkontinent gegeben haben musste. Dieser sei vor Hunderten Millionen Jahren zerbrochen, und die Teile seien allmählich auseinandergedriftet. Mithilfe dieser mentalen Verbindung konnte Wegener die Geschichte unseres Planeten auf ganz neue Art sehen. Er hatte die Kontinentalverschiebung entdeckt.

Wegener veröffentlichte seine Theorie 1912 in einem Aufsatz, und drei Jahre später erschien sein Buch *Die Entstehung der Kontinente und Ozeane*. So wie Darwin seine Theorie von der Evolution der Tiere und Pflanzen aufgestellt hatte, behauptete Wegener, dass der gesamte Planet einer Evolution unterlag. Seine Theorie riss die Kontinente aus ihrer Verankerung und ließ sie über den Planeten treiben wie Seerosen.

Die Tatsache, dass seine Theorie den gängigen Vorstellungen widersprach, bereitete Wegener kein Kopfzerbrechen. An seinen Schwiegervater schrieb er: »Warum sollen wir zögern, die alte Anschauung über Bord zu werfen? … Ich glaube nicht, dass die alten Anschauungen noch zehn Jahre zu leben haben.« Doch Wegener täuschte sich. Seine Arbeit stieß weithin auf Ablehnung und Spott, seinen Kollegen erschienen seine Vorstellungen ketzerisch und absurd. Der Geologe Hermann von Ihering bezeichnete seine Theorie als »Fantasiegebilde … welche wie Seifenblasen vergehen«. Und der Klimaforscher Max Semper meinte gar, »der Versuch, die Tatsächlichkeit der Kontinentalverschiebung zu belegen«, sei »mit unzureichenden Mitteln unternommen und völlig missglückt«; er riet Wegener, »doch künftig die Geologie nicht weiter zu beehren, sondern Fachgebiete aufzusuchen, die bisher noch vergaßen, über ihr Tor zu schreiben: Oh heiliger Sankt Florian, verschon dies Haus, zünd andre an!«

Wegener sah sich großen Hürden gegenüber. Die meisten Geologen waren Feldforscher, keine Theoretiker.[3] Für sie zählten nur die Daten, die sie selbst erhoben hatten. Aber Wegener konnte kaum Daten vorweisen, er hatte lediglich einige Indizien, dass die Kontinente einst eine Einheit gebildet haben mussten. Er konnte ja schlecht die Uhr ein paar Hundert Millionen Jahre zurückdrehen und Beweise liefern. Schlimmer noch, er konnte auch nur Vermutungen darüber anstellen, wie sich die Kontinente bewegten. Was war der Motor hinter diesen Bewegungen?

Nach Ansicht seiner Kollegen hatte Wegener das Pferd von hinten aufgezäumt und eine Theorie vorgelegt, ohne sie wirklich beweisen zu können. In ihren Augen war seine These nicht mehr als die Ausgeburt einer lebhaften Fantasie.

Um seine Zeitgenossen zu überzeugen, unternahm Wegener einige gefährliche Expeditionen nach Grönland, wo er die Bewegung der Kontinente messen wollte. Von der letzten kehrte er nicht zurück. Im November 1930 kam er auf dem Rückweg ins Basislager ums Leben, vermutlich durch einen Herzinfarkt. Die Region war so abgelegen, dass seine Leiche erst Monate später geborgen werden konnte.[4]

In den folgenden Jahren wurden mit neuen Geräten und Verfahren eine Flut von Daten über den Meeresgrund und das Erdmagnetfeld erhoben und neue Datierungen vorgenommen. Die Ergebnisse zwangen die Geologen zu einer Neubewertung von Wegeners Theorie. Zögernd schrieb der Geologe Charles Longwell: »Die Wegener-Hypothese hat derart befruchtend auf die Geologie gewirkt, und sie hat so weitreichende Implikationen, dass sie das respektvolle und wohlwollende Interesse eines jeden Geologen verdient hat. Zu ihrer Stützung wurden einige Argumente vorgebracht, und es wäre voreilig, eine Theorie zu verwerfen, die eine Antwort auf grundlegende Fragen der Erdgeschichte geben könnte.«[5] Wenige Jahrzehnte später änderte auch der Geologe John Tuzo Wilson, der Wegeners Theorie zunächst geschmäht hatte, seine Meinung: »Diese Vorstellung war nicht das, was wir aus unserer eingeschränkten Sicht erwartet hatten … Die Erde ist keine feste Statue, sondern lebendig und beweglich … Es handelt sich um eine große wissenschaftliche Revolution.«[6] Wegener hatte recht behalten, und die Kontinentalverschiebung wurde von genau den Leuten bestätigt, die sie einst verspottet hatten. Er hatte recht, als er die kontinentalen Puzzleteile auseinandergenommen hatte.

*

Kreative Menschen brechen nicht nur mit der Tradition ihrer Kultur, sondern auch mit ihrer eigenen. In den 1950er-Jahren war der kanadische Maler Philip Guston mit seinen wolkenartigen Farbflächen der Jungstar der New Yorker Schule des Abstrakten Expressionismus.

Philip Gustons »Für B.W.T.« (1950) und »Painting« (1954).

Nach zahlreichen Retrospektiven seines Werks nahm er sich Anfang der Sechzigerjahre eine Auszeit, wandte der New Yorker Kunstszene den Rücken und zog aufs Land. Einige Jahre später kam er wieder. 1970 zeigte die Marlborough Gallery in New York seine neuesten Arbeiten. Seine Bewunderer waren verblüfft: Guston hatte sich der gegenständlichen Malerei zugewandt. Seine Vorliebe für Rot, Rosa, Grau und Schwarz war geblieben, doch nun malte er grotesk verzerrte Ku-Klux-Klan-Angehörige, Zigaretten und Schuhe.

Philip Gustons »Riding Around« (1969) und »Flatlands« (1970).

Die Bilder stießen auf einhellige Ablehnung und sogar Feindseligkeit. In der *New York Times* bezeichnete der Kunstkritiker Hilton Kramer die Bilder als »plump« und Guston als »liebenswerten Trottel«. Robert Hughes von der Zeitschrift *Time* äußerte sich ähnlich abschätzig. Die Darstellungen des Ku Klux Klan waren seiner Ansicht nach »als politische Aussage ähnlich dümmlich wie der Fanatismus, den sie anprangern«. Die negativen Reaktionen veranlassten die Marlborough Gallery, den Vertrag mit Guston nicht zu verlängern. Indem Guston sein eigenes Werk zum Gegenstand der kreativen Zerstörung gemacht hatte, hatte er viele seiner glühendsten Anhänger vor den Kopf gestoßen. Doch er stand zu seiner Entscheidung und malte bis zu seinem Tod im Jahr 1980 weiter gegenständlich.

Der Kritiker Kramer rückte nicht von seiner Meinung ab, andere dagegen schon. 1981 rang sich Hughes zu einer Neubewertung durch:

> Die Bilder, die Guston seit Ende der Sechziger malte und erstmals 1970 zeigte, waren so anders als seine bekannten Arbeiten, dass sie wie eine mutwillige und dumme Kehrtwende erschienen … Wenn damals jemand behauptet hätte, dass der Einfluss des gegenständlichen Guston zehn Jahre später in der gesamten amerikanischen Kunstwelt zu spüren sein würde, dann hätte man ihm nicht geglaubt.
>
> Doch genau das könnte eingetreten sein. In den vergangenen zehn Jahren haben wir in den Vereinigten Staaten eine Welle von bewusst plumper und punkiger Malerei erlebt: Gemälde, die Etikette und Präzision zugunsten einer frechen expressionistischen Ausdrucksweise aufgeben. Guston ist der Pate dieser Richtung, und das macht seine Arbeiten für Künstler unter 35 interessanter als die irgendeines anderen Malers seiner Generation.[7]

Mehr noch als Guston machten sich auch die Beatles mit einem bestimmten Stil einen Namen in der Welt der Musik. Doch während sie einen Hit nach dem anderen landeten, experimentierten sie weiter. Ihren kreativen Höhepunkt erreichten sie mit dem *Weißen Album*, das sie 1968 veröffentlichten. Es kam aus einem Aufenthalt der Band in einem indischen Ashram und John Lennons Beziehung zur avantgardistischen Künstlerin Yoko Ono. Das letzte Stück mit dem Titel *Revolution 9* ist eine Collage aus Loops, die sich mit je eigener Geschwindigkeit wiederholen, darunter Schnipsel von rückwärts abgespielter klassischer Musik, Fragmente arabischer Musik, und Produzent George Martin, der sagt: »Geoff, put the red light on.« Woher sie den Titel nahmen? Lennon nahm einen Tontechniker von EMI auf, der sagte: »This is EMI test number nine«, schnitt »number nine« heraus und wiederholte es immer wieder. In einem Interview mit der Musikzeitschrift *Rolling Stone* sagte er später: »Das ist mein Geburtstag und meine Glückszahl.« Es war das längste Stück des Albums und signalisierte, dass die Band, die mit der Musik der Fünfzigerjahre gebrochen hatte, nun auch mit ihrer eigenen Musik brach. Um es mit einem Kritiker zu sagen: »Auf einem Album, das offiziell *The Beatles* hieß, waren acht Minuten lang keine Beatles zu hören.«[8]

Der schöpferischen Zerstörung eigener Strukturen begegnen wir nicht nur in der Kunst, sondern auch in der Wissenschaft. So beschäftigte sich zum Beispiel der Evolutionsbiologe E. O. Wilson mit dem rätselhaften Phänomen der Selbstlosigkeit. Wenn das Ziel eines Tiers darin besteht, seine Gene an die kommende Generation weiterzuvererben, welches Interesse könnte es dann haben, sich für andere in Gefahr zu begeben? Darwins Antwort auf diese Frage war die Verwandtenauslese: Tiere verhalten sich selbstlos, um ihre biologischen Verwandten zu beschützen. Mit Wilson an der Spitze kamen die Evolutionsbiologen zu dem Schluss, dass das selbstlose Verhalten umso wahrscheinlicher wird, je mehr Gene die beiden gemeinsam haben.

Aber Wilson war nicht bereit, die Bauklötzchen seiner Theorie festzuleimen. Nachdem er die These der Verwandtenauslese fünfzig Jahre lang vertreten hatte, änderte er plötzlich seine Meinung. Seiner Ansicht nach wurde das gängige Modell von neuen Daten widerlegt. Einige Insektenkolonien, die aus engen Verwandten bestanden, kannte nämlich keine Selbstlosigkeit, während sich andere mit loseren Verwandtschaftsbeziehungen selbstloser verhielten. Also stellte Wilson eine neue These auf: In manchen Umgebungen ist Zusammenarbeit überlebenswichtig, und in diesen Fällen begünstigen die Gene das selbstlose Verhalten. In anderen Situationen, in denen Kooperation keine Vorteile bringt, kümmern sich die Tiere um sich selbst, und das sogar auf Kosten von Verwandten.[9]

Die Reaktionen auf Wilsons Artikel waren heftig. Viele Biologen warfen Wilson vor, er sei vom Weg abgekommen und hätte seinen Artikel nie veröffentlichen dürfen. Richard Dawkins, einer von Wilsons renommiertesten Kollegen, war schonungslos:

> Ich fühle mich an eine alte Karikatur aus der Zeitschrift *Punch* erinnert, in der eine strahlende Mutter einer Militärparade zusieht und stolz ausruft: »Ganz mein Junge! Der Einzige, der im Gleichschritt marschiert.« Ist Wilson der einzige Evolutionsbiologe, der im Gleichschritt marschiert?[10]

Doch Wilson interessierte sich nicht dafür, ob er im Gleichschritt mit seinen Kollegen marschierte. Andere wunderten sich, dass ein derart angesehener Biologe wie Wilson, der zwei Pulitzer-Preise gewonnen hatte, sein berufliches Renommee derart leichtfertig aufs Spiel setzte. Doch der erfahrene Pionier Wilson hatte keine Angst davor, seine Ansichten radikal zu ändern, wenn die Wissenschaft es verlangte – auch wenn das bedeutete, sein eigenes Erbe infrage zu stellen. Noch ist nicht klar, ob er mit seiner These recht behält, doch egal wie das Ergebnis aussehen wird: Wilson ist niemand, der Bauklötze festleimt.

*

Dank der kreativen Zerstörung entwickelt sich die Menschheit immer weiter: Aus Telefonen mit Wählscheiben werden Telefone mit Tastatur, dann ziegelsteinförmige Handys, dann Klapphandys und schließlich Smartphones. Fernsehgeräte werden flacher, größer, drahtlos, gebogen und dreidimensional. Selbst wenn Neuerungen von unserer Kultur übernommen werden, ist unser Hunger nach Neuem noch lange nicht gestillt. Wir können einfach von nichts die Finger lassen.

Aber gibt es nicht Schöpfungen, die so perfekt sind, dass auch spätere Generationen sie nicht mehr anrühren? Nehmen wir zum Beispiel eine Stradivari. Geigenbauer wollen schließlich ein Instrument schaffen, das einen schönen, vollen Ton bis in den letzten Winkel des Konzertsaals projiziert und gleichzeitig angenehm zu spielen ist. Keiner hatte ein besseres Händchen für Proportionen, Hölzer und selbst Lacke als der barocke italienische Geigenbauer Antonio Stradivari. Dreihundert Jahre nach seinem Tod sind seine Geigen begehrter denn je. Eine Stradivari kann in einer Auktion über zwölf Millionen Euro erzielen. Es dürfte unwahrscheinlich sein, dass jemand dieses Instrument überbietet.

Die Stradvari
»Lady Blunt«.

Doch auch hiervon kann der Mensch mit seinem rastlosen Innovationstrieb die Finger nicht lassen. Moderne Geigenbauer nutzen akustische und ergonomische Untersuchungen und modernste Kunststoffe, um ihre Instrumente leichter, lauter, ergonomischer und haltbarer zu machen. Zum Beispiel die Karbongeige von Luis Leguia und Steve Clark, die nicht nur leicht ist, sondern auch unempfindlich gegenüber den Schwankungen der Luftfeuchtigkeit – es ist nämlich eine unselige Eigenschaft von Holzinstrumenten, dass sie reißen.

Im Jahr 2012 sollten professionelle Violinisten während eines internationalen Wettbewerbs verschiedene alte und neue Instrumente spielen und bewerten. Ihnen wurden die Augen verbunden, damit sie nicht sahen, welches Instrument sie spielten, und die Geigen wurden parfümiert, damit sich die alten nicht durch ihren Geruch verrieten. Nur ein Drittel der Teilnehmer hielt die alten Violinen für die besten. Mit von der Partie waren zwei Stradivaris, und die bekanntere der beiden bekam die wenigsten Stimmen. Der Test ließ Zweifel daran aufkommen, ob die Stradivaris wirklich für alle Zeiten das Maß aller Dinge sind.

Es mag nicht leicht sein, die Stradivaris vom Thron zu stoßen. Doch die schrittweisen Verbesserungen bringen eine Geige hervor, die stärker, weniger verschleißanfällig und billiger ist als ihr ehrwürdiger Vorfahr. Wenn ein Solist die Bühne mit einer Karbongeige betritt und die himmelstürmenden Akkorde von Beethovens Violinkonzert spielt, dann könnte man

Eine Karbongeige
von Leguia und Clark.

fast glauben, dass sich etwas so Perfektes wie eine Stradivari tatsächlich überbieten lässt.

*

Kein Mensch möchte wieder und wieder denselben Tag erleben. Selbst wenn es der glücklichste Tag unseres Lebens wäre, würden die Ereignisse irgendwann grau, und aufgrund der Wiederholungsunterdrückung würde sich das Glück rasch abnutzen. Daher durchbrechen wir regelmäßig Dinge, auch wenn sie funktionieren. Ohne diesen Trieb würden selbst die köstlichsten Erlebnisse durch die Routine fade.

Wir lassen uns leicht von den Giganten der Vergangenheit einschüchtern, doch sie sind nichts als das Sprungbrett der Gegenwart. Das Gehirn verändert nicht nur das Unvollkommene, sondern auch das Vollkommene. So wie Finn die LEGO-Stadt seines Vaters zerstört, haben wir die Pflicht, das Beste wieder auf die Werkbank zu legen.

KAPITEL 8

SCHAFFEN SIE SO VIELE OPTIONEN WIE MÖGLICH

Im Jahr 1921 lud der Haushaltsausschuss des Abgeordnetenhauses der Vereinigten Staaten den Chemiker George Washington Carver vom afroamerikanischen Tuskegee-Institut in Alabama ein. Er sollte vor einem Parlament sprechen, in das noch nie ein Schwarzer gewählt worden war, in einer Hauptstadt, in der Menschen verschiedener Hautfarbe streng getrennt lebten.

Carver sucht nach Lösungen für die Bodenerosion, die vom langjährigen Baumwollanbau verursacht wurde. Und er hatte die Erdnuss und ihre nahe Verwandte, die Süßkartoffel, als ideale Wechselfrüchte ausgemacht. Carver war jedoch klar, dass kein Bauer auch nur einen Erdnussstrauch anbauen würde, solange es keinen Markt dafür gab. In seinem Vortrag vor dem Haushaltsausschuss sollte Carver unter Beweis stellen, dass die Erdnuss eine wirtschaftlich rentable Pflanze sei. Dafür hatte er zehn Minuten Zeit.

Carver behauptete, wenn alle anderen Feldfrüchte verschwänden, »dann hätte man mit der Süßkartoffel und der Erdnuss immer noch eine ausgewogene Ernährung«. An diesem Punkt unterbrach ihn der Abgeordnete John Q. Tilman mit dem Zwischenruf: »Darf's auch noch eine Wassermelone dazu sein?«

Aber Carver ließ sich nicht beirren und beschrieb ein wahres Füllhorn von Erdnussprodukten, die er erfunden hatte: Erdnusseis, Erdnussfarbstoffe, Erdnussvogelfutter und Erdnussriegel. Als Carver nach zehn Minuten abbrach, forderte ihn der Ausschussvorsitzende auf fort-

Diego Velázquez, *Las Meninas*.

Fünf von Picassos 58 Variationen von *Las Meninas*.

zufahren. Als auch weitere zehn Minuten nicht ausreichten, sagte der Vorsitzende: »Machen Sie einfach weiter. Sie haben unbegrenzt Zeit.«

Carver sprach über Erdnussmilch. Über einen alkoholfreien Erdnusspunsch mit Fruchtgeschmack. Über Erdnussmehl, Erdnusstinte, Erdnusskäse, Erdnussbutter, Erdnussfutter, Erdnussgesichtscreme, Erdnusssoße und Erdnusskaffee.

Insgesamt stellte Carver über hundert verschiedene Produkte vor, die sich aus Erdnüssen herstellen ließen. Nach einer Dreiviertelstunde beendete er seinen Vortrag mit dem Hinweis, er habe erst die Hälfte seiner Liste präsentiert. Der Vorsitzende dankte ihm und beglückwünschte ihn zu seinem Vortrag.[11] Mit dieser Fülle an Möglichkeiten überzeugte er die Abgeordneten und wurde ein Volksheld für die Bauern der Südstaaten.

Warum? Weil es ein Eckpfeiler des kreativen Prozesses ist, so viele Optionen wie möglich zu schaffen. Picasso malte 15 Variationen der *Frauen von Algier* von Eugène Delacroix, 27 Variationen des *Frühstücks im Grünen* von Édouard Manet und 58 Variationen von *Las Meninas* von Diego Velázquez.

Beethoven komponierte sechs Variationen über ein Schweizer Volkslied, sieben über »God Save the Queen« und zwölf über ein Thema von Mozart. Im Jahr 1819 schickte der österreichische Komponist Anton Diabelli ein Walzerthema an mehrere Kollegen mit der Bitte, Variationen zu komponieren, die er in einem Band herausgeben wollte. Aber Beethoven gab sich nicht mit einer Variation zufrieden, sondern er schickte gleich 33 und stellte mit seiner Bandbreite von Optionen alle anderen in den Schatten.

Zombies aus Horrorfilmen können keine Optionen entwickeln: Ihre Gehirne sind lediglich in der Lage, fest vorgegebene Programme abzuspulen. Wie wir gesehen haben, laufen diese Routinen ab, wenn wir eine Gabel zum Mund heben, unsere Beine zum Gehen bewegen oder Auto fahren – die Arbeit wird von einem bestimmten Schaltkreis im Gehirn erledigt, und das Verhalten ist optimiert. Doch das Dickicht von Verbindungen in unserem Gehirn erlaubt es uns, Gewohnheiten zu durchbrechen. Wenn das Gehirn Optionen generiert, verlässt es den Weg des geringsten Widerstands und reicht weiter hinein in seine Netzwerke.

Statt vorgegebene Programme abzuspulen, biegt, bricht und kombiniert es seine Vorräte von Erfahrungen und stellt sich verschiedene Möglichkeiten vor.

Carver, Picasso und Beethoven machten das Erschaffen von vielfältigen Optionen sichtbar. Oft läuft dieser Prozess jedoch hinter den Kulissen ab. Zum Beispiel im Fall von Ernest Hemingways *In einem andern Land*. Der Roman endet damit, dass Catherine, die Verlobte des Ich-Erzählers, nach der Entbindung eines totgeborenen Sohnes stirbt. Insgesamt schrieb Hemingway 47 Fassungen des tragischen Endes. Zuerst versuchte er es so:

> Das ist die Geschichte. Catherine ist gestorben und Sie werden sterben und ich werde sterben und das ist alles, was ich Ihnen versprechen kann.

In einem späteren Entwurf ließ er das Baby lebend zur Welt kommen:

> Ich könnte Ihnen von dem Jungen erzählen. Er hatte keine Bedeutung, er hat nur Ärger gemacht, und ohne ihn wäre ich weiß Gott besser dran gewesen. Aber er gehört nicht in diese Geschichte. Er fängt eine neue an. Es ist nicht fair, eine neue Geschichte am Ende einer alten anzufangen, aber so geht's eben. Es gibt kein Ende außer dem Tod, und die Geburt ist der einzige Anfang.

In einer anderen Version ging es um den Tag nach Catherines Tod:

> Als ich aufwachte, fühlte ich mich körperlich leer. Ich sah, dass die Lampe neben dem Bett noch brannte, und ich war da, wo ich letzte Nacht aufgehört hatte, und das ist das Ende der Geschichte.

In einer weiteren Fassung wollte er dem Leser eine Lektion mitgeben:

> Man lernt ein paar Dinge im Leben, und eins davon ist, dass die Welt alle zerbricht und dass danach viele an den gebrochenen

> Stellen stark sind. Und wen sie nicht zerbricht, den tötet sie. Sie tötet die Guten und die Sanften und die Mutigen. Und wenn Sie nicht zu denen gehören, dann können Sie sicher sein, dass sie auch Sie tötet, aber das hat keine Eile.[12]

Und schließlich schrieb Hemingway die endgültige Fassung. Das Baby kommt tot zur Welt, der Erzähler jagt die Krankenschwestern aus dem Zimmer und ist mit seiner toten Verlobten allein.

> Doch als ich beide draußen hatte und die Tür zu war und ich das Licht ausgemacht hatte, half das nichts. Es war, als würde man sich von einer Statue verabschieden. Nach einer Weile ging ich hinaus und verließ das Krankenhaus und ging im Regen zurück zum Hotel.

Wenn man diesen Schluss liest, kommt man nicht auf den Gedanken, dass er aus einem solchen Reigen von Möglichkeiten hervorgegangen sein könnte.

*

Lachse legen in jeder Laichsaison Tausende von Eiern. Davon schlüpfen viele gar nicht erst, andere sterben jung. Nur wenige erreichen das Erwachsenenalter. Genauso kann unsere Gehirn eine Flut von Optionen generieren. Viele dringen nie bis ins Bewusstsein vor, und von denen, die dort ankommen, überleben nur wenige.

Um ein Flugzeug optimal durch den Wind zu steuern, entwarfen die Gebrüder Wright 38 verschiedene Flügel mit unterschiedlichen Formen und Krümmungen. Charles Kettering arbeitete sechs Jahre lang an der Erfindung des Dieselmotors: »Wir haben eins nach dem anderen ausprobiert, bis uns der Motor endlich gesagt hat, was er braucht.«[13] Im Eureka Innovation Lab des Jeansherstellers Levi's testen Textildesigner auf dem Weg zur neuen Kollektion Tausende Färbemittel und Stoffmuster; die Experimente werden mit Kameras aufgezeichnet, damit die ausgewählten Stoffe später problemlos hergestellt werden können.[14]

Als der Designer Max Kulich von Audi mit dem Entwurf eines alternativen Fahrzeugs beauftragt wurde, ging er vom Segway aus. Dann entwarf er eine Vielzahl von Alternativen: Bei einigen stand der Fahrer, bei anderen saß er. Einige Varianten hatten nur ein Rad, andere zwei oder drei. Eine Version war mit einem Kinderwagen ausgestattet, eine andere hatte zwei Räder, aber keine Lenkstange. Er experimentierte mit der Neigung des Fahrers, der Größe der Räder, der Form des Lenkers. Er stellte sich Klappmodelle vor, die sich neben dem Ersatzrad im Kofferraum eines Autos unterbringen ließen.

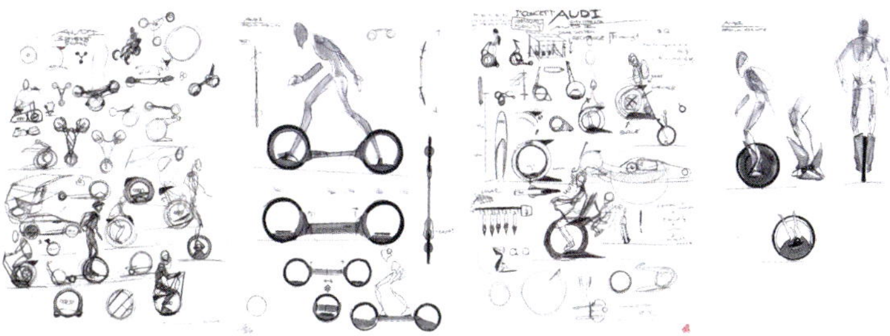

Einer der Entwürfe, den er schließlich präsentierte, war der CitySmoother, ein zusammenklappbares Modell mit Sitz.

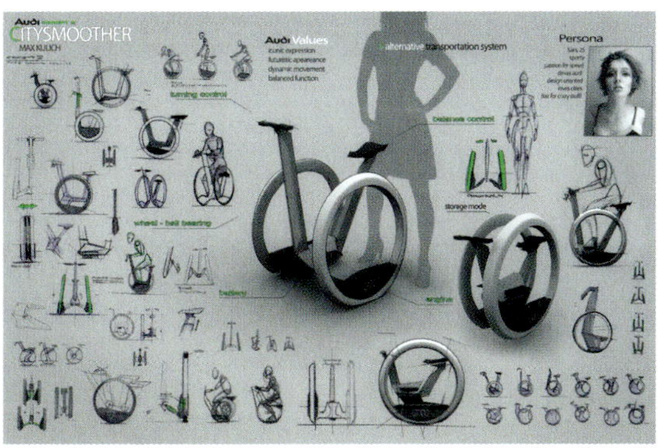

Weil die menschliche Vorstellungskraft so fruchtbar ist, landet eine Menge auf dem Müll. Architekturbüros erstellen routinemäßig mehrere

Entwürfe für ein Gebäude. Für das Flea Theater in New York entwickelte das Architectural Research Office siebzig verschiedene Fassaden.

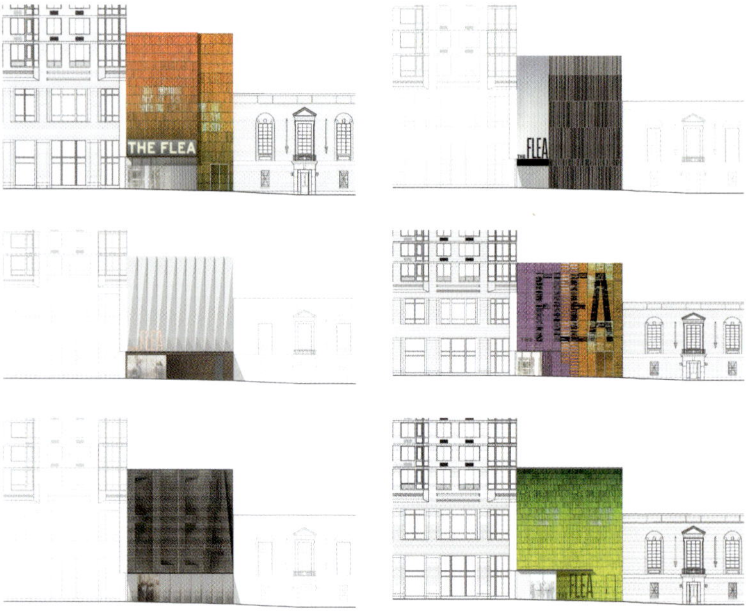

Von diesen siebzig schaffte es nur eine.

Aber nicht nur Designer und Architekten schaffen so viele Optionen wie möglich, sondern auch Chemiker. Die Entwicklung eines neuen Medikaments ist ein langer Weg. Das Präparat muss die Krankheit bekämpfen und dabei den Menschen verschonen. Üblicherweise beginnen die Chemiker, indem sie eine Substanz wählen und diese dann verändern. Ein fleißiger Chemiker kann pro Jahr fünfzig bis hundert neue Substanzen zusammenmischen. Aber das ist oftmals zu langsam, für ein neues Medikament werden in der Regel zigtausend Variationen erprobt. In der Herstellung des idealen Moleküls stecken Jahre an Arbeit. Um dieses Verfahren zu beschleunigen, haben organische Chemiker neue Verfahren entwickelt, mit denen sie schneller mehr Optionen schaffen können. Statt einer einzigen Verbindung testen sie gleichzeitig eine ganze Batterie, indem sie zum Beispiel auf einer Tüpfelplatte mit hundert Näpfchen zehn Alkohole und zehn Säuren in unterschiedlichen Verhältnissen mischen und gleichzeitig mit Dutzenden Tüpfelplatten arbeiten.[15] Verfahren wie diese haben in den vergangenen zehn Jahren die pharmazeutische Entwicklung revolutioniert.

Auch nachdem ein Produkt auf dem Markt ist, entwickelt das kreative Gehirn neue Optionen. Im Januar 1878 brachte der Erfinder Thomas Edison seinen Phonographen auf den Markt. Den Käufern gefiel das neue Spielzeug, doch es erwies sich als anfällig und schwer zu bedienen. Um das öffentliche Interesse wachzuhalten, stellte Edison eine Liste von möglichen künftigen Verwendungsmöglichkeiten für sein Gerät zusammen, die im Mai 1878 im *North America Review* abgedruckt wurde:

1. Briefeschreiben und alle Arten des Diktats ohne Hilfe eines Stenografen.
2. Phonographische Bücher, die sich blinde Menschen mühelos vorlesen lassen können.
3. Unterweisung in der Redekunst.
4. Wiedergabe von Musik.
5. »Familienalbum« – eine Sammlung von Aussagen, Erinnerungen und so weiter von Angehörigen in ihrer eigenen Stimme sowie der letzten Worte von Sterbenden.

6. Musikkisten und Spielsachen.
7. Uhren, die mit Stimmansagen das Ende des Arbeitstags, Essenszeiten und so weiter ankündigen können.
8. Die Bewahrung von Sprachen durch exakte Wiedergabe der Aussprache.
9. Bildungszwecke; etwa die Aufzeichnung der Erklärungen eines Lehrers, die der Schüler jederzeit zurate ziehen kann, oder Orthografie und andere Lektionen, die zum Auswendiglernen auf dem Phonographen abgelegt werden.
10. Verbindung mit dem Telefon, die aus diesem ein Hilfsmittel zur Übertragung dauerhafter und wichtiger Dokumente machen und nicht nur einen Empfänger für momentane und flüchtige Kommunikation.[16]

Edison erkannte, dass er viele Nutzungsmöglichkeiten aufzeigen musste, wenn sein Gerät überleben sollte. Oder um es mit seinen Worten zu sagen: »Wenn Sie alle Möglichkeiten ausgeschöpft haben, dann denken Sie daran: Sie haben noch längst nicht alle Möglichkeiten ausgeschöpft.«

Auch im Tierreich begegnen wir überall Vielfalt und Alternativen. Warum? Weil es der sichere Weg in die Ausrottung wäre, alles auf eine Karte zu setzen. Die Stärke des Menschen ist es, dass wir diese Strategie bewusst umsetzen können. Wenn wir vor einer Aufgabe stehen, dann geben wir nicht nur eine Antwort, sondern wir bringen ganze Scharen hervor.

Auch Unternehmen und Regierungen schaffen eine große Bandbreite von Optionen: Wenn sie in mehrere Alternativen investieren, verbessern sie ihre Aussicht, eine Lösung zu finden. Zum Beispiel, als im 18. Jahrhundert eine ganze britische Flotte vom Kurs abkam, auf Grund lief und zweitausend Seeleute das Leben verloren. Es war nur die jüngste einer ganzen Reihe von tragischen Schiffsunglücken, die durch schlechte Navigation verursacht worden waren. Das Problem war, dass man damals noch keine Möglichkeit hatte, den Längengrad, also die exakte Position eines Schiffs in Ost-West-Richtung, zu bestimmen.[17] Dazu musste man die Geschwindigkeit des Schiffs kennen, und dazu wiederum benötigte man verlässliche Zeitmesser. Die damals gebräuchlichen Pendeluhren waren dazu jedoch nicht geeignet, weil ihr Uhrwerk auf einem schlingernden Schiff nicht funktionierte. Also behalfen sich Seeleute damit, ein Stück Holz ins Wasser zu werfen und zu messen, wie schnell sie sich davon entfernten. Diese groben Schätzungen führten jedoch oft dazu, dass die Schiffe vom Kurs abkamen und auf Riffe aufliefen.

Angesichts der dauernden Verluste lobte das britische Parlament einen Preis von 20000 Pfund – heute umgerechnet eine knappe Million Euro – für denjenigen aus, der eine Methode zur korrekten Bestimmung der Längengrade fand. Wie die Wissenschaftsautorin Dava Sobel schreibt: »Mit ihren finanziellen Möglichkeiten war die Längenkommission die erste Forschungsbehörde der Welt.«[18] Das Parlament wollte die Briten anregen, über die üblichen Lösungen hinaus zu denken.

Die ersten Ergebnisse waren wenig verheißungsvoll. Die Kommission begutachtete Vorschläge für Geräte mit fantasievollen Namen wie Phonometer, Pyrometer, Selenometer und Heliometer. Keines davon funktionierte. Fünfzehn Jahre nach Ausschreibung des Preises war der Längenkommission nicht ein einziger förderungswürdiger Entwurf vorgelegt worden. In dieser Zeit hatte sich die Kommission nicht einmal die Mühe gemacht, zu Sitzungen zusammenzukommen – sie verschickte lediglich Absagen.

Trotzdem forderte sie weiter dazu auf, Vorschläge einzureichen. Mehr als zwanzig Jahre nach Beginn der Ausschreibung meldete sich ein Uhrmacher namens John Harrison aus einer Kleinstadt in Yorkshire mit einer seetüchtigen Uhr. Von allen Teilnehmern war ein Handwerker aus einem abgelegenen Provinznest vermutlich der letzte, von dem man eine Lösung erwartet hätte. Doch Harrison war ein Meister seiner Zunft. Nachdem er Verbesserungen am Uhrwerk und am Material vorgenommen hatte, war seine Uhr H1 das erste Gerät, das die Längenkommission auf hoher See testen ließ. Die Ergebnisse waren vielversprechend, aber noch nicht ausreichend, weshalb die Kommission Harrison lediglich einen Vorschuss bezahlte, damit er weiterarbeiten konnte.

Der Wettbewerb zog sich über Jahrzehnte hin. Schließlich erzielte Harrison einen Durchbruch. Ihm war klar, dass die damaligen Uhren alle eine entscheidende Schwäche hatten: Aufgrund ihrer Größe waren sie zu anfällig für die Bewegungen des Schiffs. Wenn eine Uhr seetüchtig sein sollte, musste sie ohne Pendel auskommen. Im Jahr 1761 präsentierte Harrison der Kommission seine »Seeuhr« H4. Mit einem Durchmesser von weniger als 15 Zentimetern war sie die erste Taschenuhr der Welt. Sie ermöglichte den Kapitänen die exakte Zeitmessung und läutete damit das goldene Zeitalter der Seefahrt ein.[19]

Rückblickend wirkt der Fortschritt oft wie eine zielstrebige Entwicklung von der Frage zur Antwort. Doch der Eindruck täuscht. Jeder Moment der Geschichte zeichnet sich durch ein dichtes Netz von Feldwegen aus, die allmählich auf ein paar befestigte Straßen reduziert werden. Im Jahr 1714 hätte niemand geahnt, dass ein unbekannter Uhrmacher aus der Provinz das vertrackte Längenproblem lösen würde. Das britische Parlament wusste lediglich, dass es sein Netz möglichst weit auswerfen musste. Angesichts eines Problems, das eine kreative Lösung verlangte, wollte es möglichst viele Optionen einholen.

Wettbewerbe wie der X-Prize treten in die Fußstapfen des Längenpreises. Der erste X-Prize wurde für den Entwurf eines mehrfach verwendbaren suborbitalen Fluggefährts ausgeschrieben. Der Preis sollte an dasjenige Unternehmen gehen, das mit einem bemannten Raumflugzeug eine Flughöhe von mindestens 100 Kilometern erreichte – und zwar zweimal innerhalb von zwei Wochen. Insgesamt nahmen 26 Experimentalflugzeuge aus aller Welt teil.

Indem die Ausschreibung das Netz weit auswarf, rückte der Traum von privaten Reisen in den Weltraum einen Schritt näher. Diese Art des Crowdsourcing wird immer beliebter. Als Netflix den Algorithmus verbessern wollten, mit dem es Nutzern weitere Filme vorschlägt, stellte es fest, dass es billiger war, einen Preis von einer Million Dollar auszuschreiben, als das Programm im Haus schreiben zu lassen. Netflix veröffentlichte einen Beispieldatensatz und verlangte, dass das Programm zehn Prozent besser sein sollte als sein eigenes. Zehntausende Teilnehmer schickten Programme ein. Die meisten blieben unter der geforderten Marke, doch zwei übertrafen sie sogar. Mit einer kleinen Investition hatte Netflix das Problem gelöst und Tausende mögliche Lösungen erhalten.

Innovation geht mit Fehlschlägen einher. Und diese Fehlschläge können kostspielig sein. Ein Beispiel ist der amerikanische Solarzellenher-

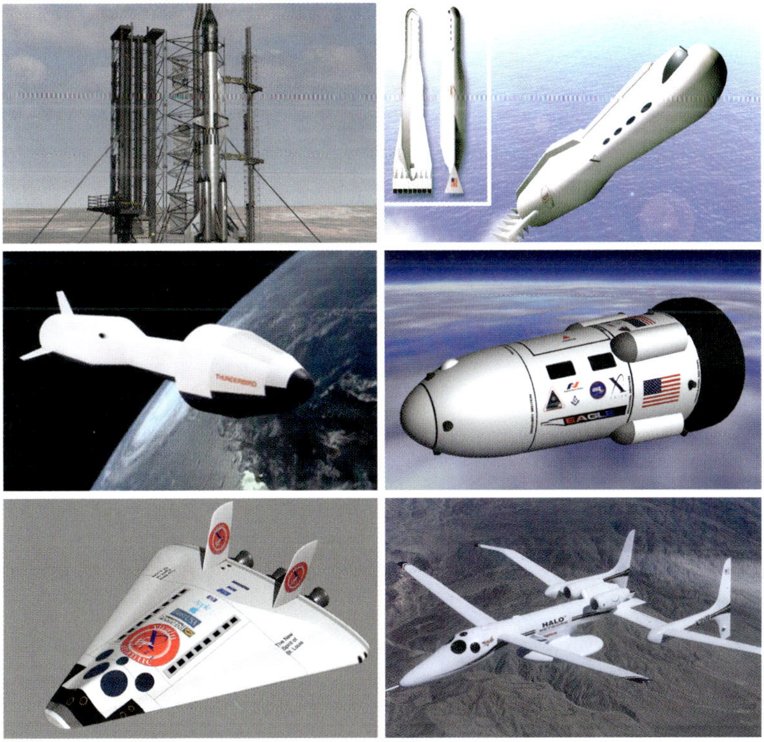

Der Preis ging schließlich an SpaceShipOne von Scaled Composites.

steller Solyndra, der 2011 Konkurs anmeldete und den Staat 536 Millionen Dollar kostete. Über tausend Mitarbeiter verloren ihre Arbeit. Betrugsvorwürfe wurden laut, und das FBI durchsuchte die Büros des Unternehmens. Es war ein schwerer Rückschlag für die Regierung von Barack Obama, die das Unternehmen für seine Fortschrittlichkeit und die Schaffung von Arbeitsplätzen gefördert hatte. Für die Opposition war es ein Beleg für die Inkompetenz der Regierung und ein Beispiel für die Verschwendung von Steuergeldern.

Für sich betrachtet war die Solyndra-Pleite ein Fiasko. Doch so wichtig es ist, die Regierung zur Verantwortung zu ziehen, so kontraproduktiv wäre es, sie wegen jedes Fehlers anzugreifen. Warum? Weil eine Regierung, die sich nur auf sichere Wetten einlässt, nichts Neues hervorbringt. Werfen wir einen Blick auf die Gesamtbilanz des Energieministeriums: Von den 34 Milliarden Dollar an Investitionskrediten, die es insgesamt vergeben hat, sind nur drei Prozent ausgefallen. Der Kongress hatte ursprünglich Gelder bereitgestellt, um die erwarteten Verluste aufzufangen, doch am Ende erwirtschaftete das Programm sogar noch einen Gewinn. Die staatlichen Fördermittel bewirkten eine Welle der privaten Investitionen und damit eine deutliche Verbilligung der Solarenergie.

Solyndra hatte außerdem mehrere kreative Konzepte. Statt der flachen Solarmodule, wie wir sie heute kennen, waren die von Solyndra zylindrisch, sodass immer eine Seite Richtung Sonne zeigte. Außerdem waren sie windsicher, was sie in windigen Breiten interessant machte. Wenn Solyndra pleite ging, dann nicht, weil das Konzept nicht stimmte, sondern weil sich die Solarzellen schneller verbilligten als erwartet und Solyndra seine Herstellungskosten nicht schnell genug senken konnte – das sind Kräfte des Marktes, die sich nur schwer vorhersehen lassen. Bei der Investition in den Fortschritt sind Fehlschläge schmerzhaft, aber es ist unmöglich, immer nur auf den Gewinner zu setzen. Nach der Solyndra-Pleite erklärte Energieminister Ernest Monitz in einem Radiointerview: »Wir dürfen jetzt nicht risikoscheu werden, denn sonst haben wir auf dem Markt keine Chance.«[20]

Automatisches Verhalten bewahrt uns vor Fehlern: In Situationen, in denen wir auf verlässliche Ergebnisse angewiesen sind – etwa wenn es darum geht, das Essen mit der Gabel in den Mund zu befördern –, beseitigt das Gehirn überflüssige Optionen. Wir wollen fehlerfrei tippen, stolperfrei gehen und auf der Geige eine perfekte Tonleiter spielen. Doch wenn wir eine Vielzahl von Optionen schaffen wollen, brauchen wir eine andere Einstellung gegenüber Fehlern: Wir dürfen sie nicht vermeiden, sondern wir müssen sie einkalkulieren. Bei automatischen Verhaltensweisen ist ein Fehler gleichbedeutend mit Scheitern. Im kreativen Denken ist er eine Notwendigkeit.[21]

*

Auf unserem Planeten leben Abermillionen von Arten, und der große Erfolg von Mutter Natur lässt sich auf einen Grundsatz zurückführen: Sie schafft so viele Optionen wie möglich. Weil sie im Voraus nie weiß, was in welchem neuen Ökosystem funktioniert (Klauen? Flügel? Grubenorgane? Knochenplatten?), probiert sie einfach eine ganze Reihe von Mutationen aus und schaut sich an, was bleibt. Die heute auf unserem Planeten vorkommenden Arten repräsentieren weniger als ein Prozent der Arten, die ihr Glück auf Erden versucht haben. Und einige Schätzungen gehen davon aus, dass die Hälfte aller heute vorkommenden Tiere und Pflanzen bis zum Jahr 2100 verschwunden sein könnten.[22] Von Dodos über Plesiosaurier bis hin zu Mammuts überleben viele gute Ideen einfach nicht.

So geht es zu in der Welt der Künste, Wissenschaften und Unternehmen. Die meisten Ideen setzen sich im gesellschaftlichen Terrarium nicht durch, weshalb fortgesetzte Diversifizierung die beste Erfolgsstrategie ist. Umtriebige Geister bringen einen steten Strom neuer Alternativen hervor. Voller Energie wenden sie ihre kreative Software an und fragen sich: »Was noch?«

KAPITEL 9

WAGEN SIE SICH UNTERSCHIEDLICH WEIT HINAUS

Jedes Jahr teilt sich ein Bienenvolk. Die eine Hälfte bleibt im Stock, während sich die andere auf die Suche nach Blumenwiesen macht, die ihre neue Heimat sein könnten. Es ist der klassische Mittelweg zwischen der Ausnutzung des Bekannten und der Erforschung des Unbekannten: Ehe die heimischen Wiesen verblühen, machen sich einige auf die Suche nach neuen Weiden. Aber weil die Bienen nicht wissen, wo die reichsten Gründe liegen, schicken sie eine Vorhut aus. Die Kundschafterinnen fliegen in alle Richtungen aus und legen dabei unterschiedliche Entfernungen zurück.

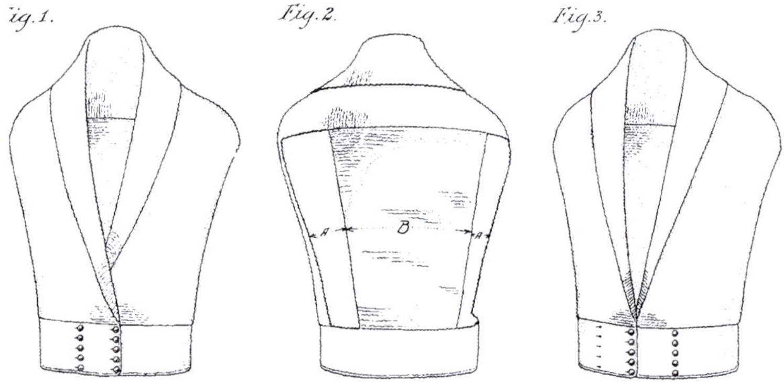

Albert Einsteins Patentantrag für eine Weste

Auch wir Menschen haben die Fähigkeit, in unterschiedlichen Entfernungen zu den gängigen Standards nach neuen Möglichkeiten zu suchen. So kennen wir zum Beispiel Albert Einstein als Naturwissenschaftler, der mit seiner Genialität unser Verständnis von Raum und Zeit revolutioniert hat. Doch das Genie beschäftigte sich auch mit irdischeren Dingen und entwickelte unter anderem einen neuen Kühlschrank, einen Drehkompass, ein Mikrofon, Flugzeugteile, wasserfeste Kleidung und eine neue Kamera. Der Mann, der darüber nachdachte, was bei der Annäherung an die Lichtgeschwindigkeit passiert, ließ sich auch eine Weste patentieren.

Auch Thomas Edisons kreativer Geist schwirrte unterschiedlich weit vom Bienenstock aus. Unter seinen ersten Patenten sind bescheidene Erfindungen, die bereits vorhandene Produkte wie das Telefon verbessern sollten. Andere waren bahnbrechende Entwürfe wie sein Phonograph. In seinen Skizzenbüchern finden sich außerdem Überlegungen zu einem Flugzeugmotor – dreißig Jahre vor dem ersten motorisierten Flug der Brüder Wright. Zu seinen anderen Erkundungsflügen gehört ein zum Scheitern verurteilter Entwurf eines Unterwassertelegrafen. Edison war für seinen praktischen und pragmatischen Verstand bekannt, doch als er seine Memoiren schreiben sollte, begann er einen futuristischen Roman, der allerdings nie veröffentlicht wurde. Hier stellte er sich eine utopische Welt vor, in der die Menschheit unter dem Meer in Perlmutthäusern lebte. Ihre Energie erzeugte sie mit Sonnenkraftwerken, außerdem benutzte sie »Unterwasserfotografie mit Wärmestrahlung« und »eine einheitliche internationale Währung aus wasserfestem Kunstpapiergeld«.[23] Mit seinen Erfindungen entfernte sich Edison unterschiedlich weit vom Herkömmlichen und unternahm kleinere Sprüngen genauso wie Höhenflüge der Fantasie.

Auch Designer wagen sich unterschiedlich weit hinaus. Sarah Burton schuf das Kleid, das Kate Middleton bei ihrer Hochzeit mit Prinz William trug.

Aber sie schneiderte auch andere Hochzeitskleider, die wohl eher nicht für königliche Hochzeiten infrage kommen.

Kate Middleton trug bei ihrer Hochzeit eine Kreation von Sarah Burton.

Weitere von Sarah Burton entworfene Hochzeitskleider.

Anfang der 1930er-Jahre erfand Norman Bel Geddes eine ganze Reihe von kommerziellen Produkten: elegante Cocktailshaker, Kerzenständer, die erste Getränkemaschine ganz aus Metall, die erste Zapfsäule mit Preisanzeige und einen leichten Herd aus Blech, den er als »nüchterne

Kochmaschine ohne Firlefanz, ohne Schnickschnack, ohne Drumherum« bezeichnete.[24] Aber Bel Geddes beließ es nicht dabei. Er zeichnete auch futuristische Autos und Busse mit Benzintanks in den Schwanzflossen und ein fliegendes Auto. Außerdem entwarf er ein schwebendes Restaurant, das auf einem mehr als zwanzig Stockwerke hohen Drehmechanismus rotierte.[25] Daneben stellte er sich ein Haus mit beweglichen Wänden vor, die wie Garagentore an die Decke geklappt werden konnten.

Norman Bel Geddes' Bus Nummer 2, fliegendes Auto, schwebendes Restaurant und Haus ohne Wände.

Bel Geddes brachte sein ganzes Leben lang Ideen hervor, die mal näher an seiner Zeit waren und mal weiter entfernt. Zu seinen erfolgreichsten Produkten zählen der Electrolux-Staubsauger, die elektrische Schreibmaschine von IBM und das Emerson Patriot Radio. Aber seine Fantasie ließ sich vom Markt keine Fesseln anlegen. In einem Artikel aus dem

Jahr 1952 stellte er sich eine Familie Holden vor, die im Jahr 1963 in einer Welt mit fliegenden Autos, Einwegkleidung, 3D-Fernsehern und Sonnenenergie lebt.[26] Dank seines flexiblen Denkens fand er die goldene Mitte zwischen Vertrautem und Neuem.

Auch Leonardo da Vinci war ein Meister darin, in der Nähe und der Ferne zu kundschaften. Als Ingenieure löste er reale Probleme, von denen einige für den Alltag relevant waren, während andere seinerzeit als Science Fiction gegolten hätten. Auf der praktischen Seite erhielt er beispielsweise den Auftrag, die Schleusentore der Kanäle von Mailand zu verbessern, da diese schwer zu bedienen waren und kaum vor Überflutung schützten. Leonardo machte sich an die Arbeit und ersetzte die Wehre durch Doppeltore, die sich horizontal öffnen und leichter dicht halten ließen.[27] So bescheiden die Neuerung war, so lange hat sie sich gehalten: Sein Entwurf wurde zwar im Laufe der Jahre verändert, doch die Tore sind bis heute in Gebrauch.

Leonardos Zeichnung einer Schleuse und eine nach seinem Entwurf gebaute Mailänder Schleuse.

Und zu Leonardos Höhenflügen zählt tatsächlich der Traum vom Fliegen. Seine Gedanken dazu hielt er in seinen Notizbüchern fest, und er füllte Tausende Seiten mit Skizzen, Zeichnungen und Anmerkungen. Darunter findet sich zum Beispiel der Entwurf eines Fallschirms. Leonardo war vermutlich nicht der Erfinder, ein unbekannter italienischer Handwerker der Zeit hinterließ ebenfalls einige Skizzen.[28] Doch er war der Erste, der ein funktionstüchtiges Modell entwarf. Sorgfältig berechnete er die Größe, die der Schirm haben musste, um den Fall abzubremsen, und hinterließ eine detaillierte Zeichnung und Beschreibung:

> Wenn ein Mann ein Leinenzelt hat, dessen Öffnungen sämtlich verstopft sind, und das in Breite und Höhe zwölf Ellen misst, dann kann er sich aus großer Höhe hinabstürzen, ohne Verletzungen zu erleiden.

Der menschliche Flug lag noch einige Jahrhundert in der Zukunft: Erst mit der Erfindung des Heißluftballons im 18. Jahrhundert wurde der Fallschirm von einem Franzosen namens Louis-Sébastien Lenormand »wiedererfunden«. Im Jahr 2000, ein halbes Jahrtausend nachdem Leonardo seinen Fallschirm zu Papier gebracht hatte, wurde sein Entwurf schließlich zum ersten Mal getestet. Der Brite Adrian Nicholas baute einen Schirm aus Leinen und Holz, wie sie im Mailand der Renaissance erhältlich gewesen wären. Das Gerät wog fast hundert Kilo, doch Nicholas ließ sich auf das Experiment ein. In einem Heißluftballon stieg er bis auf 3000 Meter auf, schnallte sich den Schirm um und sprang. In einer Höhe von rund 1000 Metern schnitt er den historischen Schirm los und öffnete einen modernen Fallschirm. Später berichtete er, mit Leonardos Erfindung sei er weicher geflogen als mit einem modernen Schirm.[29] Leonardo hatte sich sehr weit von seinem Bienenstock entfernt: Fünfhundert Jahre später landete seine Erfindung auf der fernen Wiese der Zukunft.

Leonardos Zeichnung eines Fallschirms und Adrian Nicholas' Sprung fünfhundert Jahre später.

Die Kundschafterinnen der Bienen erforschen manchmal Wiesen, die der Schwarm nie erreicht. Auch viele menschliche Blütenträume werden nicht verwirklicht. Das fliegende Auto und das wandlose Haus von Bel

Geddes existieren in einer Zukunft, die sich so nicht ereignet hat. Leonardos Skizzenbücher sind voller Ideen, die niemand aufgegriffen hat, darunter eine ideale Stadt, die nie gebaut wurde. Wenn etwas Radikales trotzdem Anhänger findet, dann horchen wir auf.

Erinnern Sie sich an das Schicksal von Beethovens *Großer Fuge*: Mit dieser Komposition entfernte sich Beethoven weit von den Konventionen seiner Zeit, doch als ihm klar wurde, dass er sich zu weit hinausgewagt hatte, näherte er sich wieder und komponierte ein weniger anspruchsvolles Finale. Bis an sein Lebensende bestand Beethoven darauf, dass die geschmähte *Große Fuge* eines seiner Meisterwerke war. Doch sie war so zukünftig, dass sie trotz Beethovens Ruhm von den folgenden Generationen nicht beachtet wurde. Selbst hundert Jahre nach seinem Tod bedachten Kritiker das Werk mit Adjektiven wie »zäh, ungeschliffen, bedeutungslos, bemüht, extravagant, kopflastig, dunkel, unspielbar, wirr, verrückt, unlogisch, formlos und sinnlos«.[30] Aber schließlich sollte Beethoven mit seinem Urteil recht bekommen: Die Bewunderung für seine übrigen Werke veranlasste eine Neueinschätzung der *Großen Fuge*. Nun erkannten Kritiker, dass Beethoven mit seiner Fuge ein ähnlich kühner Wurf gelungen war wie Picasso mit seinen *Demoiselles* ein Jahrhundert später. Dazu kam, dass sich zu Beginn des 20. Jahrhunderts die Sprache der Musik änderte: Die Neuerungen, die Beethovens Publikum schockiert hatten, fanden allmählich Eingang in den Geschmack der Zeit. Nun galt die *Große Fuge* als eines der überragenden Werke des Meisters. Es war nicht absehbar, dass ihm die Gemeinde jemals folgen würde, und umso überraschender ist es, dass sie ihm nun, lange nach seinem Tod, schließlich doch noch zustimmte.

Wie wir gesehen haben, ist es gar nicht so einfach, nützliche Dinge zu erfinden: Man weiß nie, was die Welt braucht und wie sie es aufnehmen wird. Wer nur Vorhandenes variiert, wird kaum einen Durchbruch erzielen, aber wer sich nur mit Zeitmaschinen und Unterwasserstadien beschäftigt, wird vielleicht niemals das Wissen erwerben, um seine Visionen zu verwirklichen.

Statt nur in einer festen Entfernung zu suchen, ist es daher besser, eine große Bandbreite von Ideen zu entwickeln, von denen einige näher am Boden bleiben, während sich andere zu kühneren Höhenflügen aufschwingen.

KAPITEL 10

FÜRCHTEN SIE SICH NICHT VOR RISIKEN

Ende des 19. Jahrhunderts wuchsen Städte wie New York und Chicago nicht nur in die Breite, sondern auch in die Höhe: In den Stadtlandschaften tauchten die Hochhäuser auf. Mit ihnen kamen die ersten Aufzüge, die damals noch mit Dampf oder Hydraulik betrieben wurden und langsam, unzuverlässig, teuer und wartungsintensiv waren. Mit der Elektrifizierung der Städte sah der Erfinder Frank Sprague seine Chance gekommen. Der deutsche Erfinder Werner von Siemens hatte ein Jahrzehnt zuvor den elektrischen Aufzug vorgestellt, und Sprague wollte dieser neuen Idee in den Vereinigten Staaten zum Durchbruch verhelfen. Innerhalb weniger Jahre hatten Sprague und ein Kollege sämtliche Patente erworben, die sie benötigten, um einen Personenaufzug für Hochhäuser bauen zu können.

Der Markt für Aufzüge wurde damals allerdings von der Otis Elevator Company beherrscht, die hydraulische Aufzüge baute und ein Quasimonopol auf alle neuen Hochhäuser hielt. Sprague prahlte, sein elektrischer Aufzug sei den hydraulischen Modellen weit überlegen, doch die Bauherren zögerten, eine nicht erprobte Technik einzubauen. Wenn Sprague die Otis Company herausfordern wollte, dann würde er in Vorlage treten müssen.

Zunächst musste er ein Gebäude finden, in dem er sein System demonstrieren konnte. Er fand Partner in den Bauherren des Postal-Telegraph-Gebäudes, eines geplanten 14-stöckigen Hochhauses in New York City, und erhielt einen Vertrag zum Einbau von sechs Aufzügen.

Die Konditionen begünstigten die Auftraggeber: Sprague erhielt keinen Cent im Voraus. Außerdem musste er unterschreiben, dass er auf eigene Kosten ein hydraulisches System einbauen würde, wenn seine Aufzüge nicht wie versprochen funktionierten.

Sprague arbeitete rund um die Uhr, um die Teile zu entwerfen, herzustellen und zu testen. Gleichzeitig musste er zusehen, wie er seine Rechnungen bezahlte. Just als er einen Investor gefunden hatte, brach am Finanzmarkt Panik aus, die Zinsen schossen in die Höhe, und sein Geldgeber sprang wieder ab. Sprague musste an seine Privatschatulle gehen, damit sein Unternehmen zahlungsfähig blieb.

Nach dem Einbau des ersten Aufzugs unternahm Sprague zusammen mit einigen Mitarbeitern eine Jungfernfahrt. Sie stiegen im Erdgeschoss ein, die Türen schlossen sich, und der Aufzug fuhr wie geplant nach oben. Erster Stock, zweiter Stock, dritter Stock … doch als er die letzte Etage erreichte, stellte Sprague fest, dass etwas nicht stimmte: Die Kabine wurde nicht langsamer. Der Aufzug fuhr am letzten Stockwerk vorüber und weiter nach oben.

Es sah ganz so aus, als würde der Aufzug der Zukunft Sprague durchs Dach katapultieren.

*

Gehirne sind ganz besonders kreativ, wenn sie Sicherheit gegen Überraschung und Routine gegen das Unbekannte eintauschen. Doch diese geistigen Sprünge haben ihren Preis: Sie sind riskant. Wer Neuland betritt, weiß eben nicht von vornherein, wie es ausgehen wird.

Spragues Aufzugsfahrt war nicht seine erste riskante Wette. Einige Jahre zuvor hatte er in Richmond, Virginia, am Fuß eines Hügels gestanden, um eine Probefahrt mit seiner elektrischen Straßenbahn zu unternehmen.

Die ersten elektrischen Straßenbahnen nahmen den Strom über die Gleise ab. Der große Elektromotor war in der Fahrgastkabine untergebracht, weshalb es dort stickig und beengt zuging. Sprague kam auf den Gedanken, den Motor unter der Kabine anzubringen und den Strom über eine Oberleitung abzunehmen, die über den Schienen angebracht war.

Spragues erste Versuche verliefen wenig vielversprechend. Bei einer Probefahrt sprühten die Funken aus dem Motor, und einer von Spragues Geldgebern musste aus dem Wagen springen. Niemand wurde verletzt, aber andere Investoren wurden verschreckt. Einige Unternehmer aus Richmond witterten ein gutes Geschäft und gaben ihm neunzig Tage Zeit, um eine zwanzig Kilometer lange Strecke mit vierzig elektrischen Straßenbahnen einzurichten. Geld sollte er erst bekommen, sobald das System installiert war und funktionierte.

Sprague war klar, dass er sich übernahm: Er hatte sich bereit erklärt, »fast so viele Triebwagen zu bauen, wie seinerzeit auf der ganzen Welt im Einsatz waren«.[31] Wie er später schrieb: »Wir hatten nur den Bauplan für eine Maschine und eine grobe experimentelle Apparatur. Hunderte Einzelheiten waren ungeklärt.«

Das Projekt begann unter einem schlechten Stern. Während der Gleisbauarbeiten erkrankte Sprague an Typhus. Wieder genesen, musste er feststellen, dass die Schienen schlecht verlegt waren: Die Arbeiter hatten sie nicht richtig verbunden und gefährlich scharfe Kurven eingebaut. Schlimmer noch, er musste feststellen, dass die Hügel steiler waren als gedacht, was die Schwierigkeiten nur noch größer machte. Weil er nicht wusste, ob seine Straßenbahnen die Steigung schaffen würden, führte er seine Probefahrt nachts durch, um keine Aufmerksamkeit zu erregen. Die Bahn keuchte einige Hügel hinauf, doch als sie ganz oben angekommen war, war der Motor ausgebrannt. Sprague tat so, als wäre nichts passiert, und wartete, bis einige Zuschauer nach Hause gegangen waren, ehe er mit den Reparaturen begann.

Gleichzeitig tickte die Uhr, und ihm ging das Geld aus. Die neunzig Tage verstrichen, und Sprague musste nachverhandeln. Er wusste, dass ihn die Unternehmer über den Tisch zogen, doch ihm blieb nichts anderes übrig, als ihre Bedingungen anzunehmen. Sprague wies seinen Buchhalter an, »alle Leute zu entlassen, die wir nicht unbedingt brauchen … Jeder Dollar, der sich einsparen lässt, muss eingespart werden, und jede Rechnung, die nicht sofort bezahlt werden muss, wird aufgeschoben.«

Kurz vor Ablauf der neuen Frist rollten Spragues Straßenbahnen. So unwahrscheinlich es gewesen war, er hatte es gerade so geschafft. Doch mit diesem Sprung ins Ungewisse hatte Sprague das erste elektrische

Straßenbahnnetz aufgebaut und ein Unternehmen auf die Beine gestellt, das pro Woche 40 000 Fahrgäste transportierte. Seine Neuerungen erwiesen sich als dauerhaft, die Unterbodenmotoren und Oberleitungen finden bis heute Verwendung.

Aber zurück zu Spragues nächstem Wagnis, dem elektrischen Aufzug, der im Postal Telegraph Building in Richtung Himmel unterwegs war. Später erinnerte er sich an die Ängste, die er in diesem Moment ausstand:

> Ich sah schon, wie wir mit einer Geschwindigkeit von 400 Fuß pro Minute in die Balken rauschten und die Kabel rissen, wir dann vier Sekunden lang in freiem Fall in die Tiefe stürzen würden, und wie der Gerichtsmediziner später vor einem Gewirr aus Leibern und Stahl stehen würde.

Glücklicherweise war einer von Spragues Mitarbeitern nicht mit in den Aufzug gestiegen. Als er sah, dass die Kabine nicht anhielt, riss er die Sicherung heraus und hielt damit den Aufzug an. Ehe jemand wieder den Aufzug besteigen durfte, baute Sprague ein Sicherungssystem ein.

Unerschrocken machte er weiter. Doch der finanzielle Druck war groß. Er nahm neue Kredite auf, um weitere Teile zu kaufen. Schließlich hatte er es geschafft, und der Aufzug funktionierte wie versprochen. Wenig später schrieb Sprague an einen seiner Geldgeber:

> Ich habe hart und, wie ich meine, treu gearbeitet, doch die Bedingungen waren nicht gut. Technisch habe ich gesiegt, und wenn ich noch ein wenig durchhalte, dann gewinne ich auch in jeder anderen Hinsicht.

Dank seiner Genialität und seiner Risikobereitschaft fahren wir noch heute in Aufzügen, die auf seinen Entwurf zurückgehen.

HABEN SIE KEINE ANGST, FEHLER ZU MACHEN

Kreative Lösungen erfordern oft viele gescheiterte Anläufe. Daher haben sich in der Geschichte neue Ideen in Umgebungen durchgesetzt, die keine Angst vor dem Scheitern hatten.

Thomas Edison hatte große Hürden zu überwinden. Bei seiner Entwicklung der Glühbirne war das kniffligste Problem der Glühfaden, der entweder zu schnell durchbrannte oder ungleichmäßig leuchtete. Eines Tages rollte Edison reine Kohle zu einem Faden und bog ihn in Hufeisenform – und siehe da, so leuchtete er hell und gleichmäßig. Das schien Erfolg zu versprechen, doch Edison war klar, dass er damit noch keine handelstaugliche Glühbirne herstellen konnte. Also suchte er nach einer Alternative. Er »durchstöberte das Lager der Natur« und experimentierte mit verschiedenen Pflanzen, Mark, Mehlpaste und natürlicher und synthetischer Zellulose.[32] Er tauchte die Fäden in Kerosin und verkohlte sie mit Kohlenwasserstoffen. Schließlich entdeckte er den japanischen Bambus als Material der Wahl. Später erinnerte er sich:

> Es ist nicht übertrieben, wenn ich sage, dass ich in Zusammenhang mit dem elektrischen Licht dreitausend verschiedene Theorien aufgestellt habe, die sämtlich vernünftig und wahrscheinlich klangen. Aber nur in zwei Fällen hat sich die Theorie als richtig erwiesen.

Edison hatte die Glühbirne nicht erfunden – der englische Chemiker Humphry Davy hatte acht Jahrzehnte vor ihm die Bogenlampe erfunden –, doch indem er zahllose Optionen entwickelte und trotz der vielen Rückschläge nicht aufgab, gelang ihm die Entwicklung der ersten massentauglichen Glühbirne. Wie Edison sagte: »Unsere größte Schwäche ist es, dass wir aufgeben. Der sicherste Weg zum Erfolg ist es, nur noch einen einzigen weiteren Versuch zu unternehmen.«[33]

Generationen später stellte der amerikanische Physiker und Erfinder William Shockley eine Theorie auf, wie man elektrische Signale mit einem winzigen Halbleiter verstärken konnte. Aber irgendetwas stimmte nicht an seinen Berechnungen, und über ein Jahr lang konnte er seine Experimente nicht mit seiner Theorie in Einklang bringen. Einen Versuch nach dem anderen führten seine Mitarbeiter durch, aber ohne Erfolg – sie irrten durch ein Labyrinth ohne Ausgang. So frustrierend es war, die Forscher ließen sich nicht beirren. Schließlich fanden sie eine Möglichkeit, den von Shockley erwarteten Effekt herbeizuführen – und am Ausgang des Labyrinths stand die moderne Welt des Transistors. Shockley beschrieb diese Zeit der Fehlschläge später als »das natürliche Herumtasten auf der Suche nach dem Weg«.

Mit diesem Prozess des dauernden Scheiterns erfand James Dyson den ersten Staubsauger ohne Beutel. Im Laufe von fünfzehn Jahren baute er 5127 Prototypen, bis er endlich ein markttaugliches Modell hatte. In seiner Beschreibung dieses Prozesses singt er das Hohelied des Scheiterns:

> Ein Erfinder hat unzählige Gelegenheiten, seine Idee aufzugeben. Als ich meinen 15. Prototypen baute, kam mein drittes Kind zur Welt. Beim 2627. mussten meine Frau und ich die Groschen zählen. Beim 3727. gab meine Frau Malunterricht, um ein bisschen dazuzuverdienen. Es waren schwere Zeiten, aber jeder Fehlschlag hat mich der Lösung ein Stückchen näher gebracht.[34]

RECHNEN SIE MIT DEM PUBLIKUM

Als die Raumkapsel Apollo 13 mit schwindenden Sauerstoffvorräten durchs All taumelte, gab Gene Kranz von der NASA die Losung »Scheitern ist keine Option« aus. Die Rettung glückte, aber das Happy End darf uns nicht darüber hinwegtäuschen, dass die Gefahren real waren. Scheitern ist immer eine Option. Selbst noch so geniale Ideen haben keine eingebaute Erfolgsgarantie.

Selbst ein Michelangelo kann scheitern. Zwanzig Jahre nachdem er die Sixtinische Kapelle ausgemalt hatte, sollte er über dem Altar ein Fresko des Jüngsten Gerichts malen. Michelangelo setzte sich über das Kirchendogma hinweg und vermischte munter biblische Allegorie und griechische Mythologie. In seiner Darstellung der christlichen Hölle rudert ein griechischer Charon die Verstorbenen über den Totenfluss Styx, und König Minos hält über die Verdammten Gericht. Und als hätte er sich damit noch nicht weit genug über die kirchlichen Traditionen hinausgewagt, malte er viele Figuren nackt mit entblößter Scham.

Das gewaltige Fresko löste sofort eine Debatte aus. Kurz nach der Enthüllung schrieb ein Abgesandter aus Mantua an seinen Kardinal:

> Obwohl das Werk von einer Schönheit ist, wie sie sich Eure Exzellenz nur vorstellen mag, mangelt es nicht an denen, die es verurteilen. Die ehrwürdigen Theatiner waren die Ersten, die klagten, es sei nicht richtig, wenn an diesem Ort Nackte »ihre Waren vorzeigen«.[35]

Ein Vatikanpriester beschwerte sich beim Papst, dies sei »kein Werk für die Kapelle des Papstes, sondern für Küchen und Tavernen«.[36] Kardinäle verlangten, das Gemälde wieder zu überpinseln. Der Papst stellte sich auf die Seite des Künstlers, doch das Konzil von Trient verbot wenig später unzüchtige Darstellungen. Zahlreiche Genitalien wurden mit Feigenblättern übermalt, und in den kommenden Jahrhundert folgten weitere.

Als *Das Jüngste Gericht* Ende des 20. Jahrhunderts restauriert wurde, entfernte man einige der Feigenblätter; dabei stellte sich heraus, dass eine Figur, die man für einen Mann gehalten hatte, in Wirklichkeit eine Frau war. Doch die Restauratoren beschlossen, die ältesten Feigenblätter beizubehalten, weil sie meinten, sie hätten das Fresko nicht nur entstellt, sondern auch gerettet. Weil Michelangelo das Risiko einer Konfrontation mit den Kirchenoberen einging, haben nur wenige Augen das Wandgemälde in seiner ganzen Glorie gesehen.

Auch der Komponist György Ligeti hatte seine liebe Not mit dem Publikum. Im Jahr 1962 beauftragte ihn die niederländische Stadt Hilversum mit einer Komposition für den 400. Jahrestag der Verleihung der Stadtrechte. Ligeti hatte einen ungewöhnlichen Einfall: ein Stück für hundert Metronome. Alle Metronome sollten gleich weit aufgezogen werden, aber jedes wurde auf eine anderes Tempo gestellt; sie sollten als Klangwolke beginnen und dann eins nach dem anderen stehen bleiben.

Bei der Uraufführung versammelten sich die Honoratioren und Würdenträger der Stadt zum Festkonzert. Im verabredeten Moment betraten Ligeti und zehn befrackte Helfer die Bühne. Auf ein Zeichen des Komponisten setzten sie die Metronome in Gang und ließen sie ticken. Ligeti erinnerte sich, was nach dem Ende des Stücks passierte: »Auf das letzte Ticken des letzten Metronoms folgte bedrückendes Schweigen. Dann hob drohendes Protestgeschrei an.«[37]

Einige Tage später setzte sich Ligeti mit einem Freund vor den Fernseher, um sich eine Aufzeichnung des Konzerts anzusehen:

> Wir saßen vor dem Fernseher und warteten auf die angekündigte Ausstrahlung der Aufzeichnung. Aber stattdessen wurde ein Fußballspiel gezeigt ... Das Programm war auf das dringende Ersuchen des Stadtrats von Hilversum geändert worden.[38]

Ligetis Stück überlebte, genau wie Michelangelos Fresko, und wurde in den folgenden Jahren zur Legende.

Aber nicht immer wird eine kontroverse Erfindung später angenommen. Im Jahr 1981 wurde der renommierte Bildhauer Richard Serra mit einer Skulptur für ein staatliches Bürogebäude in Manhattan beauftragt. Er entwarf ein Werk, das er *Schiefer Bogen* nannte: ein 36 Meter langer und 3,60 Meter hoher Stahlbogen, der den Fußgängern, die über den Platz gingen, den Weg verstellen sollte. Aber viele New Yorker hatten gar kein Interesse daran, auf dem Weg zum Büro um eine Skulptur herumgehen zu müssen. Sie protestierten gegen »diese rostige Blechwand«. Bei einer öffentlichen Anhörung sagten fast zweihundert Personen aus. Kritiker bezeichneten das Werk als »einschüchternd« und eine »Mausefalle«. Verschiedene Künstler nahmen die Installation in Schutz, und auch Serra selbst sagte aus. Doch nach Abschluss der Anhörung entschied ein Gremium mit 4 zu 1 Stimmen, die Skulptur zu entfernen. Arbeiter schnitten den *Schiefen Bogen* in drei Teile und karrten ihn weg. Serra wollte die Routine durchbrechen, doch auf dem Weg zur Arbeit verstehen New Yorker keinen Spaß. Der *Schiefe Bogen* ward nie mehr gesehen.

Richard Serras *Schiefer Bogen.*

Die menschliche Kultur steht auf einem Friedhof von Ideen, die von der Öffentlichkeit abgelehnt wurden und in der Versenkung verschwanden. So fragte sich zum Beispiel der unermüdliche Erfinder Thomas Edison, warum seine Mitbürger für teures Geld einen Steinway-Flügel kaufen sollten, wenn es doch billigere Möglichkeiten gab. In der Absicht, jede bürgerliche Familie mit Musik zu beglücken, entwarf er ein Betonklavier. In den Dreißigerjahren wurden sogar einige davon gegossen, doch leider war der Klang miserabel und das Ding war buchstäblich tonnenschwer, ganz abgesehen davon, dass niemand sein Wohnzimmer mit einem Betonklotz verschandeln wollte.

Die Öffentlichkeit ist unberechenbar. Egal wie genial eine Erfindung ihrem Urheber erscheinen mag, kann sie auf großen Widerstand stoßen. Ein Beispiel ist der experimentelle Pkw mit dem Decknamen »E-Car«, den Ford 1958 entwickelt, um den Straßenkreuzern von Oldsmobil und Buick Konkurrenz zu machen. Das Auto hatte einige zukunftsweisende Extras, zum Beispiel standardmäßig eingebaute Sicherheitsgurte,

Warnleuchten für Ölstand und Motorentemperatur und ein neuartiges halbautomatisches Getriebe. Ford versicherte den Aktionären, dass es einen Verkaufsschlager in petto hatte. Doch die Entwicklung verlief derart geheim, dass Ford die Marktforschung vergaß. So kam es, dass der Ford Edsel einer der großen Flops der Automobilgeschichte wurde: Das Design, vor allem der klodeckelförmige Kühlergrill, wurden zum Gespött der Kritiker. In nur drei Jahren soll das Unternehmen damit 350 Millionen Dollar Verlust eingefahren haben – das wären heute umgerechnet 2,5 Milliarden Euro.

Einige Jahrzehnte später kam man beim Coca-Cola-Konzern auf den Gedanken, eine neue Formel für das wichtigste Getränk zu suchen, weil man jüngere Kunden zunehmend an Pepsi verlor. 1983 kam New Coke auf den Markt unter dem Slogan »Das Beste ist besser geworden«. Doch die Kunden sahen das anders und liefen Sturm. Wütende Anrufe blockierten das Telefonsystem des Konzerns. In Seattle wurde eine Massenklage eingereicht. Sogar der kubanische Diktator Fidel Castro beschwerte sich. 77 schmerzhafte Tage später wurde das ursprüngliche Getränk unter dem Namen »Coke Classic« zurückgebracht. Und New Coke ging den Weg des Edsel und des Betonklaviers.

Nicht alle Ideen kommen an. Michelangelo, Ligeti, Serra, Edison, Ford und Coca-Cola erkannten, dass Neues nicht unbedingt erfolgreich sein muss. Obwohl sie zahlreiche Erfolge feierten, hatten sie auch keine Angst davor, Risiken einzugehen.

DENKEN SIE LANGFRISTIG

Auf dem Sterbebett kritzelte der französische Mathematiker Pierre de Fermat eine elegante Vermutung an den Rand einer Buchseite und schrieb dazu, dass er leider nicht genug Platz für den Beweis habe. Ehe er seinen Beweis irgendwo notieren konnte, verstarb er. Generationen von Mathematikern versuchten sich erfolglos an einem Beweis, viele arbeiteten ihr Leben lang daran und starben frustriert. Niemand konnte sagen, ob Fermat recht hatte oder ob sich Fermats letzter Satz überhaupt beweisen ließ.

Andrew Wiles stieß auf die Vermutung, als er im Alter von zehn Jahren zufällig ein Buch aus dem Regal seiner Stadtbibliothek zog.

> Die Vermutung sah so einfach aus, aber sämtliche großen Mathematiker der Vergangenheit waren daran gescheitert. Das war eine Aufgabe, die ich als Zehnjähriger verstehen konnte, und von diesem Moment an wusste ich, dass ich nicht mehr lockerlassen würde.[39]

Der Versuch, Fermats letzten Satz zu lösen, war im Grunde ein fantastisches Projekt. Als Erwachsener arbeitete Wiles sieben Jahre lang heimlich an der Aufgabe. Es war derart verrückt, dass er es seiner Freundin erst nach der Hochzeit gestand.

Bei dem Versuch, den Satz zu beweisen, zog Wiles mathematische Methoden heran, die nie zuvor zusammen verwendet worden waren. Auf kreative Weise setzte er Methoden ein, die Fermat noch gar nicht zur Verfügung gestanden hatten. Im Juni 1993 verkündete er schließlich am Ende einer Vorlesung in Cambridge, dass er Fermats letzten Satz bewiesen hatte. Seine Zuhörer waren elektrisiert. Innerhalb weniger Stunden machte die Nachricht in aller Welt Schlagzeilen. Es war ein historischer Moment: Ein drei Jahrhunderte altes mathematisches Rätsel war endlich gelöst worden.[40] Während Mathematiker in aller Welt auf die Veröffentlichung des Beweises warteten, wurde Wiles von der Zeitschrift *People* und dem Fernsehsender CNN porträtiert. Nach jahrelanger mühevoller Arbeit an einem der vertracktesten Rätsel der Welt war er über Nacht berühmt geworden.

Aber Wiles hatte sich geirrt. Mathematiker, die sein Manuskript vor der Veröffentlichung überprüften, entdeckten einen Fehler. Ein halbes Jahr nach der kühnen Ankündigung wurde sein Beweis für die Fermat'sche Vermutung widerlegt. Im September sagte Wiles' Frau, sie wünsche sich den korrekten Beweis als Geburtstagsgeschenk. Ihr Geburtstag kam und ging, genau wie der Herbst und der Winter. Wiles versuchte alles, um die Lücke in seinem Beweis zu schließen, doch es gelang ihm einfach nicht.

Am 3. April 1994 erhielt Wiles schließlich die Weiterleitung einer E-Mail, in der es hieß, ein anderer Mathematiker habe eine sehr große

Zahl gefunden, die gegen die Fermat'sche Vermutung verstieß. Damit war das passiert, was Wiles immer gefürchtet hatte: Er war deshalb an einem Beweis gescheitert, weil Fermats Vermutung falsch war. Das war ein Hindernis, das sich nicht mehr aus dem Weg räumen ließ. Er hatte seine Karriere auf etwas verschwendet, das nicht stimmte.

Doch dann stellte sich heraus, dass die E-Mail, die am 3. April an Wiles weitergeleitet wurde, ursprünglich am 1. April abgeschickt worden war. Es handelte sich um einen Aprilscherz. Mit neuem Mut machte sich Wiles wieder an die Arbeit.

Gegen Ende des Sommers fand er schließlich den Beweis:

> Er war so unbeschreiblich schön, so einfach und elegant. Ich konnte nicht glauben, dass ich ihn übersehen hatte, und starrte ihn ungläubig zwanzig Minuten lang an. Den ganzen Tag über lief ich durch die Wohnung und ging immer wieder an den Schreibtisch zurück, um zu sehen, ob er noch da war. Ja, er war noch da.

Das Geschenk kam mit einem Jahr Verspätung, aber Wiles überreichte seiner Frau das korrigierte Manuskript an ihrem Geburtstag. Die Wette seines Lebens hatte sich ausgezahlt: Wiles hatte sich von seinen Fehlern nicht abbringen lassen und die Ziellinie überquert.

Soweit wir das beurteilen können, sind Projekte wie dieses im Rest des Tierreichs unvorstellbar: Haie, Reiher und Gürteltiere stürzen sich nicht in jahrzehntelange Projekte. Ihr Zeithorizont ist zu kurz. Nur wir Menschen sind zu derart langfristigen Projekten in der Lage. Sie verlangen den jahrzehntelangen Aufschub der Befriedigung und werden von der Aussicht auf eine abstrakte Belohnung motiviert, die nur in unserem Kopf existiert.

KODA: DIE KREATIVE EINSTELLUNG

Die Software der Kreativität ist auf der Festplatte des Gehirns vorinstalliert und biegt, bricht und kombiniert die Welt um uns herum. Das Gehirn generiert eine Vielzahl neuer Optionen, von denen die meisten zwar nicht funktionieren, ein Teil aber schon. Keine andere Art macht sich mit solcher Energie und Hartnäckigkeit daran, sich die Welt neu vorzustellen.

Aber es genügt nicht, nur die Software abzuspulen. Die kreativsten Akte sind diejenigen, die Tradition nicht als Heiligtum betrachten, sondern als Rohstofflager für Neuschöpfungen – die das Unvollkommene erneuern und das Liebgewonnene umformen. Sie kommen zustande, wenn das Gehirn nicht nur *eine* Strategie verfolgt, sondern *viele* und sich mal mehr, mal weniger weit vom Vertrauten entfernt. Risikobereitschaft und Mut zum Scheitern sind der Motor dieser Höhenflüge der Fantasie.

Welche Lektionen können wir für Kreativität und Innovation mitnehmen? Es ist eine gute Angewohnheit, sich nicht auf die erstbeste Lösung zu stürzen. Das Gehirn ist ein Dickicht von neuronalen Verbindungen, doch es ist effizient und neigt dazu, als Erstes die vertrauten Antworten zu geben; es sind daher nicht die originellsten Ideen, die uns als Erste in den Kopf kommen. Leonardo da Vinci misstraute stets seiner ersten Lösung und suchte immer nach besseren.[41] Er suchte immer, sich selbst vom Weg des geringsten Widerstands abzubringen und andere Lösungen zu finden, die in seinen Gehirnwindungen verborgen waren.

Von Einstein bis Picasso waren Genies fleißig, was uns daran erinnert, dass die Produktivität im Mittelpunkt der kreativen Mentalität steht.[42] Wie so viele andere menschliche Tätigkeiten wird Kreativität durch Übung trainiert.[43]

Eine Untersuchung kreativer Menschen zeigt auch, wie wichtig es ist, die eigenen Regeln zu sprengen. Erneuerer verwenden keine Zeit darauf, sich selbst zu kopieren, weshalb man das Leben vieler Künstler und Wissenschaftler in »Schaffensphasen« einteilt. Beethoven und Picasso blieben auch mit zunehmendem Alter experimentierfreudig. Edison begann seine Erfinderlaufbahn mit Phonographen und Glühbirnen und beendete sie mit Gummi. Diese kreativen Menschen machten es sich zum Gebot, sich nicht selbst zu kopieren. Wenn sie etwas Neues entdeckten, streckten sie es immer weiter, um zu sehen, wie weit sie es entwickeln konnten. Denselben Ansatz verfolgte die Bühnenschriftstellerin Suyan-Lori Parks, als sie sich vornahm, über ein ganzes Jahr hinweg jeden Tag ein Theaterstück zu schreiben:[44] Die Palette reichte von realistischen Vignetten zu Konzeptstücken und Improvisationen, die mit der Tradition brachen.

Unser kreatives Denken ist überwiegend unbewusst, doch wir können unser Werkzeug schärfen, indem wir uns in Situationen begeben, die Einfallsreichtum und flexibles Denken erfordern. Wir müssen nicht auf Fertiges zurückgreifen, jeder von uns hat die Möglichkeit, mit Kochrezepten, Glückwunschkarten, Einladungen und anderen alltäglichen Dingen zu experimentieren. Zudem gibt es immer mehr Kanäle, auf denen wir unsere Kreativität präsentieren können: In aller Welt bringen Maker Fairs Technikbegeisterte, Macher, Handwerker, Ingenieure und Künstler zusammen.

Überall schießen offene Werkstätten, FabLabs und MakerSpaces aus dem Boden und bieten Zugang zu Werkzeugen, mit denen sich Kunstwerke und Schmuck genauso herstellen lassen wie Möbel oder elektronische Geräte. Im Internet blühen kreative Zirkel und bringen Künstlercafés und Hackerkeller zu uns nach Hause. Dank dieser Graswurzelbewegungen blühen kreative Wiesen auch in Ihrer Nähe.

Das Gehirn ist formbar: Seine Schaltkreise sind nicht in Stein gemeißelt, sondern verändern sich ständig. Diese Plastizität bleibt auch mit zunehmendem Alter erhalten, mit jeder Überraschung entstehen neue Verbindungen. Der Umbau der Schaltkreise ist ein kontinuierlicher Prozess, wir befinden uns ein Leben lang in Entwicklung. Und Kreativität hält uns flexibel. Wenn wir unsere Umwelt umgestalten, gestalten wir auch uns selbst um.

Damit kommen wir zur entscheidenden Frage: Wie können wir mit unserem neuen Verständnis der menschlichen Kreativität dazu beitragen, Schulen, Unternehmen und unsere gesamte Gesellschaft besser zu machen?

TEIL 3

DIE SCHULE DER KREA-TIVITÄT

KAPITEL 11

DAS KREATIVE UNTERNEHMEN

HERAUSFORDERUNGEN FÜR KREATIVE UNTERNEHMEN

Als Arbeiter 2009 eine Brücke im kalifornischen Burbank abrissen, stießen sie auf eine Zeitkapsel, die der Stadtplaner Kenneth Norwood 1959 dort vergraben hatte. Er hatte vorhergesagt, dass die Menschen der Zukunft in Wohnhäusern aus Kunststoff leben und über unterirdische Wellen mit Atomstrom versorgt werden würden. Statt Parkplätze würde es ein automatisiertes Parksystem geben, und um Staus zu vermeiden, würden Güter über unterirdische Rohrleitungen verschickt, die der Rohrpost von einst ähnelten.[1] Norwood hatte ein originelles Bild entworfen, doch nichts davon war verwirklicht worden.

Norwood war nicht der Einzige mit einer trüben Kristallkugel. Weltausstellungen sind internationale Foren der Innovation, aber auch sie liegen bei der Vorhersage kommender Entwicklungen regelmäßig daneben. Millionen besuchten 1893 die Weltausstellung in Chicago und bestaunten die neusten Windräder, Dampfschiffe, Telegrafen, elektrischen Lampen und Telefone. Es war ein kühnes Bild der Zukunft. Nicht zu sehen waren allerdings das Auto und das Radio, beides Erfindungen, die in weniger als zwei Jahrzehnten die westlichen Gesellschaften verändern sollten.[2] Und auf der Weltausstellung 1964 in New York sah niemand vorher, dass in ein paar Jahrzehnten Heim- und Tischcomputer ein fester Bestandteil des Alltags werden würden. Im Rückblick sind diese Erfindungen Meilensteine auf dem Weg des Fortschritts. Aber für diejenigen, die in die Zukunft blickten, waren diese Meilensteine im

Nebel verborgen. Wie heißt es so schön: Vorhersage ist schwierig, vor allem die Vorhersage der Zukunft.

Warum? Weil in jedem Moment Abermilliarden Gehirne die Welt verarbeiten und neue Versionen davon generieren. Daher stößt unsere Erfindungsgabe eine Kettenreaktion von Überraschungen an. Entsprechend schwer ist die Zukunft vorherzusehen, und sichere Entwicklungen gibt es überhaupt nicht.

So kommt es, dass viele gute Ideen wieder verschwinden. In den Pioniertagen des Autos gingen die Hersteller reihenweise pleite: ABC, Acme, Adams-Farwell, Aerocar, Albany, ALCO, American Napier, American Underslung, Anderson, Anhut, Ardsley, Argonne und Atlas – und das sind nur die As aus den Vereinigten Staaten.[3] Von den Herstellern von Videospielen verschwanden Sears Tele-Games, Tandyvision, Vectrex und Baily Astrocade, als die Branche 1983 in die Krise geriet. Als 2000 die Dotcom-Blase platzte, gingen Unternehmen wie Boo.com, Freeinternet.com, Garden.com, Open.com, Flooz.com und Pets.com unter, und Anleger verloren Hunderte Millionen Dollar. Bei den Biotech-Unternehmen liegt die Konkursquote bei 90 Prozent: In den letzten Jahren erwischte es unter anderem Satori, Dendreon, KaloBios und NuOrtho. An die meisten dieser Namen erinnert sich kein Mensch mehr, weshalb wir kein richtiges Bild davon haben, wie viele Leichen den Weg der Innovation säumen. So wie auf hundert Wiener Komponisten ein einziger Beethoven kam, kam auf Hunderte vergessene Automobilhersteller nur ein Chevrolet.

Selbst wenn Ideen überleben, halten sie sich oft nicht lange. Als Orville Wright 1901 einen Vortrag über die Möglichkeiten des Motorflugs hielt, warf er ein Blatt Papier in die Luft. Während das Publikum zusah, erklärte Wright, das Papier gebärde sich wie ein »ungezähmtes Pferd«, und fügte hinzu: »Ein Pferd wie dieses muss der Mensch zureiten, ehe der Flug ein alltäglicher Sport werden kann.«[4] Die Gleitflugzeuge der Zeit konnten auf Luftströmungen schweben, aber es gab kaum eine Möglichkeit, sie zu steuern: Die Fluggeräte waren ein Spielball der Winde. Um dieses Problem zu beheben, erfanden die Brüder Wright Flügel, die sich krümmen ließen: Mithilfe von Tauen verbogen sie die Tragflächen und steuerten auf diese Weise das Flugzeug. Als ihre

Kitty Hawk am 17. Dezember 1903 als erstes Motorflugzeug vom Boden abhob, konnte sie so gesteuert werden. Aber noch während die Wrights gefeiert wurden, war die sogenannte Tragflächenverwindung, die für ihre Leistung so entscheidend gewesen war, bereits veraltet. Der britische Wissenschaftler Matthew Boulton hatte sich bereits ein erstes System mit Höhenrudern patentieren lassen, und kurz nach dem Erfolg der Wrights baute ein französischer Pionier einen Gleiter mit Boultons Erfindung.[5] Ein Jahrzehnt später war das System der Wrights vergessen, denn die Höhenruder erwiesen sich als stabiler und verlässlicher, und heute verwendet sie jedes Flugzeug. Die »richtige« Lösung der Wrights verschwand, kurz nachdem sie sich bewährt hatte.

Jedes Unternehmen, das sich an die Spitze der Innovation setzen will, sieht sich drei Problemen gegenüber: Die Zukunft ist nicht vorhersehbar, die meisten Ideen verschwinden wieder und selbst ein großer Wurf könnte nicht von Dauer sein. Was also können kreative Unternehmen tun?

DIE GRENZE DES MÖGLICHEN

In den 1940er-Jahren wollte die Busgesellschaft Greyhound die Busreisen beliebter machen. Aber war die Zeit wirklich schon reif dafür? Das Land hatte gerade eine Wirtschaftskrise überwunden und befand sich mitten in einem Weltkrieg. Daher planten die Manager vorsichtig. Aber weil sie sich trotzdem auf eine Zukunft des Wohlstands vorbereiten wollten, baten sie den Industriedesigner Raymond Loewy, Konzepte für einen künftigen Reisebus zu entwickeln. Loewy entwarf den SceniCruiser, einen neuartigen Bus, der mehr Reisende überzeugen sollte, ihr Auto in der Garage zu lassen und stattdessen mit Greyhound durchs Land zu fahren. Um mehr Fahrgäste transportieren zu können, sollte der SceniCruiser den größten Radstand aller bis dahin gebauten Straßenfahrzeuge haben. Außerdem sollte er mit Klimaanlage und Toilette ausgestattet werden, die Sitze sollten farblich ansprechend gestaltet werden, über den Sitzplätzen sollten geräumige Gepäckfächer angebracht werden, und es sollte ein Oberdeck mit Panoramafenster und Salon geben. Mit diesem neuartigen Bus sollten Familien bequem reisen und sowohl die Landschaft vor den Fenstern als auch den Komfort im Bus genießen können.

Entwurf des SceniCruisers.

Der Entwurf war seiner Zeit weit voraus. Als Loewy den Bus 1942 erdachte, wusste er zu gut, dass er mit den damaligen Mitteln noch gar nicht gebaut werden konnte.[6] Doch er wollte einen neuen Weg einschlagen.

Für ein Land, das jahrelang mit einer schweren Wirtschaftskrise gerungen hatte, war das Projekt überambitioniert. In dieser Form war der Bus unmöglich zu verwirklichen. Der Radstand war viele zu groß für die Straßen und Busbahnhöfe der Zeit. Aber die Manager erkannten, dass Loewys Entwurf Zukunft hatte, und modifizierten ihn. Als der Krieg zu

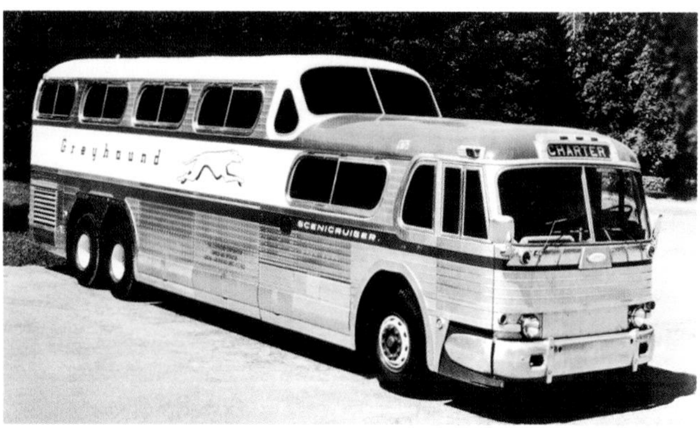

Der SceniCruiser von Greyhound.

Ende war, war Greyhound bereit und baute seine ersten Busse. Und als die Vereinigten Staaten nach dem Krieg die Landstraßen ausbesserten und ein Autobahnnetz aufbauten, war die Bühne frei für den SceniCruiser. Im Jahr 1954 rollte das erste Modell aus den Greyhound-Stationen und wurde der beliebteste Fernreisebus seiner Zeit.

Indem Greyhound über bestehende Normen hinaus dachte, bereitete es sich auf die neuen Zeiten vor. Oder um es mit den Worten des Industriedesigners Alberto Alessi auszudrücken:

> Der Raum des Möglichen ist der Raum, in dem wir Produkte entwickeln, die Kunden kaufen und lieben. Der Raum des Unmöglichen steht für die neuen Projekte, die Kunden noch nicht verstehen oder annehmen.

Kreative Unternehmen operieren an der Grenze des Möglichen. Dass sie über diese Grenze hinausschießen, gehört dazu. Automobilkonzerne arbeiten nicht nur am Modell des nächsten und übernächsten Jahres, sondern sie schauen weit in die Zukunft und entwickeln Konzeptautos mit Drehsitzen und außerirdischen Formen, in die man von vorn einsteigt.

Oben: Toyota FCV Plus; Mercedes F 015;
unten: Toyota i-Car; Peugeot Moovie.

Gehen die Konzerne ernsthaft davon aus, dass sie diese Autos in den kommenden zehn Jahren bauen werden? Nehmen wir den Mercedes Biome: Um das Umweltproblem der Schrottplätze zu lösen, erdachte man bei Daimler einen biologisch abbaubaren Wagen, der sich anfühlen und fahren sollte wie jedes andere Auto, aber ausschließlich aus pflanzlichen Materialien bestehen sollte. Der Biotreibstoff sollte zu Sauerstoff verbrennen und nicht in einem Tank untergebracht werden, sondern durch den Rahmen und die Räder fließen, und das organische Solardach sollte die Geräte mit Strom versorgen. Bis heute existiert der Mercedes Biome nur im Computer, und es gibt keine Pläne, ihn zu verwirklichen. Ein Konzeptfahrzeug soll nicht das nächste Modell sein, sondern ferne Möglichkeiten aufzeigen. Es hilft, schon über den übernächsten Schritt nachzudenken, weil man so die ferne Zukunft ausloten kann, auch wenn die Entwicklung vielleicht gar nicht dahin geht.

Der Mercedes Biome.

Auch in der Textilbranche wird die Mode bis weit in die Zukunft projiziert.

Von links nach rechts: Haute Couture der Designer Viktor & Rolf (1 und 2), Pierre Cardin und Antii Asplund.

Diese avantgardistische Mode ist gar nicht dazu gedacht, von irgendjemandem getragen zu werden – heute nicht und vielleicht nie. Doch der Flug weit vom heimischen Bienenstock weg vermittelt ein besseres Gefühl für den Raum des Möglichen. Wie der Künstler Philip Guston meinte: »Das menschliche Bewusstsein bewegt sich, aber es macht keine Sprünge. Es bewegt sich zentimeterweise. Ein Zentimeter ist ein kleiner Schritt, aber dieser Schritt ist alles. Man macht einen Sprung, und dann muss man zurückkommen und sehen, ob man diesen Zentimeter gehen kann.«

Weil niemand im Voraus weiß, wo der Honig zu finden ist, wagen sich erfindungsreiche Unternehmen auf ihren Erkundungsflügen unterschiedlich weit vom Bienenstock weg. Amerikanische Heimwerker kennen Lowe als Baumarkt, bei dem sie von der Klobrille bis zum Stromgenerator alles fürs Haus bekommen. Aber auch Lowe blickt in die Zukunft. Der Markt bat Science-Fiction-Autoren, sich den Haushalt der Zukunft vorzustellen. Die Autoren erfanden den Holoroom: Nun müssen die Kunden nicht mehr Farb- und Stoffproben mit nach Hause nehmen, sondern können ihr Zuhause mit einer Virtual-Reality-Brille rekonstruieren und sich ansehen, wie es mit den Lowe-Produkten aussehen würde. Mitarbeiter nennen die Brille »den Eheretter«.[7]

Lowes Holoroom.

Microsoft arbeitet währenddessen fleißig an der nächsten Generation der Datenzentren. Dabei stellt sich allerdings ein Problem: Die Server erzeugen eine Menge Abwärme. Daher experimentiert Microsoft mit wasserdichten Tanks, in denen die Computer im Meer versenkt werden können. Da Platinen wasserscheu sind, ist es ein wenig ungewöhnlich, Computer mit Wasser zu kühlen. Es gibt noch viele ungeklärte Fragen, zum Beispiel auch die Umweltverträglichkeit, aber wenn es funktioniert, könnten Unterwasserserver die Zukunft sein. Der erste Prototyp ist jedenfalls sicher und von Seepocken überwuchert wieder an Land zurückgekehrt.[8]

Auch Fisher-Price aktualisiert seine Bettchen, Kinderwagen und Spielsachen ständig. Daneben hat das Unternehmen bereits die nächste Elterngeneration im Blick und untersucht, welchen Einfluss der technische Fortschritt auf die Kindererziehung von morgen haben könnte. In einer Zukunftslinie zeigt es mögliche Kinderbettchen mit eingebauten Gesundheitsmonitoren, ein Hologramm, mit dem Eltern das Wachstum der Kinder verfolgen können, und ein Fenster, das sich als Tafel verwenden lässt, um Buchstabieren zu üben. Fisher-Price sagt: »Einige der von uns beobachteten Trends treten gerade ein. Andere setzen sich vielleicht nie durch. Aber inspiriert von der Zukunftsoffenheit der Kindheit selbst versuchen wir, uns die Möglichkeiten in der Kindheitsentwicklung vorzustellen.«

Es ist nicht einfach zu erkennen, wo die Grenze des Möglichen verläuft. Das demonstriert zum Beispiel der Predicta-Fernseher vom Ende der Fünfziger. Er konnte Dinge, die kein Fernseher vor ihm konnte: Er hatte einen relativ flachen Bildschirm und ließ sich drehen. In einer Anzeige hieß es: »Sehen Sie beim Essen im Esszimmer fern, und drehen Sie ihn später zum Wohnzimmer um!«[9]

Der Predicta-Fernseher von Philco.

Doch die Kunden zögerten. Der Predicta blickte weit in die Zukunft, doch er lag in Alessis »Raum des Unmöglichen«. Fernsehfanatiker nannten ihn später den »Edsel der Fernsehapparate«. Nach nur zwei Jahren wurde die Produktion eingestellt.

Alessi selbst brachte fünf Jahre mit der Entwicklung seines futuristischen Wasserkessels »Hot Bertaa« zu, dessen Griff und Ausgießer aus einem Stück waren.

Dann schoss er ihn ab, denn dieser einmalige Kessel wurde so heiß, dass man ihn nicht mehr anfassen konnte. Für Alessi ist es »unser schönster Flop … Ich liebe Flops, denn sie sind der einzige Moment, in dem ein Licht angeht, das einem verrät, wo die Grenze zwischen Erfolg und Misserfolg liegt.«[10] Der Kessel sei »eine wertvolle Erfahrung«, die dem Unternehmen bei der Entwicklung neuer Produkte hilft.

Alessis Wasserkessel Hot Bertaa.

Weil schwer zu sagen ist, welche Ideen sich durchsetzen werden, müssen Unternehmen verschiedene Optionen verfolgen. Einer von uns (David) und sein Student Scott Novich haben in ihrem Unternehmen NeoSensory eine Weste entwickelt, die unter der Kleidung getragen wird. Die Weste ist ein »Sinnesübersetzer«: Zum Beispiel kann sie Geräusche in Vibrationen auf dem Oberkörper übersetzen und Gehörlosen helfen, wieder zu hören. Dank seiner Plastizität kann das Gehirn nämlich lernen, die Tastempfindungen auf der Haut in Hörwahrnehmungen zu übersetzen. Aber das ist noch nicht alles: Die Weste kann Piloten Daten über den Zustand ihres Flugzeugs übermitteln oder Astronauten über den Zustand der Internationalen Raumstation informieren oder Prothesenträgern Daten über den Zustand ihrer Prothese kommunizieren; sie kann Körperdaten wie Blutdruck und den Zustand der Darmflora genauso übermitteln wie die Abläufe einer Fabrik. Oder sie kann sich ins Internet einklinken und in Echtzeit Börsendaten übermitteln. Sie lässt sich verwenden, um auf große Entfernungen Roboter zu spüren und zu steuern. Die Weste könnte auch ganz neue Sinnesdaten übermitteln, zum Beispiel infrarotes oder ultraviolettes Licht. Welche diese Verwendungen wird für den Markt interessant werden? Das weiß niemand, weshalb NeoSensory einer breiten Palette von Möglichkeiten nachgeht.

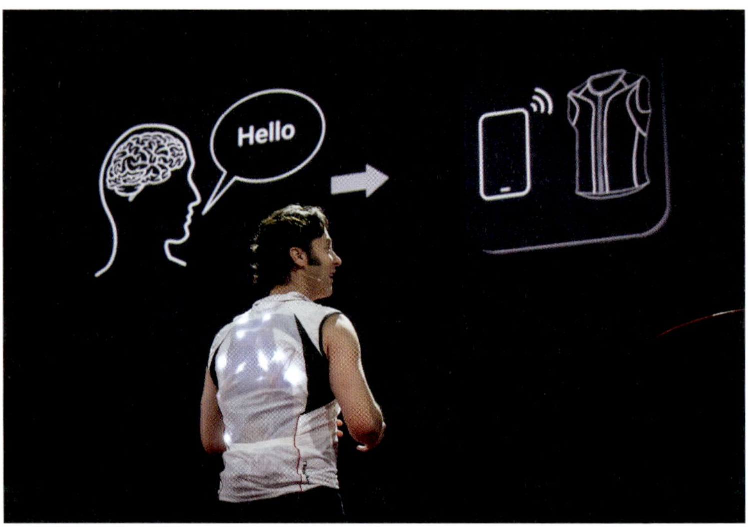

Die Sinnesweste von NeoSensory.

Es ist wichtig, die Kreativität möglichst weit zu streuen: Selbst kleine Investitionen in verrückte Ideen können Früchte bringen. In den Sechzigerjahren dominierte die Xerox Corporation den Markt für Fotokopiergeräte, als sie eine andere Möglichkeit entdeckte: Irgendwann würde es eine Nachfrage nach Druckern für Computer geben. Die Ingenieure von Xerox gingen davon aus, dass diese Drucker mit damals gängigen Techniken wie Kathodenstrahlröhren oder vielleicht einer Art Kugelkopf funktionieren würden. Die Forschung war bereits im Gange, als der Optikspezialist George Starkweather eine verrückte Idee aufbrachte: Laser.

Die Manager von Xerox hatten guten Grund zu der Annahme, dass ein Laserdrucker niemals funktionieren würde. Laser waren teuer, schwer zu beherrschen und leistungsstark. Starkweathers Kollegen fürchteten, der Laserstrahl könne den Drucker beschädigen und geisterhafte Abbilder früherer Ausdrucke auf der Walze hinterlassen. Es schien auf der Hand zu liegen, dass Laser und Drucker nicht zusammengingen.

Trotzdem gaben sie der Idee eine Chance und stellten Starkweather ein kleines Forschungsteam zur Verfügung. Starkweather erinnerte sich später: »Ein Forschungsteam hatte fünfzig Mitarbeiter, ein anderes zwanzig. Ich hatte zwei Leute.«[11] Er hatte Angst, ins Hintertreffen zu geraten, zumal die anderen mit erprobten Techniken arbeiteten. Er kam zwar einem funktionierenden Prototypen immer näher, aber die anderen auch.

Schließlich veranstalteten die Teams einen firmeninternen Vergleich. Jedes Modell sollte sechs Probeseiten ausdrucken: eine mit Buchstaben, eine mit Linien und andere mit Bildern. An diesem Punkt traten die Vorteile von Starkweathers System zutage. »Nach den sechs Probeseiten hatten wir gewonnen, denn es gab nichts, was wir nicht drucken konnten. Machen Sie Witze? Wenn ich es in Bits übersetzen kann, dann kann ich es auch drucken.« Wenige Wochen nach dem Vergleich wurden die anderen Experimente eingestellt. Starkweathers weiter Erkundungsflug vom Bienenstock hatte sich gelohnt, und der Laserdrucker wurde eines der erfolgreichsten Produkte von Xerox.

Xerox trug den Sieg davon, weil es eine breite Vielfalt von Ideen und Ansätzen förderte, wenn auch zum Teil nur mit einer kleinen Investition.

Wie Benjamin Franklin sagte: »Wenn alle dasselbe denken, denkt keiner.« Weil sich die Landschaft ständig verändert, streuen kluge Unternehmen ihre Saat möglichst weit und sehen sich an, was aufgeht.

ÜBERSCHUSS IST KEIN MÜLL

Eine möglichst große Palette von Optionen zu generieren ist erst der erste Schritt. Der zweite ist, die meisten dieser Optionen wieder zu verwerfen. Wie Nobelpreisträger Francis Crick einmal sagte: »Ein Mensch mit einer einzigen Theorie ist gefährlich, weil er bis zum Tod für sie kämpft.«[12] Besser ist es nach Ansicht von Crick, viele Ideen zu haben und sich von den meisten wieder zu verabschieden.

Nehmen wir den Prozess im Industriedesign. Als Continuum Innovation mit der Entwicklung eines Lasers zur Hautstraffung begann, legte es zunächst die erwünschten Eigenschaften fest – professionell sollte das Gerät sein, modern, elegant, bedienerfreundlich und intelligent. Jeder Designer entwickelte erste Skizzen in einem persönlichen Skizzenbuch und arbeitete seine Lieblingsideen zu präziseren Entwürfen aus, wobei die Bandbreite vom Vertrauten bis zum Exotischen reichte. Das ist der Beginn dessen, was man bei Continuum als »Ideentrichter« bezeichnet. Dann setzte sich das Team zusammen und reduzierte das Feld auf eine Handvoll Ideen.

Prototypen für einen Laser zur Hautstraffung.

Nun feilten sie an den verbleibenden Entwürfen und begannen mit den Hausfrauentests. Die Designer erfuhren, dass die Frauen befürchteten, sich mit dem Gerät zu verletzen oder einen Brand auszulösen. Daher kam das Team zu dem Schluss, dass das Gerät eine medizinische Optik und Sicherheitsvorrichtungen benötigte und dass es einfach im Gebrauch sein musste.

Damit reduzierten sie die Möglichkeiten weiter. Schließlich stellten sie die ersten Modelle her, die Tester in die Hand nehmen konnten, und ein weiterer Probelauf ermittelte, welches der Geräte die Kunden tatsächlich kaufen würden. Aus dem langen Ideentrichter ging ein Entwurf als eindeutiger Sieger hervor. Der Entwicklungsprozess basierte darauf, möglichst viele Ideen zu generieren: Die Designer sollten Alternativen entwickeln und mussten bereit sein, sich von den meisten wieder zu verabschieden. Um einen überzeugenden Gewinner zu ermitteln, mussten sie ein breites Teilnehmerfeld aufstellen.

Da nicht abzusehen ist, welche Lösung als Sieger hervorgehen wird, ist es wünschenswert, das Spektrum der Wahlmöglichkeiten möglichst breit zu halten. In den Anfangszeiten der Geldautomaten hatten die Kunden oft Angst, Geld abzuheben. Daher bat die Bank Wells Fargo das Designunternehmen IDEO um Hilfe. IDEO erprobte mehrere Entwürfe, unter anderem mit teuren Geräten wie Periskopen und Videokameras.[13] Die beste Lösung war erstaunlich einfach: ein Spiegel. Mit diesem Spiegel, einem Fischauge, konnten die Kunden beim Geldabheben die Straße in ihrem Rücken im Blick behalten und ihre Umgebung einschätzen. Man könnte zu dem Schluss kommen, dass Wells Fargo für diese simple Lösung keine Designerfirma beauftragen musste, doch die Designer von IDEO fanden diese Lösung, indem sie eine Vielzahl verschiedener Optionen erprobten.

Das Entscheidende ist, zu Beginn des Prozesses eine große Bandbreite von Ideen zu haben und diese durch einen immer engeren Trichter zu geben. Wie das gehen kann, macht Google X vor, der Forschungsbereich von Google. Um neue Projekte zu entwickeln und auszusieben, gibt es bei Google X eine Auswärts- und eine Heimmannschaft. Bei der Entwicklung der Datenbrille Google Glass sollte die Heimmannschaft rasch ein Arbeitsmodell entwickeln. Aus einem Kleiderbügel, einem billigen Projektor und einem durchsichtigen Plastikschirm als Projektionsfläche baute sie innerhalb eines Tages ein erstes Modell. Die Auswärtsmannschaft sollte gleichzeitig einen öffentlichen Ort, zum Beispiel ein Einkaufszentrum, aufsuchen und dort so viel Feedback von potenziellen Kunden einholen wie möglich. Ein früher Entwurf von Google Glass wog knapp acht Kilogramm und erinnerte eher an einen Helm als an eine Brille. Die Heimmannschaft dachte, sie sei auf der Siegerstraße, wenn sie das Gewicht ihres Geräts auf das einer durchschnittlichen Brille reduzieren konnte. Doch das reichte noch nicht: Die Auswärtsmannschaft stellte fest, dass das Gewicht gar nicht das Entscheidende war: Den potenziellen Nutzern gefiel es nicht, wenn ihnen zu viel Gewicht auf der Nase saß. Also fand die Heimmannschaft eine Möglichkeit, das Gewicht auf die Ohren zu verlagern. Durch eine Kombination aus Ideenproduktion und -filterung brachte Project Glass immer neue Versionen der Datenbrille hervor – bis hin zum eleganten und leistungsstarken Pionierprodukt, das 2014 auf den Markt kam.

Aber selbst dieses Produkt wurde schließlich von Google ausgesiebt. Warum? Wegen unüberwindlicher Datenschutzprobleme, die vor allem damit zusammenhingen, dass Passanten nicht gefilmt werden wollten. Dass Google Glass gänzlich ausgemustert wurde, schadete dem Unternehmen interessanterweise nicht: Die Ingenieure wechselten in andere Teams und brachten dort das Wissen ein, das sie bei der Entwicklung erworben haben. Am Ende war dieses Projekt nur eine von vielen Früchten vom Baum des Unternehmens und nicht die beste. Google hatte zahlreiche andere, weshalb es dem Konzern nichts ausmachte, ein Projekt aufzugeben, das nicht funktionierte.

Es mag verschwenderisch erscheinen, erst Ideen zu generieren und dann die meisten davon auf den Müll zu werfen – doch genau so funktioniert der kreative Prozess. Das Problem ist, dass in unserer Welt, in der Zeit Geld ist, die vielen Stunden des Entwerfens und Brainstormings schnell als unproduktiv abgetan werden. Die Versuchung ist groß, die Prozesse straffen zu wollen, weil die Arbeitszeit der Mitarbeiter Geld kostet und der Markt sich weiterentwickelt. Wie schief das gehen kann, zeigt ein Blick auf 3M. Der multinationale Konzern galt lange als besonders innovativ, ein Drittel seiner Umsätze stammte aus neuen

Produkten.[14] Bis im Jahr 2000 ein neuer Vorstandschef kam. Um die Gewinnspanne zu maximieren, verlangte er von der Entwicklungsabteilung die gleiche Effizienz wie von der Fertigung. Forscher mussten in regelmäßigen Berichten ihre Fortschritte dokumentieren. Abweichungen vom Verfahren wurden gerügt. Messbare Erfolge waren alles. Das Ergebnis? Über die kommenden fünf Jahre ging der Umsatz mit neuen Produkten um 20 Prozent zurück. Als der Vorstandschef ging, nahm der Nachfolger den Entwicklern die Fesseln ab, und die Forschungsabteilung erholte sich: Seither machen die neuen Produkte wieder ein Drittel des Umsatzes aus.

Spekulation ist ein notwendiges Sprungbrett der Innovation, selbst wenn die meisten Versuche in der Sackgasse enden. Daher sehen innovative Unternehmen es nicht als Zeitverschwendung an, wenn ihre Mitarbeiter eine Vielzahl scheinbar nutzloser Ideen hervorbringen. Das indische Unternehmen Tata vergibt daher einen »Trau dich«-Preis für innovative Ideen, aus denen das Unternehmen lernt, was *nicht* funktioniert. Im ersten Jahr wurden nur drei Ideen eingereicht. Aber allmählich trauten sich mehr Mitarbeiter, ihre gescheiterten Ideen zu präsentieren, und die Zahl stieg auf 150. »Ich glaube nicht, dass es ein Lernumfeld gibt, in dem keine Fehler gemacht werden«, meint Astro Teller von Google X. »Fehler sind billig, wenn man sie am Anfang macht, aber teuer, wenn sie am Ende kommen.«[15] Der Friedhof der gescheiterten Ideen von Google ist groß: Google Wave (ein Programm zum Datentausch, das mehr bieten sollte als E-Mail und vor allem mehr Komplikationen brachte), Google Lively (ein Second Life), Google Buzz (ein RSS-Reader), Google Video (das mit YouTube konkurrieren sollte), Google Answers (ein Antwortdienst), Google Print- und Radioanzeigen (mit denen die Marke auf andere Medien ausgeweitet werden sollte), Dodgeball (ein ortsspezifisches soziales Netzwerk), Jaiku (ein Mikroblog wie Twitter), SearchWiki (zur Bearbeitung von Suchergebnissen), Knol (eine Art Wikipeda) und SideWiki (zur Kommentierung besuchter Seiten).

Es ist schwer, einen Rückschlag als gute Nachricht zu verkaufen, weil es unweigerlich nach einer Niederlage klingt. Aber in Wirklichkeit sind Rückschläge oft ein Schritt vorwärts, weil sie Fehler aufzeigen und so eine Lösung näher bringen. Vielleicht sollte man sie als »Seitensprünge«

bezeichnen: Es sind Dinge, mit denen man experimentiert, die man dann aber wieder fallen lässt. Erfindung basiert überall darauf, zunächst eine Vielzahl von Optionen zu schaffen und diese dann wieder einzugrenzen. Am Ende wird der schlingernde Fortschritt der Menschheit nicht von der Menge der Ideen bestimmt, die wir uns ausdenken, sondern von der geringeren Zahl der Ideen, denen wir folgen.

BELEBEN SIE DEN ARBEITSPLATZ

Im Jahr 1958 beschlossen die Unternehmensberater Wolfgang und Eberhard Schnelle, die Innovationshemmnisse im Büro zu beseitigen, und erfanden die »Bürolandschaft«. Die Schreibtische sollten offen nebeneinandergestellt werden wie in einem Garten, und sie sollten so angeordnet werden, wie es den Abläufen entsprach. Es sollte keine geschlossenen Türen geben, niemand sollte eingesperrt werden, und die Direktion sollte keinen Kommandostand in einer gemütlich eingerichteten Nische einnehmen. Lediglich mobile Stellwände oder Pflanzen sollten bestimmte Bereiche voneinander abschirmen.[16]

Die Bürolandschaft setzte sich schnell durch, und in den Vereinigten Staaten haben heute rund 70 Prozent der Unternehmen solche offenen Großraumbüros – darunter auch Facebook und Google. Auch bei Apple, dessen in Bau befindliche Konzernzentrale an eine fliegende Untertasse erinnert, geht es um fließende Zusammenarbeit: »Wir wollen ein System der offenen Räume schaffen, das heißt, dass man morgens in Büros auf der einen Seite des Kreises sein kann und nachmittags auf der anderen Seite.«[17]

Das war nicht immer so. Der Chemiekonzern DuPont, der das Nylon erfand, war in räumlich streng getrennte Abteilungen organisiert, die von Wachen abgeschirmt wurden.[18] Das Forschungsgelände von Xerox in Palo Alto, früher eine Einrichtung zur Erforschung von tierischem Verhalten, war in klar getrennte Bereiche eingeteilt, die nach den einstigen tierischen Bewohnern benannt waren; der Laserdrucker wurde beispielsweise im »Rattenzimmer« entwickelt. In den Fünfzigern hatte auch General Electric Bürosilos, und Nestlé und Sony waren bis in die

Neunzigerjahre so organisiert. Die Sony Playstation, das innovativste Produkt des Konzerns, wurde in der abgeschotteten Spieleabteilung entwickelt. Waren diese Unternehmen auf dem Holzweg?

Natürlich nicht. Die Methoden, mit denen die Kreativität der Mitarbeiter gefördert werden soll, ändern sich ständig. Das ist zu erwarten, denn die Methoden der Innovation unterliegen selbst der ständigen Innovation. Es gibt nicht das eine Wundermittel, das alle Mitarbeiter produktiv macht. Sowjetische Wissenschaftler arbeiteten nicht im offenen Büro von Google, und die Wissenschaftler der NASA kamen nicht in Jogginghosen zur Arbeit, sondern in Hemd und Krawatte. Sie sind trotzdem zum Mond geflogen.

Es hat natürlich seine Gründe, warum sich das offene Büro durchgesetzt hat, aber das heißt nicht, dass das für alle Zeiten so bleiben muss. Im Gegenteil, die beste Lösung scheint eine Kultur der Veränderung zu sein. Allzu starre Gepflogenheiten sind eine Gefahr für die Innovation, egal wie gut die Theorien und Absichten dahinter auch sein mögen. Wenn man sich ansieht, wie sich die Büropläne im Laufe der Zeit verändert haben, dann erkennt man vor allem eines: Die Lösungen ändern sich. Es mag so aussehen, als ginge die Entwicklung in eine bestimmte Richtung, doch das ist ein Märchen. Ein Blick in die Büros der vergangenen achtzig Jahre zeigt, dass die Entwicklung im Kreis verläuft: Wir sind heute wieder bei den Büro der 1940er-Jahre angekommen. Die Technik und die Farben haben sich geändert, aber die Anordnung ist dieselbe, bis hin zu den Säulen in der Mitte.

1940

1980

2000

Die offenen Büros des beginnenden 21. Jahrhunderts zeigen bereits Abnutzungserscheinungen. »Die kostenlosen Getränke und Snacks können Sie vergessen«, klagt ein früherer Facebook-Mitarbeiter. »Der Arbeitsplatz ist grässlich: riesige Räume mit endlosen Reihen von Picknicktischen, an denen die Leute Schulter an Schulter sitzen, eine Handbreit auseinander, ohne jede Privatsphäre.«[19] Ein Artikel im *New Yorker* beschreibt die Missstände des Großraumbüros mit ihrem niemals abebbenden Lärm, peinlichen Begegnungen und der erheblichen Ansteckungsgefahr bei Grippewellen.[20] Kritiker betonen neuerdings die Mängel des offenen Großraumbüros, und wahrscheinlich treten wir bald in den nächsten Schritt des Zyklus ein: abgeschlossene Einzelbüros.[21]

Langjährige Mitarbeiter von Unternehmen haben für das Tischerücken nur ein zynisches Grinsen übrig, weil sie meinen, dass es sich lediglich um eine Abzocke von Beraterfirmen handeln. Doch die dauernden Veränderungen haben durchaus einen Sinn: Sie brechen starre Denkstrukturen auf. Paartherapeuten machen eine ähnliche Beobachtung: Beziehungen leiden, wenn sich Partner so sehr aneinander gewöhnen, dass sie einander gar nicht mehr wahrnehmen; Routinen schleifen sich derart ein, dass sie kaum noch zu durchbrechen sind. Ob am Arbeitsplatz oder zu Hause, Veränderungen wirken störend – aber ohne sie ist frisches Denken unmöglich.

Das Gebäude 20 des Massachusetts Institute of Technology war das Paradebeispiel für konstante Veränderung. Der dreistöckige »Sperrholzpalast« wurde während der Stahlknappheit des Zweiten Weltkriegs zusammengezimmert und sollte nach Kriegsende eigentlich abgerissen werden. Doch weil die Universität unter Platzmangel litt, nutzte sie das Gebäude mit einer Sondergenehmigung der Feuerwehr weiter. Den Mitarbeitern der Universität gefiel das Gebäude, denn sie konnten es ganz nach ihren Vorstellungen umbauen. Wie ein Professor meinte: »Wenn dir die Wand nicht gefällt, dann haust du einfach mit dem Ellbogen ein Loch rein.« Ein anderer sagte: »Wenn Sie ein Loch in die Decke bohren wollen, um nach oben ein bisschen mehr Platz zu bekommen, dann machen Sie das einfach. Sie fragen nicht lange. Es ist das beste Experimentiergebäude aller Zeiten.« Diese improvisierte Landschaft förderte Zufallsbegegnungen und den einfachen Ideenaustausch: In den Räumen fand sich ein wildes Sammelsurium von Dingen, »ein Teilchenbeschleuniger, die Klavierreparaturwerkstatt des Armeeorchesters und ein Labor zur Zellkultivierung«.[22] Hier arbeiteten Atomphysiker neben Lebensmittelforschern. In diesem wackligen Gebäude erdachte der Linguist Noam Chomsky seine Theorien über den Spracherwerb, verfolgte Harold Edgerton seine Hochgeschwindigkeitsfotografie und patentierte Amar Bose seine Lautsprecher. Hier wurden das erste Videospiel erfunden und eine Reihe von Techunternehmen gegründet. Das Gebäude galt als »magischer Brüter«. Stewart Brand schrieb:

> Das Gebäude 20 wirft die Frage auf, was eine gute Einrichtung ausmacht. Intelligente Menschen verzichteten auf Heizung und Klimaanlage, mit Teppichen ausgelegte Flure, große Fenster, hübschen Ausblick, moderne Sanitäranlagen und ansprechende Gestaltung, im Gegenzug für was? Schiebefenster, interessante Nachbarn, starke Fußböden und Freiräume.[23]

In der Regel ist es keine Option, langfristig in einem improvisierten Gebäude zu arbeiten. Eine Kultur der Veränderung kann also in andere Richtungen entwickelt werden: durch Bürotausch, Umgestaltung der Räumlichkeiten, Änderung der Freizeitregelung oder Wechsel des Teams. Stellt die Kaffeemaschine hier auf, streicht die Wände blau, schafft einen Kicker an, reißt die Wände ein und werft die Teppiche raus. Aber meißeln Sie nichts in Stein, denn was heute funktioniert, kann in fünf Jahren vielleicht schon nicht mehr funktionieren. Es geht auch gar nicht darum, dass etwas ewig hält. Das Ziel der kreativen Zusammenarbeit muss es vielmehr sein, der Wiederholungsunterdrückung zu entkommen, mehr Optionen zu schaffen und funktionierende Verfahren zu stören, ehe sie sich abnutzen. Innovation lässt sich beleben, indem man Routinen aufsprengt.

BLEIBEN SIE AGIL

Aber eine Kultur der Veränderung betrifft nicht nur die inneren Abläufe eines Unternehmens, sondern auch seine Produkte. Innovative Unternehmen scheuen nicht davor zurück, auch mit sich selbst zu brechen.

Wie General-Mills-Vorstand James Bell sagte: »Für einen Menschen oder ein Unternehmen gibt es keine größere Gefahr, als nach einer erfolgreichen Phase zu glauben, dass sich die alten Methoden auf die neue Zukunft anwenden lassen.«[24]

Ein Muster der Agilität ist das New Yorker Restaurant Eleven Madison Park. Von eher traditionellen Gerichten ging es zu einer minimalistischen Speisekarte über: Die Beilagen wurden in vier mal vier Bildern dargestellt, und die Gäste wählten aus jeder Reihe eine. Daraus kredenzte der Koch eine Gourmetmahlzeit. Mit der neuen Karte verdiente sich das Restaurant die begehrten drei Michelin-Sterne. Aber die Köche hatten keine Angst davor, ihren Ruf aufs Spiel zu setzen und etwas Neues auszuprobieren. Inspiriert von der wandelbaren Karriere des Jazzmusiker Miles Davis, erfand sich das Restaurant ein weiteres Mal neu. Es verabschiedete sich von der Speisekarte und servierte seinen Gästen einen vierstündigen kulinarischen Tribut an New York City. Mit Theaterdonner trugen die Kellner das Menü auf:

> Ein Gericht wurde in einer Dampfwolke serviert, ein anderes in einem Picknickkorb. Die Kellner führten Kartentricks vor (eine Anspielung auf die Kümmelblättchen, die einst auf den Bürgersteigen der Stadt verbreitet waren) und hielten ausführliche Vorträge über Zutaten und Folkore.[25]

Auf der Website zitierte das Restaurant den Maler Willem de Kooning: »Ich muss mich ändern, um derselbe zu bleiben.« Gastronomiekritiker waren entsetzt über den Neustart, doch das Restaurant wurde beliebter denn je. Und vollzog eine weitere Wende. Es verabschiedete sich von den Kartentricks, eine entspanntere Atmosphäre kehrte ein, die Gäste bekamen größere Auswahl, weniger Gänge und üppigere Portionen. Die *New York Times* belohnte diese Neuerfindung mit vier Sternen, und Pete Wells, der Restaurantkritiker der Zeitung, schrieb: »Es tut sich viel in diesem Restaurant, das sich vor allem durch seine flüssige Bewegung in Richtung Zukunft auszeichnet.«[26]

Dank der gleichen Agilität wurde der Radiosender RCA zum Fernsehpionier. Anfang der 1930er-Jahre war die Stellung des Senders auf

Honda für seinen Acura TLX erstmals keinen Testwagen, sondern simulierte von Crash- bis Emissionstests alles am Rechner und verkürzte so die Entwicklungszeit deutlich. Gebiete, die einst weit von der digitalen Welt entfernt zu sein schienen, sind heute Teil davon: Roboter führen Operationen durch, und Nachrichten werden von Maschinen geschrieben.[30] Vom Design über die Fertigung bis zur Mode überholt sich die Welt ständig selbst. In Reaktion darauf wächst der Hunger der Kundschaft nach Veränderung: Wenn im folgenden Jahr keine neuen Modelle und Apps auf den Markt kommen, ist die Enttäuschung groß. Unter diesem Umständen ist Agilität das Gebot der Stunde.

Obwohl zwischen den Gehirnen von Vorstandschefs und denen ihrer primitiven Vorfahren einige Jahrmillionen liegen, müssen sie die gleiche Frage beantworten: Wo liegt die goldene Mitte zwischen der Ausnutzung meines Wissens und der Erforschung neuer Möglichkeiten? Kein Lebewesen und kein Unternehmen können sich auf früheren Erfolgen ausruhen, denn die Welt verändert sich in unvorhersehbarer Weise. Nur diejenigen überleben, die wach sind und auf neue Bedürfnisse und Chancen reagieren. Aus diesem Grund wird es nie das ultimative Handy, Fahrrad oder Schuhwerk geben oder die Fernsehsendung, die nie langweilig wird.

Und deshalb muss es das Ziel bleiben, möglichst viele Ideen zu generieren. Thomas Edison gab seinen Mitarbeitern »Ideenquoten« vor: Pro Woche sollten sie eine kleine Verbesserung präsentieren und alle sechs Monate eine größere Erfindung. Auch bei Google ist die Ideensuche integraler Bestandteil des Geschäftsmodells: Die 70/20/10-Regel des Konzerns verlangt, dass 70 Prozent der Ressourcen auf das Kerngeschäft verwendet werden, 20 Prozent auf neue Ideen und 10 Prozent auf brandneue Mondflüge. Bei der jährlichen Hack Week von Twitter sollen die Mitarbeiter ihre alltägliche Arbeit liegen lassen und eine Woche lang etwas Neues schaffen. Das Software-Unternehmen Atlassian hat »Ship It-Days«, an denen Mitarbeiter 24 Stunden Zeit bekommen, um sich neue Projekte auszudenken. Toyota schließlich fordert seine Mitarbeiter auf, Vorschläge einzureichen, und hat sich zum Ziel gesetzt, atemberaubende 2500 neue Ideen auszuprobieren – *pro Tag.*[31]

Um die Innovation voranzutreiben, belohnen kreative Unternehmen neue Ideen. Die Anreize können viele Formen annehmen: Procter &

Gamble und 3M haben Ehrenverbindungen; Sun Microsystems, IBM und Siemens vergeben jährlich Preise; Motorola, Hewlett-Packard und Honeywell belohnen neue Patente mit Bonuszahlungen.[32] Doch diese Anreize sind noch nicht weit verbreitet; einem aktuellen Bericht zufolge belohnen 90 Prozent aller untersuchten Unternehmen Innovationen nicht ausreichend.[33] Eric Schmidt hat einen einfachen Rat für Innovationsanreize: »Zahlen Sie unfassbar guten Leuten unfassbar viel Geld, unabhängig davon, auf welcher Position sie arbeiten und wie lange sie dabei sind. Was zählt, ist die Wirkung.«[34]

Kreative Unternehmen stellen auch ausreichend Rohmaterial und Werkzeuge zur Verfügung, um die Gehirne ihrer Mitarbeiter anzuregen. Edisons Labor war gut gefüllt mir Materialien aller Art, um neue Ideen anzuregen. Das Designunternehmen IDEO hat eine gemeinsame »Tech Box« mit allen möglichen Geräten, Materialien und Krimskrams – eine »mentale Quelle« für Ingenieure und Designer.[35] Bei Hermès werden Stoffreste und andere Herstellungsabfälle nicht einfach weggeworfen, sondern ins Forschungslabor Petit h gebracht: Aus Lederresten haben die Handwerker Regale hergestellt und aus kaputten Knöpfen, Permutt und Reißverschlüssen einen Fußbodenbelag.

*

Im aktiven Gehirn vermehren sich die Ideen rasant und konkurrieren miteinander. Einige davon dringen in unser Bewusstsein vor. Aber die meisten erreichen diese Schwelle nie und verlaufen im Sande. Ähnliches passiert in kreativen Unternehmen: Neue Ideen und Initiativen konkurrieren um Unterstützung; diejenigen, die eine kritische Schwelle erreichen, werden gefördert, die anderen wandern in den Papierkorb. Da Unternehmen nicht in die Zukunft blicken können, erweisen sich einige dieser Ideen als Flop, und selbst funktionierende Erfindungen veralten rasch. Vielfalt und Agilität zahlen sich daher aus. Ein kreatives Unternehmen produziert daher möglichst viele Ideen, siebt die meisten davon aus und schreckt nicht vor Veränderungen zurück.

KAPITEL 12

DIE KREATIVE SCHULE

Unsere Kinder verbringen einen erheblichen Teil des Tages in der Schule. Dort werden ihre Erwartungen und Ziele geformt, und dort bekommen sie eine erste Vorstellung davon, was die Gesellschaft von ihnen erwartet. Und wenn es eine gute Schule ist, dann wird hier auch ihre Vorstellungskraft gefördert.

Leider passiert das nicht immer. Das menschliche Gehirn verarbeitet die Welt, um Neues hervorzubringen, doch leider ist das, was viele Schulen dem Gehirn bieten, gut vorgekaut und nicht allzu nahrhaft. Diese Diät ist nicht geeignet, den Hunger der Gesellschaft nach künftigen Erfindern zu stillen. Unser Bildungswesen geht noch auf die Zeit der industriellen Revolution zurück, als der Lehrplan standardisiert wurde, die Lehrer die Lektionen mit Kreide an die Tafel schrieben und ähnlich wie in der Fabrik eine Glocke läutete, wenn die neue Schicht begann. Diese Schule bereitet unsere Kinder nicht ausreichend auf die neue Welt vor, in der Arbeitsplätze ständig neu definiert werden und diejenigen die Nase vorn haben, die neue Chancen generieren können.

Die eigentliche Aufgabe der Schule besteht darin, den Kindern beizubringen, wie sie das Rohmaterial der Welt umformen und neue Ideen hervorbringen können. Glücklicherweise lässt sich das problemlos umsetzen: Es ist gar nicht nötig, den Lehrplan in die Mülltonne zu werfen und bei null anzufangen. Schon mit einigen Leitgedanken lässt sich ein Lernumfeld schaffen, das kreatives Denken fördert.

NUTZEN SIE VORBILDER ALS ANSTOSS

Zu Beginn des Schuljahrs malt die Kunstlehrerin Lindsay Esola einen Apfel an die Tafel und fordert die Viertklässler auf, einen eigenen Apfel zu malen. Die meisten Kinder zeichnen einfach ihren Apfel ab. In den nächsten Wochen und Monaten zeigt Esola den Kindern Dutzende Möglichkeiten, einen Apfel zu malen: Die Kinder imitieren Stile wie Surrealismus, Impressionismus und Pop-Art, sie malen mit Wasserfarben und zeichnen mit Bleistift, sie tupfen und stricheln, sie verwenden geschmolzenes Wachs, Glitzer, Kleber, Stempel, Wolle und vieles mehr.

Wenn es dabei bliebe, dann wäre das nicht mehr als eine praktische Einführung in die Kunstgeschichte. Doch Esola belässt es nicht bei der Nachahmung früherer Stilrichtungen: Am Ende der Unterrichtseinheit sollen die Kinder ihren eigenen Apfel malen und dazu nach Belieben Techniken verwenden und kombinieren. Zum Abschluss des Halbjahrs zeichnet Esola wieder einen Apfel an die Tafel, und diesmal kopiert niemand die Lehrerin. Stattdessen verwandelt sich die Wand des Klassenzimmers in eine Galerie der unterschiedlichsten Äpfel: Kinder machen sich das Gelernte zu eigen und schaffen damit etwas Neues.

Ein Unterricht, der auf diese Weise Kreativität vermittelt, liegt in der goldenen Mitte zwischen freiem Spiel und der Nachahmung von Vorbildern. Er bietet den Kindern Vorlagen, auf denen sie aufbauen können, aber er schränkt ihre Wahl nicht ein. Kinder lernen das Beste aus der Vergangenheit mit dem Ziel, es umzugestalten. In der fünften Klasse könnte die Kunstlehrerin die Kinder beispielsweise auffordern, das »nächste« Bild ihres Lieblingskünstlers oder ihrer Lieblingskünstlerin zu malen – ein Bild, das nie gemalt wurde, das aber hätte gemalt werden können oder sollen. Die Kinder haben sich mit den Arbeiten von Künstlern beschäftigt und stellen sich vor, was sie gemacht hätten, wenn sie länger gelebt hätten. Ein Schüler malte zum Beispiel einen Baseballspieler im kubistischen Stil und erklärte, wenn Picasso länger gelebt hätte, dann hätte er sich für Sport interessiert.

Dieses Aufbrechen von Mustern der Vergangenheit vermittelt zweierlei: Die Kinder lernen, in der Geschichte Anstöße für neue Ideen zu suchen und sich nicht von ihr einschüchtern zu lassen. Die Kinder sollen sich ihr kulturelles Erbe aneignen und es gleichzeitig als unvollendet begreifen. Oder um es mit Goethes Worten zu sagen: »Zwei Dinge sollen Kinder von ihren Eltern bekommen: Wurzeln und Flügel.«

Es gibt viele Möglichkeiten, die Vergangenheit nach neuen Möglichkeiten zu durchforsten. Zum Beispiel kann man den Schülern die Aufgabe geben, eine bekannte Geschichte oder ein Märchen aus Sicht einer anderen Figur neu zu erzählen. Eine Anregung für Jüngere könnte Paul Maars »Hänsel und Gretel aus Sicht der Hexe« aus dem Buch *Der tätowierte Hund* sein. Für Ältere bietet sich zum Beispiel Tom Stoppards Theaterstück *Rosenkrantz und Güldenstern* an, das Shakespeares *Hamlet* aus der Sicht zweier Nebenfiguren erzählt; die beiden geraten immer wieder in Szenen aus dem echten *Hamlet* und stolpern hinter den Kulissen ihrem tragischen Ende entgegen. Ein weiteres Beispiel wäre John Gardners Roman *Grendel*, der das Epos *Beowulf* aus Sicht des Ungeheuers erzählt, das vom Helden getötet wird. Kinder können die Mythen und Fabeln der Welt verbiegen, zertrümmern und neu zusammenstellen, um etwas Neues daraus zu machen. Oder sie können Geschichten in die Gegenwart übertragen. Der Schriftsteller Tim Manley schickt König Arthur auf das Burning-Man-Festival, den Däumeling in eine Fernsehshow und den Froschkönig in einen Park, mit einem Schild »kostenlose Umarmungen« um den Hals.

Sogenannte kontrafaktische oder alternative Geschichten sind eine weitere Möglichkeit, kreativ mit dem Gelernten umzugehen und die Intuition zu schärfen. Zum Beispiel stellt sich Kingsley Amis in seinem Roman *Die Verwandlung* vor, wie das heutige England aussehen würde, wenn Heinrich VIII. nicht König geworden wäre. Auch in Amis' Roman stirbt Heinrichs älterer Bruder in jungen Jahren, doch er hinterlässt einen Erben, der Heinrich besiegt und den Thron besteigt. So wird weder die anglikanische Kirche gegründet noch Königin Elisabeth geboren; und um dem Ganzen die Krone aufzusetzen, wird Martin Luther Papst. Ein anderes Beispiel ist Philip K. Dicks Roman *Das Orakel vom Berge*, das sich eine Welt vorstellt, in der Japan und Deutschland den Zweiten Weltkrieg gewonnen haben. Dick gibt dem Ganzen noch einen zusätzlichen Dreh: In dem von den Nazis besetzten Gebiet schreibt ein Autor eine eigene alternative Geschichte, *Das Heuschreckenbuch*, in der die Alliierten den Krieg gewonnen haben und Hitler vor Gericht gestellt wird.

Schüler können ihr Verständnis der Geschichte besonders kreativ unter Beweis stellen, indem sie sich vorstellen, was passiert wäre, wenn sich historische Ereignisse anders entwickelt hätten. Was wäre zum Beispiel passiert, wenn sich die Azteken nicht bei den Spaniern mit Pocken angesteckt hätten? Wenn sich George Washington bei der Überquerung des Delaware ein Bein gebrochen hätte? Wenn sich das Auto des österreichischen Thronfolgers nicht in Sarajevo verfahren hätte und Franz Ferdinand und seine Frau nicht ermordet worden wären? Um kontrafaktische Geschichten erfinden zu können, müssen die Schüler die historischen Daten kennen und vor allem die Zusammenhänge verstehen. »Alternative Geschichten« sind eine Möglichkeit, Faktenwissen zu ergänzen: Die Kinder müssen sich intensiv mit einem Thema auseinandersetzen und ihr Wissen in kreativer Weise anwenden.

Das lässt sich auch auf naturwissenschaftliche Fächer übertragen. Sheri Sheppard, die in Stanford Ingenieurwesen lehrt, weist darauf hin, dass Maschinen nie von Grund auf neu erfunden, sondern aus bestehenden Teilen zusammengesetzt werden:

> Der Prozess erfordert erhebliche Kreativität. Wahre Inspiration bedeutet oft, für einen vorhandenen Mechanismus neue Anwendungen zu finden. Es bedeutet, mit der Vielzahl von Maschinen und Mechanismen in unserer Umgebung vertraut zu sein und zu erkennen, wie sie sich über ihr ursprünglich geplantes Einsatzgebiet hinaus verwenden lassen.

Im Physikunterricht können Schüler in der Unterrichtseinheit zu elektrischem Strom eine Taschenlampe zusammenbauen. Wenn die Übung hier endet, dann folgen die Schüler lediglich einer Schablone. Deshalb sollte die Taschenlampe nur der erste Schritt sein. Der nächste Schritt könnte sein, mit demselben Schaltkreis einen Ventilator, einen Lautsprecher oder ein beliebiges anderes Gerät zu betreiben, das den Schülern einfällt. Die Bauanleitung sollte nicht der Endpunkt sein, sondern der Anfang.

In naturwissenschaftlichen Fächern können Kinder ihre Kreativität schulen, indem sie Science-Fiction spielen und Geräte erfinden, die es noch nicht gibt.[36] In einer Schule stellten sich Schüler zum Beispiel einen Stift zur Projektion von Filmen und Landkarten, einen 3D-Drucker zur Herstellung von Kuchen oder eine tragbare koffergroße Waschmaschine vor.[37] Damit erhalten die Schüler einen Anstoß, darüber nachzudenken, welche Probleme ein neues Gerät lösen und welche neuen Probleme es schaffen würde. Auch dies ist eine Möglichkeit, Wissen zu vermitteln und gleichzeitig die Fantasie zu beflügeln.

Durch die Kombination aus Wissensvermittlung und kreativem Spiel wird die Geschichte zum Ausgangspunkt für neue Entdeckungen. Im Staffellauf der menschlichen Kreativität bekommen die Schüler die Möglichkeit, den Stab der Vergangenheit aufzunehmen und damit in die Zukunft zu laufen.

SCHAFFEN SIE SO VIELE OPTIONEN WIE MÖGLICH

Wenn wir Schülern die Aufgabe stellen, kreative Lösungen zu entwickeln, dann geben wir uns allzu oft mit einer einzigen Antwort zufrieden. Aber egal wie gut diese eine Antwort auch sein mag, für das kreative Gehirn ist sie nicht mehr als eine Aufwärmübung. Nichts fördert die Kreativität mehr, als von den Schülern nicht nur eine Antwort auf eine Aufgabe zu verlangen, sondern viele.

Es erfordert eine gewisse Übung, mehr als nur eine Lösung zu entwickeln. Egal ob in der Literaturinterpretation oder in der Programmierung, die Schüler legen sich üblicherweise viel zu früh auf eine Lösung fest und benötigen Anstoß und Ermunterung, um sich auf weitere Experimente einzulassen. Deshalb müssen Kinder das schon früh lernen. In ihrem Buch *Das ist kein Karton* zeigt Antoinette Portis schon Vorschulkindern, was es bedeutet, Möglichkeiten zu entwickeln. Jemand fragt die Hauptfigur, einen kleinen Hasen: »Warum sitzt du in einem Karton?« Worauf der kleine Hase antwortet, dass es gar kein Karton ist, sondern ein Rennauto. Aber das ist noch längst nicht alles: Der Karton ist auch ein Berg, ein Roboter, ein Boot, eine Rakete, das Krähennest eines Piratenschiffs und die Gondel eines Heißluftballons. Die Kinder können sich ein Beispiel an diesem kleinen Hasen nehmen und ihre eigenen Versionen erfinden (»Das ist kein Ball«, »Das ist kein Band« und so weiter).

Dieses einfache Spiel lässt sich auch auf ältere Schüler übertragen. Im Kunstunterricht kann man zum Beispiel mit Variationen derselben Quelle endlose Möglichkeiten generieren. Wie das geht, machen Jazzmusiker mit ihren Improvisationen vor. In der Kunst kann die wiederholte Beschäftigung mit einem Motiv eine Fülle von Ergebnissen hervorbringen – wie etwa in der Apfelübung oder den Flaggen von Jasper Johns.

Wenn Schüler lernen, eine Vielzahl von Möglichkeiten zu generieren, dann lernen sie zugleich die Vielfalt schätzen, der sie in ihrer Umgebung begegnen. Nehmen Sie zum Beispiel die Lerneinheit »Fliegende Samen«, die von der Botanischen Gesellschaft der Vereinigten Staaten entwickelt wurde.[38] Hier lernen Schüler zunächst die Fülle von Möglichkeiten kennen, mit der in der Natur Samen verbreitet werden: Kokosnüsse schwimmen einen Fluss hinab; Kletten bleiben im Fell von Tieren hängen und fallen irgendwann ab; die Samen des Löwenzahns fliegen an Fallschirmchen durch die Luft; Ahorn und Eschensamen haben ihre eigenen Propeller. In der Lerneinheit der Botanischen Gesellschaft sollen die Schüler neue und bessere Möglichkeiten finden, um Samen zu verbreiten, und diese Methoden dann ausprobieren, um zu sehen, welche am besten funktionieren. Diese Übung veranschaulicht die natürliche Auslese und ihre Probleme. Die Kinder lernen ihre Umwelt nicht als Ansammlung von auswendig zu lernenden Fakten kennen, sondern erfinden neue Optionen dessen, was sein könnte. Diese Fähigkeit zeich-

Jasper Johns,
Drei Flaggen (1958),
Flagge (1967/1970),
Weiße Flagge (1960),
Flagge (Moratorium) (1969)
und *Flagge* (1972/1994).

net künftige Erfinder aus: Sie schauen sich um und denken sich neue Lösungen aus. Mit der Übung der fliegenden Samen lernen die Kinder die Erfindungen der Natur auf ganz andere Weise zu schätzen, weil sie selbst neue Lösungen ausprobiert haben.

Wenn es um Fragen geht, auf die es nur eine richtige Antwort gibt, dann hält kreativer Unterricht die Schüler an, unterschiedliche Lösungswege zu finden. Im Jahr 1965 sollte Physiknobelpreisträger Richard Feynman kalifornische Schulbücher für den Mathematikunterricht bewerten. (»Sechs Regalmeter, 250 Kilo Bücher!«, klagte er später in seinem Bericht.) Er hielt die modernen Lehrmethoden, die Schüler auf einen einzigen Lösungsweg trimmen, für falsch. Stattdessen sollten Schüler lernen, so viele Lösungswege wie möglich zu entwickeln:

> Mathematikbücher sollten nicht eine bestimmte Methode zur Lösung für jedes Problem lehren, sondern den Schülern erklären, worum es bei dem Problem geht, und ihnen mehr Freiräume bei der Lösung bieten … Wir müssen das starre Denken überwinden … Wir müssen dem Denken Freiräume geben, um bei der Lösung einer Aufgabe herumzuwandern … Erfolgreiche Mathematiker sind Menschen, die für bestimmte Situationen neue Lösungswege erfinden.[39]

Um Schüler zur Suche nach alternativen Lösungswegen anzuhalten, kann man sie anregen, sich unterschiedlich weit vom Vertrauten zu entfernen. Wie ein Unternehmen, das einerseits schrittweise Updates vornimmt und andererseits große Forschungssprünge plant, sollen die Schüler angeregt werden, nah am Bekannten zu bleiben und sich gleichzeitig so weit wie möglich davon zu entfernen. Damit erwerben sie die Fähigkeit, die sie benötigen, um flexibel mit kreativen Aufgaben umzugehen. Dieses Prinzip, sich immer weiter vom Ursprung zu entfernen, wird in den Stierserien von Pablo Picasso und Roy Lichtenstein erkennbar. Beide Künstler begannen mit mehr oder weniger realistischen Darstellungen und entfernten sich dann in unterschiedliche Richtungen davon – Picasso reduzierte den Körper auf die wesentlichen Linien, Lichtenstein abstrahierte ihn auf geometrische Formen. Wie ein Blick auf das jeweils letzte Bild zeigt, entfernten sie sich dabei erstaunlich weit vom Ausgangspunkt.

Ein Seminarprojekt der Rice University demonstriert, wie wertvoll es ist, sich unterschiedlich weit vom Ausgangspunkt zu entfernen. Hier sollten die Studenten Lösungen für ein Gesundheitsproblem in der Dritten Welt entwickeln: Jedes Jahr sterben Tausende Kinder an Durchfall beziehungsweise die dadurch bewirkte Dehydrierung. Kliniken verfügen zwar oft über Tropfinfusionen, aber nicht über die teuren Pumpen, mit denen die Infusion richtig dosiert werden kann; aber ohne diese Geräte droht Kleinkindern die tödliche Gefahr der Überhydrierung. Eine Gruppe von Studenten der Rice University suchte nach einer billigen Lösung, die am besten ohne Strom funktionieren sollte. Sie begannen

Stiere von Picasso (1946) und Lichtenstein (1973).

mit naheliegenden Ideen, doch schon bald schweiften sie immer weiter ab und fanden schließlich eine ungewöhnliche Lösung: eine Mausefalle. An der Stange, an der üblicherweise der Infusionsbeutel aufgehängt wird, wird eine Querstange angebracht, an deren einem Ende der Beutel und an deren anderem Ende ein Gewicht aufgehängt wird. Durch Justierung des Gewichts stellen die Ärzte die gewünschte Dosierung ein. Sobald die entsprechende Menge aus dem Beutel gelaufen ist, sinkt das Gewicht nach unten und löst die Mausefalle aus, die zuschnappt und den Schlauch abklemmt.

Um das Gerät zu testen, fuhren die Studenten nach Lesotho und Malawi, zwei Länder mit schlechter medizinischer Versorgung. Dort machten sie die Feststellung, dass die Ärzte zwar an einem neuen Tropfmechanismus interessiert waren, aber Angst hatten, sich die Finger in der Mausefalle einzuklemmen. Also suchten die Studenten nach einer anderen Möglichkeit, den Schlauch abzuklemmen. Mit einem 3D-Drucker stellten sie einen Plastikverschluss her und experimentierten mit verschiedenen Gegenständen, die im Labor herumlagen. Aber weil nichts so gut funktionierte wie eine Mausefalle, ersetzten sie diese schließlich durch eine weniger bedrohliche Stahlfeder.

In Malawi beobachteten die Studenten eine weitere Schwäche ihrer Erfindung: Damit der Tropf einwandfrei funktionierte, musste der Beutel anderthalb Meter über dem Kopf des Patienten angebracht werden. Um das Gewicht in dieser Höhe aufzuhängen, mussten sich die Ärzte ziemlich strecken. In einer Brainstorming-Runde schlug einer der Studenten eine Möglichkeit vor, statt der Querstange zwei über eine Stange verbundene Arme zu verwenden und das Gewicht tiefer aufzuhängen, sodass es leichter zu erreichen war.

Bei einem weiteren Besuch in Malawi führten die Studenten eine Felduntersuchung durch. Sie gaben an, dass es weniger als zwanzig Minuten dauerte, um sich mit dem Mechanismus vertraut zu machen, dass er sich in zwei Minuten aufbauen ließ und dass er auch nach Hunderten von Einsätzen noch zuverlässig funktionierte.[40] Eine elektrische Infusionspumpe kostet mehrere Tausend Euro, die Vorrichtung der Studenten dagegen nur etwa sechs Euro. Indem sie sich unterschiedlich weit vom Ausgangspunkt entfernten, hatten sie ein kniffliges Problem gelöst.

FÖRDERN SIE KREATIVE RISIKOBEREITSCHAFT

In einem Experiment legte die Psychologin Carol Dweck einer Gruppe von Kindern einen Mathematiktest vor. Im Anschluss wurde die Hälfte der Kinder für die Anzahl der richtigen Lösungen gelobt und die übrigen für den Einsatz, den sie bei der Lösung gezeigt hatten. Dann fragte Dweck die Kinder, ob sie einen etwas schwierigeren Test machen wollten. Die Kinder, die für ihren Einsatz gelobt worden waren, nahmen die Herausforderung an. Die Kinder, die für ihre Lösungen gelobt wurden, hatten dagegen kein Interesse, weil sie ihren Ruf nicht aufs Spiel setzen wollten. Dweck kam zu dem Schluss, dass Eltern und Lehrer, die Kinder für ihre Leistung loben, unbeabsichtigterweise die Risikobereitschaft der Kinder hemmen. Ihre Schlussfolgerung: Loben Sie den Einsatz, nicht das Ergebnis.[41]

Um von einer einseitigen Fokussierung auf Ergebnisse wegzukommen, müssen Schüler die Gelegenheit erhalten, ausgetretene Pfade zu verlassen. In Videospielen gibt es einen »Sandkasten«, in dem man einen neuen Level kennenlernen kann, ehe man sich hineinwagt. Das heißt, die Spieler können Techniken und Strategien ausprobieren, ehe es ernst wird. Auch bei kreativen Aufgaben ist ein Sandkasten hilfreich: Hier können die Schüler Optionen entwickeln und erhalten nur eine Rückmeldung, aber keine Noten. Dann entscheiden sie sich für eine Option und schließen sie ab. So werden Schüler angestoßen, mehrere Optionen zu entwickeln, und erhalten gleichzeitig die Chance, Risiken einzugehen, ohne dafür bestraft zu werden.

Risikobereitschaft bedeutet oft, auf dem Drahtseil der Aufgabe zu tanzen, ohne das Netz einer sicheren Antwort zu haben. Jede Aufgabe, für die es keine richtige und keine falsche Lösung gibt, ist eine Gelegenheit, Risiken einzugehen: Es ist an den Schülern, eigene Antworten zu finden. Ein Beispiel ist das Ei-Sturz-Experiment. Die Anweisungen sind ganz einfach: Bau einen Fallschirm für ein Ei. Für diese Aufgabe gibt es nicht die eine korrekte Lösung. Die Schüler müssen die Gesetze der Schwerkraft und des Luftwiderstands verstehen und sich mit technischen Grundlagen beschäftigen. Zur Vorführung steigen sie auf eine Leiter oder lassen ihre Bastelarbeiten aus dem Fenster fliegen. Nicht alle Eier kommen beim ersten Versuch heil am Boden an, aber die Kinder wissen, dass das dazugehört. Wenn ein Ei zerbricht, müssen sie die Ursache herausfinden: Es ist zu schnell gefallen, es war nicht ausreichend gepolstert und so weiter. Dann verbessern sie ihren Fallschirm und unternehmen einen neuen Versuch. Dabei kommt es nicht auf die Zahl der Versuche an, sondern darauf, mit Enttäuschungen umzugehen und das Projekt zum Erfolg zu führen.

Nicht jede Aufgabe hat die eine richtige Lösung. Das zeigt sich zum Beispiel, wenn Studenten eine leserfreundliche Schriftart entwickeln sollen. In manchen Standardschriftarten sind sich bestimmte Zahlen so ähnlich, dass sie leicht zu verwechseln sind, zumal auf einem Handy oder einem Computerbildschirm – 5 und S sind schwer auseinanderzuhalten, genau wie B und 8 oder g und q. In einer leserfreundlichen Schriftart sollten die Buchstaben so unterscheidbar wie möglich sein. Für dieses kreative Projekt gibt es keine feste Lösung, und Studenten können sich schon sehr früh daran versuchen.

Risikobereitschaft lässt sich auch fördern, indem man Schüler Aufgaben aus dem wirklichen Leben stellt, für die es noch keine fertigen Lösungen gibt. Die NASA hat zum Beispiel ein Unterrichtsprojekt entwickelt, indem Schüler ein Handbuch für das Leben auf dem Mars schreiben sollen. Damit müssen sie zunächst analysieren, was menschliche Gemeinschaften auf der Erde zum Überleben benötigen, zum Beispiel Wohnraum, Nahrung, Wasser, Sauerstoff, Transportmittel, Abfallbeseitigung und notwendige Arbeiten. Dann müssen sie überlegen, wie sich dies alles auf den lebensfeindlichen Mars verpflanzen ließe. Wie sollen die Menschen atmen? Wie sollen sie ihren Abfall entsorgen? Was ist mit Sport? Mit Materialien wie Tassen, Wattebäuschen, Pfeifenreinigern und Lego-Steinen bauen die Schüler ihre eigene Marskolonie. Mit Übungen wie diesen beschäftigen sich Schüler mit aktuellen wissenschaftlichen Fragen (die NASA will in wenigen Jahrzehnten bemannte Raumschiffe zum Mars schicken) und lernen, bei der Lösung ungelöster Probleme Risiken einzugehen.

Um eine blühende Gesellschaft kreativer Erwachsener zu schaffen, brauchen wir Kinder, die keine Angst haben, falsche Antworten zu geben. Statt alles auf die eine vermeintliche sichere Karte zu setzen, müssen sie lernen, ihr Portfolio zu erweitern und auch riskantere Spekulationen zu wagen.

MOTIVATION IST ALLES

Motivation ist vielleicht der am meisten unterschätzte Aspekt der Bildung: Sie kann den Ausschlag geben, ob ein Ergebnis mittelmäßig oder außergewöhnlich ist. Eltern und Lehrer versuchen täglich, Kinder anzuspornen, ihr Bestes zu geben. Aber es gibt ein paar wirkungsvolle Anreize.

Gestalten Sie die Arbeit sinnvoll

Die Kreativität lässt sich besonders gut anregen, wenn man Schülern eine Aufgabe aus dem wirklichen Leben gibt. In Entwicklungsländern ist Atemversagen eine häufige Ursache der Kindersterblichkeit. Es gibt zwar Beatmungsgeräte, doch das Problem besteht häufig darin, dass die Schläuche verrutschen, wenn sich die Säuglinge bewegen. Dieses Problem sollten 21 Schülerteams aus Houston lösen. Die Jugendlichen gingen die Aufgabe schrittweise an: Zuerst stellten sie Recherchen zu diesem Thema an und beschäftigten sich mit den Ursachen und dem Ausmaß des Atemversagens bei Kleinkindern. Dann untersuchten sie, welche Lösungen es bislang gab. Schließlich dachten sie über eigene Lösungen nach, wobei sie Faktoren wie Kosten, Sicherheit, Haltbarkeit sowie Benutzer- und Wartungsfreundlichkeit einbezogen. Jedes Team entwickelte fünf mögliche Lösungen. Dann bauten sie Prototypen aus Haushaltsmaterialien und testeten sie. Die Lösung, die am Ende als Sieger hervorging, war so einfach wie genial: Der Schlauch wurde durch einen Schlitz in der Mütze des Babys gefädelt. Zwei Schnitte im Stoff – mehr war nicht nötig. Beim Vergleich mit bestehenden Methoden stellten die Schüler fest, dass ihre »Atemmütze« am besten abschnitt und dabei so gut wie nichts kostete. Um das Leben dieser Säuglinge zu retten, brauchte man nicht mehr als eine handelsübliche Babymütze und eine Schere. Damit hatten Jugendliche ein Problem aus der Erwachsenenwelt gelöst.

Eine sinnvolle Aufgabe kann auch darin bestehen, dass Schüler sich selbst helfen. Vor einigen Jahren arbeitete die Architektin Emily Pilloton mit Achtklässlern einer Schule im kalifornischen Berkeley, die überwiegend von Kindern mit Migrationshintergrund besucht wird. Die Schule stellte Pilloton einen ungenutzten Raum zur Verfügung, und sie fragte die Schüler, was sie damit anfangen wollten. Die Schüler wünschten sich eine Bibliothek, denn in der Schule gab es keine.

Nach einem Ausflug in die Stadtbibliothek gab sie jedem der Schüler einen Plan des Raums und fragte sie, wie sie sich ihre Bibliothek vorstellten. Es folgten lebhafte Diskussionen, die eine neue Frage aufwarfen: Wie kommt man von den vielen verschiedenen Vorschlägen einer ganzen Schulklasse zu einem funktionierenden Plan? Die Schüler beschlossen, ein Modell zu bauen, das sich auf unterschiedliche Arten nutzen ließ. Mit Sperrholz und Pappe experimentierten sie einige Wochen lang mit Formen und fanden schließlich einen Konsens: Sie wollten kreuzförmige Regale. Also bauten sie Dutzende davon aus Sperrholz.

Eines Tages lagen die kreuzförmigen Regale alle auf der Seite, sodass sie aussahen wie ein Stapel von X. Die Studenten fragten sich: Wie wäre es, wenn sie die Regalböden seitlich um 45 Grad kippten? Damit müsste man auch mit den Büchern hantieren, die man gar nicht aus dem Regal nehmen wollte. Wenn sich das erwünschte Buch am unteren Ende befand, musste man alle Bücher darüber bewegen. Man musste den Kopf zur Seite legen, um die Titel zu lesen. Ein Student rief aus, »x« stehe in der Mathematik für die Unbekannte, und die Bibliothek sei der Ort, an dem man Dinge herausfinden wolle, die man nicht wisse. Also sollte die Bibliothek ihr X-Raum sein.

Das war's. In den folgenden Wochen bauten die Schüler x-förmige Regale und hängten sie an den Wänden der Bibliothek auf. Gruppen von X-Regalen wurden für bestimmte Themen reserviert, und sie bauten sogar Schreibtische mit X-Beinen. Außerdem ließen sie X-Konstruktionen im Raum herumliegen, als Einladung zum Weiterbauen – so sah der X-Raum immer anders aus. Die Schüler hatten einen Raum geschaffen, in dem sie entdecken und forschen konnten.

Schüler der REALM Charter School von Berkeley bauen X-Regale.

Schaffen Sie Publikum

Im Café von Castle Rock in Colorado findet ein Poetry Slam statt. Nur dass auf der Bühne keine erwachsenen Dichter sitzen, sondern Sechstklässler der staatlichen Schule des Orts.[42] Die Schüler sollten Gedichte zu gesellschaftlichen Themen schreiben und in der Öffentlichkeit vortragen. Die Gedichte, die eins nach dem anderen vorgelesen werden, decken die gesamte Bandbreite des Lebens von Jugendlichen ab. Eine Zwölfjährige trägt ein Gedicht über ihre Mutter vor:

Das letzte Jahr war schwer
Sie war lang weg –
Alkohol, Affären, Scheidung, Geld.
Ich hatte Angst, dass ich den wichtigsten Menschen
verloren habe,
niemanden habe, der mich führt,
niemanden, der mit mir spricht.
Meine beste Freundin.
Doch ich lächle.

Mit ihrem Unterrichtskonzept verfolgt die Schule das Ziel, Kinder auf den Umgang mit der Welt vorzubereiten und sie aus dem Klassenzimmer hinauszuführen. In einem anderen Projekt drehten Viertklässler einen Dokumentarfilm über die Pläne zum Ausbau eines Stausees, der die Überflutung eines beliebten Wildschutzgebiets bedeuten würde. Die Schüler stellten beide Seiten der Debatte dar und fragten, was wichtiger war: Fortschritt oder Naturschutz? Ihr Film wurde in einem Kino des Ortes gezeigt. Wieder ein anderes Projekt ist eine Kunstausstellung für Senioren, auf der von jedem Schüler mindestens ein Kunstwerk gezeigt wird.

Waldorf- und Reggio-Emilia-Schulen verfolgen ähnliche Konzepte, wenn sie ihren Schüler die Möglichkeit geben, ihre Bilder auf den Fluren auszustellen. Um ein größeres Publikum zu erreichen, tun sich oft mehrere Schulen zusammen und veranstalten Literaturlesungen per Videoschaltung oder gemeinsame Ausstellungen. Städtische Kultureinrichtungen können Schülern ein größeres Forum bieten: Museen und Flughäfen zeigen immer wieder Kunst von Schülern und inspirieren so junge Künstler. Das Internet hat eine noch größere Bühne geschaffen. Everyartist.me gibt Schülern die Möglichkeit, ihre Arbeiten online zu zeigen: Während ihres nationalen Kunsttags stellten die Veranstalter den Weltrekord für die größte an einem einzigen Tag geschaffene Zahl von Kunstwerken auf: Insgesamt wurden 230 000 neue Werke eingestellt. Und für technische Themen bietet das MIT Media Lab eine Internetseite, auf der Millionen von Schülern Projekte zeigen, die sie mit der Bildungssoftware Scratch geschaffen haben.

Veranstalten Sie Wettbewerbe

In Industrienationen grassiert das Übergewicht, was unter anderem darauf zurückgeführt wird, dass sich viele Menschen nicht zum Sport aufraffen können. Wie lässt sich dieses Problem lösen? Dieser Aufgabe stellten sich sieben britische Grundschüler im Rahmen des jährlichen Wettbewerbs der Stiftung Raspberry Pi. Die Schüler wollten einen Roboterhund bauen, um einen witzigen Begleiter beim Sport zu haben. Im Brainstorming stellten sie sich einen Hund für Jogger vor, der die gelaufene Strecke maß, einen Erste-Hilfe-Koffer für Unfälle dabei hatte, über Lautsprecher Musik spielte und nachts mit Scheinwerfern den Weg ausleuchtete. Schließlich entschieden sie sich für einen Hund, der aufmunternde Sprüche bellt, um den Besitzer zum Sport anzuhalten. Mit einem scheckkartengroßen Raspberry-Pi-Computer bauten sie zunächst einen Hund aus Pappmaché, verkabelten und programmierten ihn selbst und nahmen die Botschaften auf. Auf der Abschlussveranstaltung legten sie eine gelungene Präsentation hin, ihr FitDog funktionierte, und sie gewannen den Preis.

Wettbewerbe sind ein ausgezeichneter Anreiz, weil sie Anerkennung und Preise bieten. Der Wettbewerb der Raspberry-Pi-Stiftung hat schon Dutzende andere Teams inspiriert und fantasievolle Projekte von einem automatischen Tablettenausgeber bis hin zur Augensteuerung von Mauspfeilen hervorgebracht. Ein anderes Beispiel ist der internationale

Kreativwettbewerb Odyssey of the Mind, der jährlich durchgeführt wird. Die Schüler müssen alle Aufgaben selbst lösen, Eltern dürfen lediglich zusehen und Material zur Verfügung stellen. Die wöchentlichen Teamveranstaltungen münden in regionale und überregionale Wettbewerbe, und die Gewinner nehmen am Weltfinale teil. Der Erfolg von Programmen wie Raspberry Pi oder Odyssey of the Mind unterstreicht den starken Anreiz von Wettbewerben: Sie motivieren dazu, durchdachte Lösungen für eine Aufgabe zu entwickeln, und die Aussicht auf einen Preis erhält Einsatz und Begeisterung wach.

*

Je mehr Kinder ihren Unterricht mitgestalten, umso mehr begreifen sie sich als Gestalter ihrer eigenen Welt. Das ist das Ziel des kreativen Unterrichts. Erwecken Sie im Unterricht die Welt zum Leben, indem Sie Vorbilder als Anstoß verwenden. Regen Sie die Schüler an, mehrere Optionen zu entwickeln und sich nicht mit einer einzigen Lösung zufriedenzugeben. Ermuntern Sie Ihre Schüler, Risiken einzugehen, statt den sichersten Weg zu wählen. Motivieren Sie Ihre Schüler, ob intrinsisch durch sinnvolle Aufgaben oder extrinsisch durch Publikum und Preise. Ein Lehrplan, der kreatives Denken fördert, sorgt dafür, dass Kinder nicht nur Touristen der Vorstellungskraft sind, sondern Führer.

GIESSEN SIE IHRE SETZLINGE

Gegen Ende des amerikanischen Bürgerkriegs überfiel eine Bande Bewaffneter eine Pflanzung in Missouri. Sie entführten zwei Sklaven – eine Frau und ihren kleinen Sohn – und verlangten Lösegeld. Für den Jungen gaben die Plantagenbesitzer schließlich ein Rennpferd; die Mutter war von den Entführern bereits weiterverkauft worden und wurde nie wieder gesehen. Als der Junge zu den Pflanzern zurückkam, war er krank und hatte Keuchhusten. Er erholte sich wieder, doch seine Kindheit war ein dauernder »Kampf zwischen Leben und Tod«, wie er sich später erinnerte. Wie damals so üblich, erhielt der Junge den Nachnamen der Plantagenbesitzer Moses und Susan Carver. Dieser Junge – George Washington Carver – sollte viele Jahre später seine ganze Kreativität aufbieten und vor dem Kongress die Erdnuss als den Weg der Bauern aus der Armut anpreisen.

Woher kommen Erneuerer? Von überallher. So wie man nicht vorhersagen kann, was die nächste Idee sein wird, kann man nicht wissen, aus welchem Winkel des Erdballs sie kommen wird. In keiner Gemeinschaft kommen mehr kreative Menschen zur Welt als in anderen: Nach einem halben Jahrhundert der Kreativitätstests ist erwiesen, dass sich wirtschaftlich benachteiligte Gruppen nicht von anderen unterscheiden: Sie bringen das gleiche Spektrum an kreativen Fähigkeiten hervor wie die reicheren Schichten.[43]

Aber um die einen Kinder kümmern wir uns, wir schicken sie in die Musikschule und ins Naturkundemuseum, und die anderen lassen wir links liegen. Doch die Förderung der Kreativität sollte nicht von der Postleitzahl abhängen. Wir müssen die Setzlinge in allen Vierteln gleichmäßig gießen.

Machen wir einen Sprung ins Neapel des 16. Jahrhunderts. Die Waisen oder Armen kamen damals in eines der kirchlichen Waisenhäuser, die es sich zur Aufgabe machten, den Kindern Fähigkeiten zu vermitteln, mit denen sie ihren Lebensunterhalt verdienen konnten. Heute wäre das vielleicht Informatik, damals war es Gesang. Musik war in diesen Tagen derart nachgefragt, dass ein ausgebildeter Sänger in den Opernhäusern und Kirchen oder bei den gesellschaftlichen Anlässen des Adels ein hübsches Auskommen finden konnte. (Unser Wort »Konservatorium« kommt übrigens vom italienischen *conservatori* für Waisenhaus.) Ein wichtiger Teil des Unterrichts war die Improvisation, und die lernten die Schüler mit Handbüchern voller *partimenti*, kurzer Muster, die als Grundlage für spontane Einlagen dienten. Im Unterricht lernten sie, diese Muster auszuschmücken, flexibel zu kombinieren und auf diese Weise quasi aus dem Stegreif zu komponieren.

Die Konservatorien Neapels waren derart erfolgreich, dass sie schon bald zahlende Schüler aus ganz Europa aufnahmen. Trotzdem blieben sie immer ein Hort für die sozial Benachteiligten. Noch im 18. Jahrhundert kamen viele der gefeierten Absolventen aus armen Familien: So war zum Beispiel der Vater eines der Sänger beim Bau einer Kirche ums Leben gekommen. Dieser junge Mann, Domenico Cimarosa, wurde schließlich Hofsänger bei Zarin Katharina der Großen von Russland und Kaiser Joseph II. von Österreich.[44]

Der Pädagoge Benjamin Bloom schreibt dazu:

> Nach vierzig Jahren intensiver Forschung in den Vereinigten Staaten und im Ausland komme ich zu dem Schluss: Was ein Mensch lernen kann, das können fast alle lernen, wenn das Lernumfeld stimmt.[45]

In der Geschichte der Menschheit war das Beispiel von Neapel leider eher die Ausnahme als die Regel. Aber nicht nur das kreative Kapital der Armen blieb ungenutzt. In vielen Kulturen und Weltregionen wurde und wird die Hälfte der Bevölkerung systematisch von der Bildung ausgeschlossen – aufgrund ihres Geschlechts. Auch Maria Anna Mozart, genannt Nannerl, war ein musikalisches Wunderkind, sie reiste als Pianistin mit ihrem jüngeren Bruder Wolfgang durch ganz Europa und war oft die Hauptattraktion; doch sobald sie ins heiratsfähige Alter kam, beendeten ihre Eltern ihre Karriere. Die Mathematikerin Ada Lovelace verkleidete sich als Mann und legte sich ein Pseudonym zu, um die Grundlagen der Programmierung zu entwickeln. Ihre Erkenntnisse waren ihrer Zeit so weit voraus, dass ihre Zeitgenossen nicht wussten, was sie damit anfangen sollten; mehr als ein Jahrhundert später wurden ihre Computermodelle von männlichen Kollegen neu erfunden. Siebzig Jahre nach dem Aufstieg Hollywoods war Shirley Walker die erste Frau, die für eine wichtige Produktion eines großen Studios die Filmmusik komponierte und einspielte. Sie bleibt bis heute eine Ausnahme: In nur zwölf der fünfhundert erfolgreichsten Hollywoodfilme wurde die Musik von Frauen komponiert.[46] Im Jahr 1963 beschrieb die Sozialanthropologin Margaret Mead die Unterschiede zwischen männlicher und weiblicher Kreativität. Ihre Beobachtungen sind heute so relevant wie damals:

> In den Ländern des Ostblocks, wo man von Frauen erwartet, dass sie in den Wissenschaften die gleiche Rolle spielen wie Männer, hat eine große Zahl von Frauen ungeahnte Fähigkeiten unter Beweis gestellt. Wir laufen Gefahr, die Hälfte unserer menschlichen Talente zu vergeuden, wenn wir willkürlich einem Geschlecht den Zugang zu einem Gebiet verweigern oder Frauen bestrafen, die ihre Fähigkeiten kreativ nutzen.[47]

Wenn wir einen großen Teil der Bevölkerung ausgrenzen, verschwenden wir ein gewaltiges kreatives Kapital. Wir wissen nicht, welche Entdeckungen wir nicht gemacht haben, welche Erkenntnisse uns entgangen sind und welche Probleme nach wie vor nicht gelöst sind, weil wir die angeborene Kreativität so vieler Menschen brachliegen lassen. Doch die Rechnung ist klar: Je mehr Setzlinge wir pflanzen und pflegen, umso größer die Ernte der menschlichen Kreativität.

WARUM DIE WISSENSCHAFTEN DIE SCHÖNEN KÜNSTE BRAUCHEN

Kreativität ist der Motor des Fortschritts. Aber nur ein kleiner Teil der Menschheit hat die Gelegenheit, seine Kreativität voll zu entwickeln. Nirgends wird das deutlicher als in den schönen Künsten. An Privatschulen erhalten Schüler Musik-, Tanz-, Kunst- und Schauspielunterricht, während in ärmeren staatlichen Schulen die musischen Fächer oft als Geldverschwendung abgetan werden. In einer Umfrage der staatlichen Kunstförderung aus dem Jahr 2011 gaben drei von vier Hochschulabsolventen aus Minderheiten an, während ihrer gesamten schulischen und universitären Ausbildung keinerlei Kunst- oder Musikunterricht erhalten zu haben.[48]

Aber um kreative Strategien zu erwerben, brauchen junge Gehirne die Künste. Weil hier die Kreativität sichtbar und bewusst ist, sind die schönen Künste der beste Ort, um Innovation zu lernen. Bei seinen Miniaturisierungen verwendete Alberto Giacometti die gleiche kreative Strategie wie Edwin Land bei seiner Erfindung der polarisierten

Windschutzscheibe. Die Zerschlagung von Flächen, die wir in Picassos kubistischen Gemälden sehen, hat ihre Parallele in Mobilfunkantennen; die sichtbare Kombination in Frida Kahlos Gemälde des verwundeten Hirschs (ihr menschlicher Kopf auf dem Körper eines Hirschs) steckt weniger sichtbar auch in den genetisch veränderten Spinnenziegen.

Jeder Aspekt des kreativen Denkens lässt sich in den musischen Fächern erlernen, denn hier lernt das Gehirn zu biegen, zu brechen und zu verbinden. Aber wenn die Schulen unterfinanziert sind, stellen sie eine einfache Rechnung an: Da wir nicht mehr im Neapel des 16. Jahrhunderts leben, führen musische Fächer nicht zu einem gut bezahlten Beruf.

Doch die Rechnung geht nicht auf: Auch an mathematisch-naturwissenschaftlich orientierten Schulen sind musische Fächer wirtschaftlich sinnvoll. Als zum Beispiel das Auto erfunden wurde, ging es zunächst vor allem darum, dass es funktionierte, und der Fahrkomfort war Nebensache. Aber als immer mehr Menschen Autos kauften, reichte die Technik allein nicht mehr aus: Ein erfolgreiches Auto muss auch vom Design ansprechend sein. Bei der Kaufentscheidung sind heute Innenausstattung, Bequemlichkeit und Äußeres mindestens genauso wichtig wie der Motor.

Handys durchliefen eine ähnliche Entwicklung. Solange nur wenige Menschen ein Mobiltelefon hatten, durften die Geräte klobig sein – die Hässlichkeit fiel angesichts der revolutionären Technik nicht ins Gewicht. Heute, da Milliarden von Menschen täglich Hunderte Male zum Handy greifen, wäre ein hässliches Gerät unverkäuflich. Deshalb geben Konzerne wie Apple, Nokia oder Google Milliarden für schicke, moderne Gestaltung aus.

Der Pädagoge John Maeda meint, je enger eine Maschine mit unserem Alltag verwoben ist, umso wichtiger wird, dass sie nicht nur funktioniert, sondern auch elegant ist.[49] Wir wollen nicht nur intelligente, sondern auch schöne Geräte, sonst nehmen wir sie erst gar nicht in die Hand. Immer mehr Unternehmen erkennen die Bedeutung der ansprechenden Gestaltung. Ende 2015 berichtete die *New York Times*, IBM wolle 1500 Industriedesigner anstellen, um seine neuen Geräte attraktiver zu gestalten.[50]

In der Verbindung von Kunst und Technik finden Form und Funktion zueinander. Vor einigen Jahren stellte die Roboterforscherin Robin Murphy fest, dass es Besuchern ihres Labors schwerfiel, sich mit Robotern in Beziehung zu setzen: »Die Roboter stellen keinen Augenkontakt her. Sie modulieren ihre Stimme nicht. Wenn sie sich einem Menschen nähern, respektieren sie den Diskretionsabstand nicht.«[51] Wenn Sie darauf vertrauen sollen, dass ein Roboter Sie aus einem Autowrack oder einem brennenden Gebäude befreit, dann reicht es nicht, dass der Roboter mechanisch geschickt ist: Er muss auch Interesse und Emotionen vermitteln. Eine Lösung fand Murphy beim Theater, dem Labor der menschlichen Gefühle. Zusammen mit der Schauspiellehrerin Amy Guerin baute sie fliegende Roboter in eine Inszenierung von Shakespeares *Sommernachtstraum* ein. Das Stück spielt in einem Feenwald, und die Roboter übernehmen die Rolle der stillen Helfer der Feen. Um das Experiment noch interessanter zu machen, verwendete Murphy Roboter, die nicht menschlich wirkten und keine Gesichter, Arme oder Beine hatten. Für diese Roboter entwickelte Murphy eine »Körpersprache«: Glück drückten sie aus, indem sie in der Luft kreiselten oder auf und ab hopsten, Ärger, indem sie steil nach unten kippten und sich vorwärts schoben, und Schalk durch schnelles Kreiseln mit einem gelegentlichen Hopser. Die Roboter spielten ihren Part perfekt, sie ahmten Emotionen nach und flogen über dem Publikum. Über die Arbeit im Theater lernten die Techniker, wie Roboter eine bessere Beziehung zu Menschen herstellen können.[52]

Die schönen Künste tragen auch dazu bei, die Risikobereitschaft zu fördern. Der Komponist Morton Feldman schrieb: »Im Alltag tun wir alles, um Angst zu vermeiden, und in der Kunst müssen wir sie suchen.«[53] Im Physik- und Chemieunterricht lernen Schüler die wissenschaftliche Methode kennen, doch das Ergebnis ihrer Experimente ist vorgegeben: Wenn sie alles richtig machen, kommen sie zum erwünschten Resultat. In den musischen Fächern lernen Schüler die experimentelle Methode kennen, aber ohne gesicherten Ausgang. Diese Offenheit hilft ihnen, selbstbewusst ins Unbekannte zu gehen.

Eine bessere musische Erziehung macht bessere Ingenieure. Es gibt jedoch noch einen besseren Grund für die Förderung der musischen Fächer: Sie gestalten unsere Kultur.

WAS WÄRE, WENN

Unsere Zukunftsprognosen werden nicht nur durch neue Fakten korrigiert, sondern auch durch Gedankenspiele. Kunstwerke beeinflussen unseren Weg in die Zukunft, weil sie eine Art dynamischer Remix des wirklichen Lebens sind. Sie sind Versuchsballons, die auf ihren Wert hin beurteilt werden. In unseren Zukunftsszenarien stützen wir uns nicht nur auf unsere persönliche Erfahrung: Wir können Ideen beurteilen, ohne sie im wirklichen Leben erproben zu müssen. Wie der Schriftsteller Marcel Proust sagte: »Anstatt nur eine einzige – unsere – Welt zu schauen, sehen wir sie dank der Kunst sich vervielfältigen, und wir haben so viele Welten zu unserer Verfügung, wie es echte Künstler gibt.« Künstler laden ihre Simulationen in die Cloud der Kultur hoch und helfen der Menschheit, über das Wirkliche hinaus zum Möglichen zu blicken. Die Künste gestalten die Landschaft der Möglichkeiten und zeigen neue Wege auf.

Diese alternativen Wege haben den Lauf der Geschichte beeinflusst. Napoleon sah in dem Theaterstück *Die Hochzeit des Figaro* von Beaumarchais einen der Auslöser der Französischen Revolution: Weil in diesem Stück ein Diener einen Grafen überliste, habe die Unterschicht erkannt, dass sie ihre Herren abschütteln könne. Deshalb gehen autoritäre Regimes gegen die schönen Künste vor: Wenn eine Möglichkeit erst einmal in die Welt gesetzt ist, kann sie ein Eigenleben entwickeln.

Zukunftsszenarien können die Geschicke der Welt lenken. Während des Zweiten Weltkriegs durchsuchten die Alliierten Zukunftsromane nach neuen Ideen und forderten Science-Fiction-Autoren auf, ihre verrücktesten Ideen einzureichen. Was man nicht nutzte, das streute man an die Achsenmächte, als handele es sich um tatsächliche Pläne.[54] Ähnliches passierte nach den Terroranschlägen vom 11. September: Das Ministerium für innere Sicherheit heuerte Science-Fiction-Autoren an, um sich mögliche Angriffsszenarien auszudenken. Einer der Autoren, Arlan Andrews, wies darauf hin, dass die Autoren von Science-Fiction »ihr Leben in der Zukunft verbringen. Wer für die Sicherheit des Landes zuständig ist, braucht Leute, die sich verrückte Sachen ausdenken.«[55]

Weil der Mensch ein derart kreatives Tier ist, nutzt er Fakten und

Fiktionen, um durchs Leben zu gehen. Dank der größeren Gehirnmasse zwischen Wahrnehmung und Handlung sind wir in der Lage, uns von der unmittelbaren Wirklichkeit zu lösen und uns fernen Möglichkeiten zu öffnen. Oder um es mit der Dichterin Emily Dickinson zu sagen: »Das Gehirn ist weiter als der Himmel.«[56] Indem die schönen Künste einen steten Strom von Zukunftsszenarien liefern, übernehmen sie eine wichtige Aufgabe: Sie liefern uns immer neue Bilder der Welt, wie sie sein könnte, und weiten unseren Horizont.

DIE KREATIVE WENDE

Im Jahr 2008 stand die H.O. Wheeler Elementary School in Burlington, Vermont, am Abgrund. Überall auf dem Gelände lagen Bierflaschen herum, es grassierte der Vandalismus. Nur 17 Prozent der Drittklässler entsprachen den Leistungsanforderungen des Bundesstaats. Rund 90 Prozent der Schüler kamen aus sozial schwachen Familien. Wer das Geld hatte, mied diese Schule und schickte seine Kinder auf eine anderthalb Kilometer entfernt Grundschule, in der nur zehn Prozent der Schüler aus sozial schwachen Familien stammten.

Als eine der Rettungsmaßnahmen integrierte die H.O. Wheeler Elementary School musische Fächer in den Unterricht. Die Lehrer wehrten sich zunächst, doch die Direktion wies darauf hin, dass die Konzentration auf die Hauptfächer auch nichts gebracht hatte. In der Rangliste des Bundesstaats stand die Schule ganz unten, und ein neuer Ansatz war immerhin einen Versuch wert.

Im Mittelpunkt der Strategie stand die Zusammenarbeit von Lehrern und praktizierenden Künstlern im Unterricht. Innerhalb weniger Jahre hatte die Schule einen neuen Lehrplan umgesetzt, nach dem die Schüler Epochenunterricht in Musik, Theater, Tanz und Kunst erhalten und an kreativen Projekten teilnehmen. Zum Beispiel lernten Drittklässler im Rahmen einer Sachkunde-Einheit zum Thema Blatt die verschiedenen Formen von Blättern kennen, fertigten dann Zeichnungen an und benutzten diese als Ausgangspunkt für abstrakte Kunstwerke. Für eine Einladung zu einem Abendessen für die Bürger der Stadt töpferten sie

Hunderte Schüsseln. Viertklässler komponierten ein Musical, das sie in einem Kino aufführten. Schüler übten Winkelmessung mit Gemälden von Kandinsky und tanzten zur Plattentektonik. Jeden Freitag gab es ein Kunstfest für die ganze Schule.

Im Jahr 2015 erreichten zwei Drittel der Drittklässler die geforderten Standards, wobei die Leistungssteigerung unabhängig von der sozialen Herkunft war. Die Kultur der Schule erlebte einen radikalen Wandel: Die Schüler beteiligten sich intensiver und gingen lieber zur Schule, Probleme mit Disziplin und Fehlzeiten gingen deutlich zurück. Während des musischen Unterrichts war das Direktorat verwaist, in diese Zeit fiel nur ein Prozent aller Disziplinarmaßnahmen. Auch die Eltern brachten sich stärker ein, bei Elternversammlungen stieg die Beteiligung von 40 auf über 90 Prozent.

Die Stadt horchte auf. Die Schule, die einst am Abgrund gestanden hatte, gehörte plötzlich zu den besten des Bundesstaats. Die Wahrnehmung der Bürger änderte sich, und die einstige »Gettoschule« wurde plötzlich für viele Eltern attraktiv.[57]

An Tausenden staatlichen Schulen mit Millionen von Schülern hat kreatives Denken keinen Platz im Lehrplan. Doch Schulen wie die Wheeler Elementary School machen vor, dass es sich lohnt, die Prioritäten zu überdenken. Wir alle verdienen die Chance, unsere kreativen Fähigkeiten zu entfalten. Ohne sie ist Bildung unvollständig.

LERNEN FÜRS GANZE LEBEN

Wenn wir den Führerschein machen, lernen wir das Autofahren in kleinen Schritten: Wir schauen in beide Spiegel, blinken beim Spurwechsel, achten auf den Verkehr und behalten den Tacho im Auge. Später sind wir in der Lage, auf der Autobahn bei 130 Stundenkilometern Kaffee zu trinken und uns mit unserem Partner auf dem Beifahrersitz zu unterhalten oder zu telefonieren. Ähnlich geht es im kreativen Unterricht darum, Biegen, Brechen und Verbinden bewusst zu vermitteln, damit diese Fähigkeiten verinnerlicht werden und im Erwachsenenalter im Hintergrund ablaufen können.

Kreativität ist kein Sesselsport. Natürlich ist es wichtig, Beethoven zu hören und Shakespeare aufzuführen, aber das reicht nicht. Schüler müssen aktiv werden und selbst biegen, brechen und verbinden.

Allzu oft ist die Bildung rückwärtsgewandt und vermittelt einen traditionellen Wissenskanon und bekannte Ergebnisse. Doch sie sollte der Zukunft zugewandt sein und in eine Welt blicken, die unsere Kinder gestalten, erbauen und bewohnen werden. Wie der Psychologe Stephen Nachmanovitch schreibt:

> Bildung muss die enge Beziehung von Spiel und Forschung nutzen; sie muss den Kindern erlauben, zu forschen und sich auszudrücken. Sie muss den Entdeckergeist fördern, der definitionsgemäß über das Vertraute, Erprobte und Gleichförmige hinausführt.[58]

Kinder müssen lernen, eine Vielzahl von Optionen zu entwickeln, sich unterschiedlich weit vom Vertrauten zu entfernen und Ergebnisoffenheit auszuhalten. Faktenwissen ist nicht genug: Schüler müssen lernen, das Erlernte als ersten Schritt zu eigenen Entdeckungen zu nutzen. Wenige Fähigkeiten haben so viel Wert für das gesamte Leben wie eine lebendige Vorstellungskraft: Sie wirkt in jeder unserer Erfahrungen. In wenigen Jahrzehnten werden unsere Häuser, Städte, Autos und Flugzeuge ganz anders aussehen als heute, es wird neue medizinische Behandlungsformen, neue Telefone und neue Kunstwerke geben. Der Weg in diese Zukunft beginnt in den Kindergärten von heute.

KAPITEL 13

IN DIE ZUKUNFT

Unlängst kündigte eine internationale Weltrauminitiative namens Breakthrough Starshot an, sie wolle eine Sonde zu unserem nächstgelegenen Sonnensystem Alpha Centauri schicken. Wenn wir an eine Sonde denken, dann stellen wir uns vielleicht eine Kapsel wie Apollo 13 vor, die mit einer Rakete ins All befördert wird. Doch ein Fluggerät dieser Größe wäre Zigtausende Jahre unterwegs, und ein einziger Ausfall wäre das Ende der Mission. Daher überlegte sich die Initiative einen anderen Plan: Statt einer großen Kapsel wollte sie eine Flotte von Nanosonden mit winzigen Fühlern und Segeln entsenden. Riesige Laserkanonen sollten die Sonden anschieben und auf ein Fünftel der Lichtgeschwindigkeit beschleunigen. Wie in einem Fischschwarm würde nicht jedes der Nanoraumschiffe überleben, aber es könnten noch genug bei Alpha Centauri ankommen, um Daten zur Erde zu schicken. Überall in unserer Umgebung streben Menschen nach dem Unbekannten – nicht nur im Weltall, sondern auch in unseren Wohnhäusern, Romanen, Schulen und den Geräten in unseren Taschen.

Die Suche nach Neuem ist eine Konstante. Unentwegt treiben unsere Gehirne uns an, gegen das Einförmige und Berechenbare anzugehen und ein Gleichgewicht aus Bekanntem und Neuem herzustellen. Deshalb entwickelt sich die Menschheit immer weg von Langeweile und vom Status quo. Dieses Bedürfnis, Routinen zu durchbrechen, ist die Grundlage der Kreativität.

Der kreative Prozess wird durch die soziale Natur des Gehirns noch befördert. In unseren Beziehungen ist Erfindungsreichtum genauso wichtig wie Körperkontakt. Wir gewinnen die Aufmerksamkeit anderer, indem wir sie überraschen. Obwohl Erfindungen durch unseren kulturellen Blutkreislauf strömen, ist unser Hunger nach Neuem nie gestillt. Wir geben uns mit nichts zufrieden.

In der Natur finden sich vereinzelte Hinweise auf Kreativität, doch andere Arten verblassen neben den Liedern und Sandburgen eines vierjährigen Kindes. Menschen haben eine gewaltige Hirnrinde, vor allem einen übergroßen präfrontalen Kortex, und damit die Fähigkeit, komplexe abstrakte Vorstellungen zu fassen und zu verändern. Wir können zwar nicht so schnell laufen wie ein Gepard, doch unsere Fähigkeit, im Kopf Simulationen durchzuspielen, ist im Tierreich völlig einmalig. Die Zivilisation ist ein Produkt von vorgestellten Szenarien, die Generation für Generation aufeinander aufbauen. Ein kleiner Dreh in der Software unseres Gehirns hat es uns erlaubt, die Welt nach unseren wildesten Träumen zu gestalten, und die Menschheit auf einen rasanten Kurs katapultiert.

Wie wir in diesem Buch gesehen haben, kommen neue Ideen nicht wie ein Blitz aus heiterem Himmel. Vielmehr formen wir sie aus den Rohstoffen unserer Erfahrung: Menschliche Kreativität wächst aus gewaltigen und immer weiter wuchernden Wissensbäumen. Ihre weitere Entwicklung wird von Denkwerkzeugen vorangetrieben, die jeder von uns mitbringt. Wenn Sie ein Foto mit einem Grafikprogramm öffnen, dann ist es der Software egal, ob auf dem Bild ein Flugzeug oder Zebras zu sehen sind, und »Bild drehen« ist ein Befehl, der lediglich ein paar Nullen und Einsen verschiebt. Auch unser Gehirn verarbeitet Input mithilfe von festen Unterprogrammen: Egal ob wir über ein Patent, ein Gitarrensolo, ein neues Kochrezept oder unseren nächsten Satz nachdenken, verarbeiten wir den Rohstoff der Erfahrung, indem wir ihn biegen, brechen und verbinden. Diese drei kreativen Strategien sind der Motor unserer Kreativität.

Achten Sie einmal im Alltag auf die Kreativität in ihrer Umgebung. Die Fassaden von Gebäuden, die Innereien eines Kühlschranks, die Gestaltung von Kinderwagen, Kopfhörern, Orgeln, Gürteln, Handys, Rucksäcken, Fenstern und Imbissständen – das alles sind kleine Zweige im gewaltigen Wald der Erfindung, den die Menschheit geschaffen hat.

Oft ist die Genialität unsichtbar: Wenn unser Handy klingelt, wir mit dem Auto fahren oder mit einem Laptop eine Nachricht verschicken, dann nutzen wir das Ergebnis von Jahrhunderten der menschlichen Kreativität. In den schönen Künsten ist dieser Erfindungsreichtum dagegen sichtbar: Ein Theaterstück von Shakespeare strotzt vor Wortschöpfungen, Metaphern und Wortspielen, und ein großartiges Musikstück präsentiert die Biegungen, Brüche und Verbindungen, die über Monate im Studio geschaffen wurden. Die schönen Künste unterscheiden sich nicht kategorisch von unserer übrigen Erfahrung: Sie sind unsere Erfahrung in konzentrierter Form.[59]

Menschliche Innovation erwächst aus einem andauernden Prozess der Verzweigung und Auslese. Wir probieren unzählige neue Ideen aus, und nur wenige überleben. Diese wiederum werden Ausgangspunkt für die nächste Runde von Experimenten und Erfindungen. Dank dieser fortwährenden Verzweigung und Filterung hat unsere Vorstellungskraft uns Dächer über dem Kopf gegeben, unsere Lebenserwartung verdreifacht, unsere allgegenwärtigen Maschinen hervorgebracht, uns unendliche Möglichkeiten der Beziehungsaufnahme verschafft und uns mit einer Fülle von Liedern und Geschichten umgeben.

DIE KREATIVE EXPLOSION

Während der Renaissance malten viele europäische Maler Löwen, ein Symbol der Macht und Majestät, das in vielen Fabeln und biblischen Geschichten vorkommt. Aber diese Löwen sahen merkwürdig aus.

Warum? Weil keiner der Maler je mit eigenen Augen einen Löwen gesehen hatte. Sie waren schließlich Europäer, und Löwen lebten in einem anderen Teil der Welt, in Afrika. Also schauten sie sich ihre Löwen bei anderen Malern ab und entfernten sich immer weiter vom echten König der Tiere. Die Vorbilder der Maler waren begrenzt, sie konnten nicht reisen, sie hatten kaum Zugang zu Beschreibungen, und es war schwierig, über die eigene Stadt hinaus mit anderen zu kommunizieren. Ihre Rohstoffe waren sehr begrenzt.

Das ändert sich heute mit rasender Geschwindigkeit.

So wie die industrielle Revolution eine Wende in der Geschichte der Menschheit darstellte, werden künftige Historiker vielleicht von einer kreativen Revolution sprechen, deren Anfänge wir heute erleben. Dank der digitalen Speicherung haben wir ein riesiges und für alle zugängliches Rohstofflager angelegt. Es gibt immer mehr Material, das wir biegen, brechen und verbinden können. Wir haben mehr Geschichte greifbar, die wir aufnehmen, verarbeiten und verändern können.

Aber das ist noch nicht alles. Wir haben heute ganz andere Möglichkeiten des Gedankenaustauschs. Der Teilchenbeschleuniger am Europäischen Kernforschungszentrum CERN ist ein Beispiel für ein Forschungsprojekt, das weit über die Regionalkultur hinausgeht: Obwohl ihre Herkunftsländer verfeindet sind, kamen hier Wissenschaftler aus Indien und Pakistan, Iran und Israel, Armenien und Aserbeidschan zusammen, um gemeinsam zu forschen. Neben diesen kulturellen Veränderungen wird unsere Kreativität durch Computer gesteigert und demokratisiert; sie eröffnen uns ganz neue Möglichkeiten, Bestehendes zu verändern, ob Fotos, Sinfonien oder geschriebenen Text. Auch der

Ort spielt keine Rolle mehr: Das Internet hat die Entfernung zwischen den Menschen aufgehoben, und es entstehen neue Kulturen, die nicht mehr durch Ozeane und Bergketten definiert werden. Heute ist es leichter denn je, eine Vielfalt von Optionen zu entwickeln, rasch Prototypen herzustellen und weltweit zu inspirieren. All diese Entwicklungen sind Wasser auf die Mühlen des Fortschritts.

Die Renaissance stellt zwar eine wichtige Wende für die geistige Welt dar, doch wir haben längst ein paar Gänge höher geschaltet. Wir haben mehr Rohstoffe zur Verfügung und verarbeiten sie schneller. Anders als die Maler dieser Zeit, die nie einen Löwen gesehen hatten, wissen wir heute nicht nur, wie Löwen aussehen, sondern wir kennen sogar ihr Genom – dank der Kreativität einer Art, die einst von den Bäumen auf die Löwen hinunterblickte und heute den ganzen Planeten bevölkert.[60]

WARUM DIE ZUKUNFT AUF DIE GEGENWART ABFÄRBT

Digitale Assistenten werden immer mehr Teil des Alltags. Wenn Sie Siri nach einer Adresse oder einem Wort fragen, durchsucht sie das Internet und gibt Ihnen eine beeindruckende Antwort. Sie hat übermenschlichen Zugang zu Fakten im Internet. Aber sie hat eine entscheidende Schwäche: Sie hat keine Ahnung, dass die Menschen ihr Handy zur Seite legen und ihrem Leben nachgehen, sie weiß nichts von der Lust des Sex oder dem Genuss einer scharfen Chilischote. Das kann ihr auch egal sein, denn sie lebt im Aquarium ihrer eigenen Welt. In der künstlichen Intelligenz spricht man von der »Annahme der Weltabgeschlossenheit«: Für sie gibt es nichts als das, worauf sie programmiert wurde.

Das Erstaunliche ist, dass wir Menschen oft unter einer ähnlichen Annahme agieren. Was wir auch wissen, wir gehen davon aus, dass die Welt damit endet. Wir sind geistig an unsere Welt gefesselt. Deshalb glauben wir, dass die Zukunft nicht mehr ist als eine leicht abgewandelte Version der Gegenwart. Als unsere Großeltern jung waren, stellten sie sich nicht vor, dass sich Bibliotheken in die Nullen und Einsen der Wolke verwandeln würden, das man Krankheiten mit der Einspritzung von Genen ins Blut behandeln würde oder dass sie Kästchen in der Tasche mit sich herumtragen würden, die über Satelliten im Weltall miteinander in Verbindung stehen. Genauso schwer fällt uns die Vorstellung, dass unsere Kinder in autonomen Fahrzeugen durch die Gegend fahren könnten. Wer weiß, vielleicht wird Ihre Enkelin schon mit sechs Jahren selbst zur Schule fahren. Und in einem Notfall könnte Ihr eigenes fahrerloses Auto zum Krankenwagen werden: Wenn sich Ihr Herzrythmus auffällig verändert, registriert Ihr Auto das mit seinem biologischen Monitor und fährt sie ins nächste Krankenhaus. Es gibt auch keinen Grund zu der Annahme, dass Sie der Einzige im Auto sind: Sie könnten von einem selbst fahrenden Auto abgeholt und dort von einem Zahnarzt behandelt werden, während Sie zum nächsten Termin unterwegs sind. Auch Büros könnten mobil sein. Sobald Fahrzeuge wirklich autonom sind, brauchen sie auch keine Sitze in Fahrtrichtung und kein Lenkrad mehr: Sie könnten genauso gut mit Sofas möbliert oder fahrbare Badewannen sein. Aber weil wir annehmen, dass sich die Welt nur in kleinen Details verändern wird, haben wir keine Vorstellung, was die Zukunft bringt.

Auf den ersten Blick könnte man annehmen, dass unsere Zukunftsblindheit ein Dämpfer für unsere überbordende Kreativität sein könnte. Doch das ist nicht der Fall. Warum? Weil wir uns immer weiter an der Grenze der Welt abarbeiten, die wir noch nicht erfunden haben. Anders als Siri leben wir eben nicht in einer luft- und wasserdicht abgeschlossenen Welt: Unsere Welt hat Löcher, durch die die Zukunft hereindringt. Wir suchen ein Gleichgewicht zwischen dem Verständnis der Gegenwart und der Erfindung der Zukunft. Wir schauen ständig über den Zaun des Heute, um einen Blick vom Morgen zu erhaschen.

Die Bedingungen sind gegeben für eine Woge der Innovation. Doch dazu kommt es nur, wenn wir auf jeder Ebene der Gesellschaft die richtigen Investitionen tätigen. Nur wenn wir die Kreativität unserer Kinder fördern, können wir diese einzigartige Eigenschaft des Menschen wirklich nutzen. Wir müssen in die Fantasie investieren.

Diese Investition kann eine Zukunft schaffen, wie wir sie uns heute nicht annähernd vorstellen können. Stellen Sie sich vor, Sie hätten sich vor acht Millionen Jahren mit Mutter Natur unterhalten. Sie sagt: »Ich überlege mir, einen nackten Affen in die Welt zu setzen, ein schwaches

Tier mit entblößten Genitalien, weichem Unterleib und aufrechtem Gang, das jahrelang auf seine Eltern angewiesen ist und sich nicht schützen kann. Was halten Sie davon?« Vermutlich kämen Sie nicht auf den Gedanken, dass sich dieses Tier eines Tages die Erde untertan machen würde. Genau wie Mutter Natur können wir nicht wissen, wie die Welt in Zukunft aussieht. Wir haben keine Ahnung, welche neuen Ideen sich durchsetzen werden und welche nicht.

Deshalb müssen wir alle Setzlinge gießen. Wir brauchen Schulen, in denen unsere Kinder lernen, eine Vielfalt von Möglichkeiten zu entwickeln, Risiken einzugehen, falsche Antworten kreativ zu nutzen und Versuchsballons in die Zukunft aufsteigen zu lassen. Wir wissen nicht, wohin genau uns die Investition in die Kreativität führen wird. Aber wenn wir in die Zukunft blicken könnten, dann wären wir verblüfft über ihre reichen Blüten.

Das Fundament für morgen wird heute gelegt. Die nächste große Idee entsteht aus dem Verbiegen, Brechen und Verbinden dessen, was wir heute um uns sehen. Die Zutaten sind schon alle vorhanden und warten nur darauf, überformt, zerbrochen und neu zusammengesetzt zu werden. Mit den richtigen Investitionen in unseren Schulen und Unternehmen wird unser kreativer Trieb weiter an Fahrt aufnehmen. Gemeinsam werden wir neue Möglichkeiten entdecken und die Geschichte der Zukunft schreiben.

Und jetzt klappen Sie dieses Buch zu und gestalten Sie die Welt neu.

DANK

Wir danken den Mitarbeitern der Rice University, die mit ihrer Unterstützung und Aufmunterung dieses Buch ermöglicht haben: Caroline Levander, stellvertretende Direktorin von Strategic Initiatives and Digital Education; Farès El-Dahdah und Melissa Bailor des Humanities Research Center und Robert Yekovich, Dekan der Shepherd School of Music. Wir ziehen den Hut vor der Arbeit der Kognitionsforscher Mark Turner von der Case Western University und Gilles Fauconnier von der University of California-San Diego, deren Theorie des *conceptual blending* eine der Grundlagen dieses Buchs ist.

Für schriftliche und mündliche Interviews danken wir dem Erfinder Karlheinz Brandenburg; Pamela Cogburn und Chelsea Johnson von der Renaissance Exploratory Learning Outward Bound School in Castle Rock, Colorado; John Wesley Days Jr. von EMC Arts; der Psychologin und Pädagogin Lindsay Esola; dem Architekten David Fisher; David Hagerman, CEO von Loewy Design, LLC; Sherry Huss von Maker Media; der Lehrerin Judy Klima und dem Direktor Robert Riley von der Integrated Arts Academy der H.O. Wheeler Elementary School in Burlington, Vermont; dem Erfinder Kane Kramer; Tracy Mayhead, Sachkundelehrerin an der William Law CE Primary School; Pascale Mussard, Artdirector von Hermès Petit h; Chloe Nguyen, Kamal Shah und Erica Skerrett von Rice 360; Michael Pavia von Glori Energy; der Architektin und Designerin Emily Pilloton von Project H; Allison Ryder und Kevin Young von Continuum Innovations; den Roboterdesignern Manuelo Veloso von Carnegie Mellon und Joydeep Biswasof von der University of Massachusetts-Amherst; sowie dem Chemiker Bayden Wood von der Monash University.

Den folgenden Personen schulden wir besonderen Dank, dass sie uns großzügig an ihrer Arbeit haben teilhaben lassen: die Künstlerin Cory Arcangel; den Mitarbeitern des Ansari X-Prize; Frank Avila-Goldman und Shelley Lee vom Estate of Roy Lichtenstein; dem Künstler Thomas Barbey; dem Informatiker und Designer Bill Buxton; Stephen Cassell, Ethan Feuer und Jennifer Wachtel vom Architectural Research Office; dem Bildhauer Bruno Catalano; Kwanghun Chung vom Massachusetts Institute of Technology; dem Technikforscher Joshua Davis; dem Journalisten Steve Cichon; Sarah Edelman von Alessi S.P.A.; den Künstlerinnen Chitra Ganesh und Simone Leigh; Saul Griffith und Diana Mitchell von Otherlab; Alan Kaufman von Nubrella, Inc.; dem Erfinder Ralf Kittmann; CheMong Jay Ko von der University of Illinois in Urbana-Champaign; dem Designer Jeff Kriege; Per Olag Kristensson von der University of Cambridge und Antti Oulasvirta von der Aalto University; dem Designer Max Kulich; dem Möbelschreiner Jooris Laarman; Chuck Lauer von Rocketplane Global, LLC; dem Künstler Christian Marclay; Mukesh Maheshwari von Ercon Composites; Amy McPherson of Volute; Kirstie Millar of Visual Editions; dem Künstler Yago Partal; Sally Radic vom Estate of Philip Guston; den Fotografen Jason Sewell und Peter Stigter; Skylar Tibbits vom Massachusetts Institute of Technology; JP Vangsgaard von Liquiglide; dem Bildhauer Zhan Wang; dem Künstler Craig Walsh sowie Marjolein Cho Chia Yuen von GBO Innovation Makers.

Für ihre Unterstützung danken wir Sophie Anderson von Giant Artists; Gassia Armenian und Don Cole von der Fowler Library der UCLA; dem Kognitionsforscher Mihailo Antovic; Alan Baglia von ARS; Patricia Baldi vom Designmuseum in Zürich; Isabelle Bazso von Simply Management; Suzanne Berquist von Thomas Barbey LLC; Galleries Bertoux; Robert Bilder, Director der Tennenbaum Center for the Biology of Creativity an der UCLA; Kim Bush vom Guggenheim Museum; David Croke und Chelsea Weathers von der University of Texas in Austin; Julia DeFabo von der Friedman Benda Gallery; Siobhan Donnelly von VAGA; Carolyn Farb; Todd Frazier, Direktor des Methodist Hospital's Center for Performing Arts Medicine; Raphael Gatel von New York Gallery LLC; Daniel Giovannini und Mary Jacquiline Romero von der University of Glasgow; Sue Greco von IBM; Julie Green von David Hockney Reproductions; Yasmin Greenfield und Matt Lees von PA Consulting; Carole Hwang von CMG Worldwide; Michele Hilmes von der University of Wisconsin-Madison; Cena Jackson von Hermès; Gretta Johnson vom

Oldenburg van Bruggen Studio; Elliot Kaufman vom Arcangel Studio; Jeff Lee von der Ryan Lee Gallery; Stephanie Leguia von Luis and Clark Carbon Fiber Instruments; Megan Lewis von Lowe's Companies, Inc.; John Lienhard von der University of Houston; dem Autor Victor McElheny; Liz Kurtulik Mercuri von Art Resource; dem Komponisten Ben Morris; Andrea Morrison von Writers House, LLC; Mike Mueller vom Estate of Norman Rockwell; Yasufumi Nakamori, Shelby Rodriguez, Marty Stein und Cindi Strauss vom Museum of Fine Arts Houston; Cris Piquela von Curtis Publishing; Brigid Pierce von der Martha Graham Company; Rebecca Rigney von der Arthur Roger Gallery; Rory Stewart von Mercedes Benz; Holly Taylor von Bridgeman Images; Eva Thaddeus von Project Glad; und Edward Zimmerman of Sony Pictures Television.

Den folgenden Kollegen der Rice University danken wir dafür, dass sie uns mit ihrem Wissen unterstützt haben: Mary DuMont Brower, Diane Butler und Virginia Martin (Fondren Library); Karen Capo und Margaret Immel (School Literacy and Culture Project); Robert Curl (Chemie), Michael Deem (Biologie); Charles Dove (Kunst und Theater); Suzanne Kemmer (Linguistik); Veronica Leautaud (Rice 360 Institute for Global Health); Joseph Manca (Kunstgeschichte); Linda Spadden McNeil (Rice University Center for Education); Cyrus Mody (Geschichte); Carolyn Nichol (Chemie); Maria Oden und Matthew Wettergreen (Oshman Engineering Design Kitchen); Rebecca Richards-Kortum (Biologie) und Sarah Whiting (Dekanin der School of Architecture).

Außerdem gilt unser Dank Andrew Wylie, Kristina Moore, James Pullen und Percy Stubbs von der Wylie Agency und unseren englischsprachigen Verlegern Elizabeth Koch und Jamie Byng. Wir freuen uns, mit Kristina Kendall und Jen Wekelo von New Balloon und Jennifer Beamish und Justine Kershaw von Blink Films zusammenzuarbeiten. Ein herzliches Dankeschön auch an unsere wissenschaftlichen Hilfskräfte Sarah Grace Graves und Gregory Kamback. Wir danken Anne Chao, Cathy Maris und Alison Weaver für ihre Rückmeldung zu einem der ersten Entwürfe. Und schließlich danken wir unseren Lektoren für ihre Fürsorge und Unterstützung: Andy Hunter bei Catapult sowie Jenny Lord und Simon Thorogood bei Canongate Books.

LITERATUR

Adams, Tim. »And the Pulitzer goes to … a computer«. *Guardian*, 28. Juni 2015.

Albrecht, Donald (Hrg.), *Norman Bel Geddes Designs America*. New York: Abrams, 2012.

Allain, Yves-Marie und Janine Christiany. *L'Art des Jardins en Europe*. Paris: Citadelles et Mazenod, 2006.

Allen, Michael. *Charles Dickens and the Blacking Factory*. St. Leonards: Oxford-Stockley, 2011.

Amabile, Teresa. *Creativity in Context: Update to the Social Psychology of Creativity*. Boulder: Westview Press, 1996.

Amabile, Teresa. *Growing up Creative: Nurturing a Lifetime of Creativity*. New York: Crown, 1989.

Anderson, Christopher. *Hollywood TV: The Studio System in the Fifties*. Austin: University of Texas Press, 1994.

Andreasen, Nancy C. »A Journey into Chaos: Creativity and the Unconscious«. *Mens Sana Monographs* 9/1 (2011), S. 42-53.

Andreasen, Nancy C. »Secrets of the Creative Brain«. *Atlantic*. 25. Juni 2014.

Antoniades, Andri. »The Landfill Harmonic: These Kids Play Classical Music with Instruments Made FromTrash.« *Take Part*. 6. November 2013. Abgerufen am 21. August 2015. http://www.takepart.com/article/2013/11/06/landfill-harmonic-kids-play-classical-music-instruments-made-of-trash.

Atalay, Bülent und Keith Wamsley. *Leonardo's Universe: The Renaissance World of Leonardo Da Vinci*. Washington: National Geographic, 2008.

Bachmann, Christian und Luc Basier. »Le Verlan: Argot D'école Ou Langue des Keums?« *Mots Mots* 8/1 (1984), S. 169-187. https://doi.org/doi:10.3406/mots.1984.1145.

Backer, Bill. *The Care and Feeding of Ideas*. New York: Crown, 1993.

Baker, Al. »Test Prep Endures in New York Schools, Despite Calls to Ease It«. *New York Times*. 30. April 2014.

Baldwin, Neil. *Edison: Inventing the Century*. New York: Hyperion, 1995.

»Bankrupt Battery-Swapping Startup for Electric Cars Purchased by Israeli Company.« *San Jose Mercury News*. 21. November 2013. Abgerufen am 18. Juli 2015. http://www.mercurynews.com/business/ci_24572865/bankrupt-battery-swapping-startup-electric-cars-purchased-by.

Bassett, Troy J. »The Production of Three-Volume Novels in Britain, 1863-97«. *Bibliographical Society of America* 102/1 (2008), S. 61-75.

Baucheron, Éléa und Diane Routex. *Skandalkunst: Zensiert, verboten, geächtet*. München: Prestel Verlag, 2013.

Baum, Dan. »No Pulse: How Doctors Reinvented the Human Heart«. *Popular Science*. 29. Februar 2012. Abgerufen am 12. August 2014. http://www.popsci.com/science/article/2012-02/no-pulse-how-doctors-reinvented-human-heart.

Bel Geddes, Norman. *Miracle in the Evening: An Autobiography*. Hrg. v. William Kelley. Garden City: Doubleday, 1960.

Bel Geddes, Norman. »Today in 1963«. University of Texas Harry Ransom Center. Norman Bel Geddes Database.

Bellos, David. *Jacques Tati: His Life and Art*. London: Harvill, 1999.

Bensen, P.L. und N. Leffert. »Childhood: Anthropological Aspects«. In: *International Encyclopedia of the Social and Behavioral Sciences*. New York: Elsevier, 2001, 1697-1701.

Berger, Audrey A. und Shelly Cooper. »Musical Play: A Case Study of Preschool Children and Parents.« *Journal of Research in Music Education* 51/2 (2003), S. 151.

Bhanoo, Sindya N. »Brains of Bee Scouts Are Wired for Adventure«. *New York Times*. 9. März 2012.

Bilger, B. »The Possibilian: What a brush with death taught David Eagleman about the mysteries of time andthe brain«. *New Yorker*. 25. April 2011.

Bloom, Benjamin S. und Lauren A. Sosniak. *Developing Talent in Young People*. New York: Ballantine Books, 1985.

Boime, Albert. »The Salon des Refuses and the Evolution of Modern Art.« *Art Quarterly* 32 (1969), S. 411-426.

Boothby, Clare. »Shrinky Dink® Microfluidics«. *Royal Society of Chemistry: Highlights in Chemical Technology*. 5. Dezember 2007.

Borges, Jorge Luis. »Pierre Menard, Autor des *Quijote*«. In Borges: *Fiktionen*. Übers. v. Karl August Horst, Wolfgang Luchtung und Gisbert Haefs. München: Carl Hanser, 1992.

Bosman, Julie. »Professor Says He Has Solved Mystery Over a Slave's Novel«. *New York Times*. 18. September 2013.

Bradley, David. »Patently Useless«. *Materials Today*. 29. November 2013. Abgerufen am 28. August 2014. http://www.materialstoday.com/materials-chemistry/comment/patently-useless.

Bradsher, Keith. »Conditions of Chinese Artist Ai Weiwei's Detention Emerge.« *New York Times*. 12. August 2011. Abgerufen am 21. August 2015. http://www.nytimes.com/2011/08/13/world/asia/13artist.html.

Brady, Jeff. »After Solyndra Loss, U.S. Energy Loan Program Turning a Profit.« *NPR*. Abgerufen am 20. August 2015. http://www.npr.org/2014/11/13/363572151/after-solyndra-loss-u-s-energy-loan-program-turning-a-profit.

Brand, Stewart. *How Buildings Learn: What Happens After They're Built*. New York: Penguin, 1994.

Brandt, Anthony. »Why Minds Need Art«. TEDx Houston. November 3, 2012. Abgerufen am 17. Mai 2016. http://tedxtalks.ted.com/video/Anthony-Brandt-at-TEDxHouston-2.

Bressler, Steven L. und Vinod Menon. »Large-scale Brain Networks in Cognition: Emerging Methods and Principles.« *Trends in Cognitive Sciences* 14/6 (2010), S. 277-290.

Bronson, Po und Ashley Merryman. »The Creativity Crisis«. *Newsweek*. 10. Juli 2010. Abgerufen am 10. Mai 2014. http://www.newsweek.com/creativity-crisis-74665.

Brookshire, Bethany. »Attitude, Not Aptitude, May Contribute to the Gender Gap«. *Sci-*

ence News. 15. Januar 2015. Abgerufen am 11. Mai 2016. https://www.sciencenews.org/blog/scicurious/attitude-not-aptitude-may-contribute-gender-gap.

Buckner, Randy L. und Fenna M. Krienen. »The Evolution of Distributed Association Networks in the Human Brain«. *Trends in Cognitive Sciences* 17/12 (2013), S. 648-662. Abgerufen am 5. Mai 2016. https://doi.org/doi:10.1016/j.tics.2013.09.017.

»Burbank Time Capsule Revisited«. *Los Angeles Times*. 17. März, 2009. Abgerufen am 11. Mai 2016. http://latimesblogs.latimes.com/thedailymirror/2009/03/burbank-time-ca.html.

Burleigh, H. T. *The Spirituals: High Voice*. Melville, NY: Belwin-Mills, 1984.

»The Buxton Collection«, Microsoft Corporation, Abgerufen am 5. Mai 2016, http://research.microsoft.com/enus/um/people/bibuxton/buxtoncollection.

Byrnes, W. Malcolm und William R. Eckberg. »Ernest Everet Just (1883–1941) – An Early Ecological Developmental Biologist«. *Developmental Biology* 296 (2006), S. 1-11. https://doi.org/doi:10.1016/j.ydbio.2006.04.445.

Cage, John. *Silence: Lectures and Writings*. Middletown: Wesleyan University Press, 1961.

»Capitalizing on Complexity: Insights from the Global Chief Executive Officer Study«, IBM Institute for Business Value, Mai 2010, Abgerufen am 17. Mai 2016, http://www-01.ibm.com/common/ssi/cgibin/ssialias?subtype=XB&infotype=PM&appname=GBSE_GB_TI_USEN&htmlfid=GBE03297USEN&attachment=GBE03297USEN.PDF.

Carlssohn, Mikael. »Women in Film Music, or How Hollywood Learned to Hire Female Composers for (at Least) Some of Their Movies«. *IAWM Journal* 11/2 (2005), S. 16-19.

Carrington, Damian. »Da Vinci's Parachute Flies.« BBC News. 27. Juni 2000. Abgerufen am 21. August 2015. http://news.bbc.co.uk/2/hi/science/nature/808246.stm.

Carver, George Washington und Gary R. Kremer. *George Washington Carver in His Own Words*. Columbia: University of Missouri Press, 1987.

Catterall, James S., Susan A. Dumais und Gillian Harden-Thompson. *The Arts and Achievement in At-Risk Youth: Findings from Four Longitudinal Studies*. Washington: National Endowment for the Arts, 2012.

Chanin, A. L., »Les Demoiselles de Picasso«, *New York Times*, 18. August 1957, S. 9.

Chi, Tom. »Rapid Prototyping Google Glass«. TED-Ed. 17. November 2012. Abgerufen am 17. Mai 2016. http://ed.ted.com/lessons/rapid-prototyping-google-glass-tom-chi#watch.

Chin, Andrea. »Ai Weiwei Straightens 150 Tons of Steel Rebar from Sichuan Quake«. *Designboom*. 4. Juni 2013. Abgerufen am 11. Mai 2016. http://www.designboom.com/art/ai-weiwei-straightens-150-tons-of-steel-rebar-from-sichuan-quake.

Cho, Yun Sun u. a. »The Tiger Genome and Comparative Analysis with Lion and Snow Leopard Genomes«. *Nature Communications* 4 (2013). https://doi.org/doi:10.1038/ncomms3433.

Chris. »Words That Have Changed Their Meanings Over Time«. Fluent Focus English Blog. 25. September 2014. http://fluentfocus.com/english-words-that-have-changed-their-meanings.

Christensen, Clayton M. und Derek van Bever. »The Capitalist's Dilemma«. *Harvard Business Review*. Juni 2014. Abgerufen am 18. Juni 2014. https://hbr.org/2014/06/the-capitalists-dilemma.

Christgau, Robert. *Grown up All Wrong: 75 Great Rock and Pop Artists from Vaudeville to Techno*. Cambridge, MA: Harvard University Press, 1998.

Chukovskaia, Lydia, Peter Norman und Anna Andreevna Akhmatova. *The Akhmatova Journals 1938–41*. London: Harvill, 1994.

Church, George M. und Edward Regis. *Regenesis: How Synthetic Biology Will Reinvent Nature and Ourselves*. New York: Basic Books, 2012.

Cichon, Steve. »Everything From This 1991 Radio Shack Ad You Can Now Do With Your Phone.« *Huffington Post*. Abgerufen am 18. August 2015. http://www.huffingtonpost.com/steve-cichon/radioshack-ad_b_4612973.html.

Cimons, Marlene. »New in Rescue Robots: Survivor Buddy«. *US News and World Report*. 2. Juni 2010. Abgerufen am 17. Mai 2016. http://www.usnews.com/science/articles/2010/06/02/new-in-rescue-robots-survivor-buddy.

Cohn, William E., Jo Anna Winkler, Steven Parnis, Gil G. Costas, Sarah Beathard, Jeff Conger und O. H.Frazier. »Ninety-Day Survival of a Calf Implanted with a Continuous-Flow Total Artificial Heart.« *ASAIO Journal* 60/1 (2014), S. 15-18.

Cole, David John, Eve Browning und Fred E. H. Schroeder. *Encyclopedia of Modern Everyday Inventions*. Westport, CT: Greenwood Press, 2002.

Cole, Simon A. »Which Came First, the Fossil or the Fuel?« *Social Studies of Science* 26/4 (1996), S. 733.

Connor, George Alan, Doris Tappan Connor, William Solzbacher und J. B. Se-Tsien Kao. *Esperanto, the World Interlanguage*. South Brunswick: T. Yoseloff, 1966.

Connor, James A. *The Last Judgment: Michelangelo and the Death of the Renaissance*. New York, NY: Palgrave Macmillan, 2009.

Cook, Gareth. »The Singular Mind of Terry Tao.« *New York Times*. 25. Juli 2015. Abgerufen am 21. August 2015. http://www.nytimes.com/2015/07/26/magazine/the-singular-mind-of-terry-tao.html.

Cooper, James Fenimore. *The Pioneers*. Boone, IA: Library of America, 1985. Deutsche Ausgabe: *Die Ansiedler an den Quellen des Susquehanna*. Übers. v. Carl Kolb. Stuttgart: Samuel Gottlieb Liesching Verlag, 1842.

Cooper, Patricia M., Karen Capo, Bernie Mathes und Lincoln Gray. »One Authentic Early Literacy Practice and Three Standardized Tests: Can a Storytelling Curriculum Measure Up?« *Journal of Early Childhood Teacher Education* 28/3 (2007), S. 251-275. https://doi.org/doi:10.1080/10901020701555564.

Cousins, Mark. *The Story of Film*. New York: Thunder's Mouth Press, 2004.

Cramond, Bonnie, Juanita Matthews-Morgan, Deborah Bandalos und Li Zuo. »A Report on the 40-Year Follow-Up of the Torrance Tests of Creative Thinking: Alive and Well in the New Millenium«. *Gifted Child Quarterly* 49/4 (2005), S. 283-291.

Creative Partnerships: »Changing Young Lives. Creativity, Culture, and Education«. Newcastle Upon Tyne, 2012. Abgerufen am 5. April 2015. http://www.creativityculture education.org/wpcontent/uploads/Changing-Young-Lives-2012.pdf.

Crispino, Enrica. *Leonardo: Arte e Scienza*. Florenz: Giunti, 2000.

Csikszentmihalyi, Mihaly. *Kreativität: Wie Sie das Unmögliche schaffen und Ihre Grenzen überwinden*. Stuttgart: Klett-Cotta, 1997.

Cummings, E.E. *Complete Poems 1904–1962*. New York, Liveright, 2016.

Cummings, E.E. *Like a Perhaps Hand: Poems. Gedichte*, übers. v. Lars Vollert, München: Beck, 2013.

Curtin, Joseph. »Innovation in Violinmaking.« Joseph Curtin Studios. Juli 1998. Abgerufen am 18. Juli 2015. http://josephcurtinstudios.com/article/innovation-in-violinmaking.

Curtis, Gregory. *The Cave Painters: Probing the Mysteries of the First Artists*. New York: Knopf, 2006.

Dale, R. C. »Two New Tatis«. *Film Quarterly* 26/2 (1972), S. 30-33. https://doi.org/doi:10.2307/1211316.

Dalzell, Frederick. *Engineering Invention: Frank J. Sprague and the U.S. Electrical Industry.* Cambridge, MA: MIT Press, 2010.

Davidson, Gail. »The Future of Television«. Cooper Hewitt. 16. August, 2015. Abgerufen am 11. Mai 2016. http://www.cooperhewitt.org/2015/08/16/the-future-of-television.

Dawkins, Richard. »The Descent of Edward Wilson.« *Prospect Magazine*. Juni 2012. Abgerufen am 18. Juli 2015. http://www.prospectmagazine.co.uk/science-and-technology/edward-wilson-social-conquest-earth-evolutionary-errors-origin-species.

Delaplaine, Andrew. *Thomas Edison: His Essential Quotations*. New York: Gramercy Park, 2015.

Dew, Nicholas, Saras Sarasvathy und Sankaran Venkataraman. »The Economic Implications of Exaptation«. *SSRN Electronic Journal* (2003). Abgerufen am 14. September 2014. https://doi.org/doi:10.2139/ssrn.348060.

Diamond, Adele. »The Evidence Base for Improving School Outcomes by Addressing the Whole Child and by Addressing Skills and Attitudes, Not Just Content.« *Early Education & Development* 21/5 (2010), S. 780-793. https://doi.org/doi:10.1080/10409289.2010.514522.

Diamond, Adele. »Want to Optimize Executive Functions and Academic Outcomes? Simple, Just Nourish the Human Spirit.« *Minnesota Symposia on Child Psychology Developing Cognitive Control Processes: Mechanisms, Implications, and Interventions*, 2013, S. 203-230.

Dick, Philip K. *The Man in the High Castle*. New York: Vintage Books, 1992. Deutsche Ausgabe: *Das Orakel vom Berge*. München: König, 1973.

Dickens, Charles. *David Copperfield*. Hertfordshire: Wordsworth Editions Ltd., 2000.

Dickens, Charles und Peter Rowland. *My Early Times*. London: Aurum Press, 1997.

Dietrich, Arne. *How Creativity Happens in the Brain*. New York: Palgrave Macmillan, 2015.

Dougherty, Dale und Ariane Conrad. *Free to Make: How the Maker Movement is Changing Our Schools, Our Jobs, and Our Minds*. Berkeley: North Atlantic Books, 2016.

Doyle, Arthur Conan. *Sherlock Holmes: The Complete Novels and Stories*. New York: Bantam, 1986.

Dweck, Carol S. *Selbstbild: Wie unser Denken Erfolge oder Niederlagen bewirkt*. Frankfurt: Campus, 2007.

Dyson, James. »No Innovator's Dilemma Here: In Praise of Failure.« *Wired*. 8. April 2011. Abgerufen am 21. August 2015. http://www.wired.com/2011/04/in-praise-of-failure.

Eagleman, David. *The Brain: Die Geschichte von dir*. München: Pantheon, 2017.

Eagleman, David. *Inkognito: Die geheimen Eigenleben unseres Gehirns*. Frankfurt: Campus, 2011.

Eagleman, David. »Visual Illusions and Neurobiology«. *Nature Reviews Neuroscience* 2/12 (2001), S. 920.

Eagleman, David, Cristophe Person und P. Read Montague. »A Computational Role for Dopamine Delivery in Human Decision-Making«. *Journal of Cognitive Neuroscience* 10/5 (1998), S. 623-630.

Ebert, Roger. »Psycho«. RogerEbert.com. 6. Dezember 1998. Abgerufen am 21. August 2015. http://www.rogerebert.com/reviews/psycho-1998.

Edison, Thomas A. »The Phonograph and Its Future.« *Scientific American* 5/124 (1878), S. 1973-1974. https://doi.org/doi:10.1038/scientificamerican05181878-1973supp.

Eitan, Zohar und Renee Timmers. »Beethoven's last piano sonata and those who follow crocodiles: Cross-domain mappings of pitch in a musical context«. *Cognition* 114 (2010), S. 405-422.

Ekserdjian, David. *Bronze*. London: Royal Academy of Arts, 2012.

Ekserdjian, David. *Bronze. Gesammelte Gedichte 1909–1962*. Frankfurt: Suhrkamp, 1972.

Ellingsen, Eric. »Designing Buildings, Using Biology: Today's Architects Turn to Biology More than Ever. Here's Why.« *The Scientist Magazine*. 27. Juli 2007. Abgerufen am 17. Mai 2016. http://www.thescientist.com/?articles.view/articleNo/25290/title/Designing-buildings-using-biology.

Eliot, T. S. »Tradition and the Individual Talent.« In: *The Sacred Wood: Essays on Poetry and Criticism*. New York: Knopf, 1921. Deutsche Ausgabe: »Tradition und individuelle Begabung«. In: *Essays: Dichter und Dichtung*. Frankfurt: Suhrkamp, 1958.

Eliot, T. S. *Selected Poems*. London: Faber & Faber, 2015.

Ermenc, Joseph J. »The Great Languedoc Canal«. *French Review* 34/5 (1961), S. 456.

Eugenios, Jillian. »Lowe's Channels Science Fiction in New Holoroom«. *CNN*. 12. Juni 2014. Abgerufen am 11. Mai 2016. http://money.cnn.com/2014/06/12/technology/innovation/lowes-holoroom.

Fauconnier, Gilles und Mark Turner. *The Way We Think: Conceptual Blending and the Mind's Hidden Complexities*. New York: Basic Books, 2002.

Fayard, Anne-Laure und John Weeks. »Who Moved My Cube?« *Harvard Business Review*. Juli 2011. Abgerufen am 11. Mai 2016. https://hbr.org/2011/07/who-moved-my-cube.

Feldman, Morton. »The Anxiety of Art«. In: *Give My Regards to Eighth Street: Collected Writings of Morton Feldman*. Cambridge, MA: Exact Change, 2000.

Feynman, Richard P. »New Textbooks for the ›New‹ Mathematics«. *Engineering and Science* 28/6 (1965), S. 9-15.

Fisher, David. *Tube: The Invention of Television*. New York: Harcourt Brace, 1996.

Florida, Richard. »Bohemia and Economic Geography.« *Journal of Economic Geography* 2 (2002), S. 55–71. https://doi.org/doi:10.1093/jeg/2.1.55.

Foege, Alec. *The Tinkerers: The Amateurs, DIYers, and Inventors Who Make America Great*. New York: Basic Books, 2013.

»›Forget the Free Food and Drinks – the Workplace is Awful:‹ Facebook Employees Reveal the ›Best Placeto Work in Tech‹ Can be a Soul-Destroying Grind Like Any Other«. *Daily Mail*. 3. September 2013. Abgerufen am 11. Mai 2016. http://dailymail.co.uk/news/article-2410298.

Forster, John. *The Life of Charles Dickens*. London & Toronto: J. M. Dent & Sons, 1927.

Forsyth, Mark. *The Etymologicon: A Circular Stroll through the Hidden Connections of the English Language*. New York: Berkley Books, 2012.

Fountain, Henry. »At the Printer, Living Tissue«. *New York Times*. 18. August 2013. Abgerufen am 5. Mai 2016, http://www.nytimes.com/2013/08/20/science/next-out-of-the-printer-living-tissue.html.

Frankel, Henry R. *The Continental Drift Controversy.* Cambridge: Cambridge University Press, 2012.

Fraser, Colin. *Harry Ferguson: Inventor & Pioneer*. Ipswich: Old Pond Publishing, 1972.

Frazier, O. H., William E. Cohn, Egemen Tuzun, Jo Anna Winkler und Igor D. Gregoric. »Continuous-Flow Total Artificial Heart Supports Long-Term Survival of a Calf«. *Texas Heart Institute Journal* 36/6 (2009), S. 568-574.

Franklyn, Julian. *A Dictionary of Rhyming Slang*, London: Routledge, 1991.

Freeman, Allyn und Bob Golden. *Why Didn't I Think of That?: Bizarre Origins of Ingenious Inventions We Couldn't Live without.* New York: John Wiley, 1997.

Fritz, C., J. Curtin, J. Poitevineau, P. Morrel-Samuels und F.-C. Tao. »Player Preferences among New and Old Violins.« *Proceedings of the National Academy of Sciences* 109/3 (2012), S. 760-763.

Fromkin, David. *The Way of the World: From the Dawn of Civilizations to the Eve of the Twenty-first Century*. New York: Knopf, 1999.

Galluzzi, Paolo. *The Mind of Leonardo: The Universal Genius at Work.* Florenz: Giunti, 2006.

García Márquez, Gabriel. *Leben, um davon zu erzählen.* Übers. v. Dagmar Ploetz. Köln: Kiepenheuer und Witsch, 2002.

Gardner, David P. u. a. *A Nation at Risk: The Imperative for Educational Reform. An Open Letter to theAmerican People. A Report to the Nation and the Secretary of Education.* Washington: National Commission of Excellence in Education, 1983.

Gardner, Howard und David N. Perkins. *Art, Mind, and Education: Research from Project Zero.* Urbana: University of Illinois Press, 1989.

Gardner, Howard. *Art, Mind, and Brain: A Cognitive Approach to Creativity.* New York: Basic Books, 1982.

Gardner, Howard. *The Unschooled Mind: How Children Think and How Schools Should Teach.* New York: BasicBooks, 1991.

Gauguin, Paul. *Oviri, Écrits d'un sauvage.* Paris: Gallimard, 1989.

Gazzaniga, Michael S. *Human: The Science Behind What Makes Us Unique.* New York: Ecco, 2008.

Geim, A. K. und K. S. Novoselov. »The Rise of Graphene.« *Nature Materials* 6/3 (2007), S. 183-191.

Gelb, Michael J. *Das Leonardo-Prinzip: Die sieben Schritte zum Erfolg.* Köln: VGS, 1998.

Gertner, Jon. *The Idea Factory: Bell Labs and the Great Age of American Innovation.* New York: Penguin Press, 2012.

Giovannini, Daniel, Jacquiline Romero, Václav Potoček, Gergely Ferenczi, Fiona Speirits, Stephen M. Barnett, Daniele Faccio und Miles J. Padgett. »Spatially Structured Photons that Travel in Free Space Slower than the Speed of Light.« *Science* 347/6224 (2015), S. 857-860. https://doi.org/doi:10.1126/science.aaa3035.

Gjerdingen, Robert. »Partimenti Written to Impart a Knowledge of Counterpoint and Composition.« In: *Partimento and Continuo Playing in Theory and in Practice.* Hrg. v. Dirk Moelants und Kathleen Snyers. Leuven: Löwen University Press, 2010.

Gladwell, Malcolm. »Creation Myth«. *New Yorker*. 16. Mai 2011. Abgerufen am 11. Mai 2016. http://www.newyorker.com/magazine/2011/05/16/creation-myth.

Gleick, James. *Richard Feynman: Leben und Werk des genialen Physikers*. München: Droemer Knaur, 1993.

Gogh, Vincent van. *Sämtliche Briefe*. Bornheim-Merten: Lamuv-Verlag, 1985.

Gold, H. L. »Ready, Aim – Extrapolate!« *Galaxy Science Fiction*. Mai 1954.

Göncü, Artin und Suzanne Gaskins. *Play and Development: Evolutionary, Sociocultural, and Functional Perspectives*. Mahwah, NJ: Lawrence Erlbaum, 2007.

Gordon, J. E. *The New Science of Strong Materials, Or, Why You Don't Fall Through the Floor*. Princeton, NJ: Princeton University Press, 1984.

Gottschall, Jonathan. *The Storytelling Animal: How Stories Make Us Human*. New York: Mariner Books, 2012.

Gray, Peter. »As Children's Freedom Has Declined, So Has Their Creativity«. *Psychology Today*. 17. September 2012. Abgerufen am 27. April 2014. http://www.psychologytoday.com/blog/freedomlearn/201209/children-s-freedom-has-declined-so-has-their-creativity.

Greenblatt, Stephen. *The Norton Anthology of English Literature*. Vol. B. New York: W. W. Norton, 2012.

Greene, Maxine. *Releasing the Imagination: Essays on Education, the Arts, and Social Change*. San Francisco: Jossey-Bass Publishers, 1995.

Greene, Maxine. *Variations on a Blue Guitar: The Lincoln Center Institute Lectures on Aesthetic Education*. New York: Teachers College Press, 2001.

Grimes, Anthony, David N. Breslauer, Maureen Long, Jonathan Pegan, Luke P. Lee und Michelle Khine. »Shrinky-Dink Microfluidics: Rapid Generation of Deep and Rounded Patterns.« *Lab Chip* 8/1 (2008), S. 170-172.

Gross, Daniel. »Another Casualty of the Department of Energy's Loan Program Is Making a Comeback.« *Slate*. 8. August 2014. Abgerufen am 20. August 2015. http://www.slate.com/articles/business/the_juice/2014/08/beacon_power_the_department_of_energy_loan_recipient_is_making_a_comeback.html.

Halevy, Alon, Peter Norvig und Fernando Pereira. »The Unreasonable Effectiveness of Data.« *IEEE Intelligent Systems* 24/2 (2009), S. 8-12.

Hall, Marcia B. *Michelangelo's Last Judgment*. Cambridge: Cambridge University Press, 2005.

Hall, Mimi. »Sci-fi writers join war on terror«. *USA Today*. 31. Mai 2007. Abgerufen am 11. Mai 2016. http://usatoday30.usatoday.com/tech/science/2007-05-29-deviant-thinkers-security_N.htm.

Hardus, Madeleine E., Adriano R. Lameira, Carel P. Van Schaik und Serge A. Wich. »Tool Use in Wild Orangutans Modifies Sound Production: A Functionally Deceptive Innovation?« *Proceedings of the Royal Society* B 276/1673 (2009), S. 3689-3694. https://doi.org/doi:10.1098/rspb.2009.1027.

Hardy, Quentin. »The Robotics Inventors Who Are Trying to Take the ›Hard‹ Out of Hardware.« *The New York Times*, 14. April 2015.

Hargadon, Andrew. *How Breakthroughs Happen: The Surprising Truth About How Companies Innovate*. Boston, MA: Harvard Business School Press, 2003.

Harnisch, Larry. »Burbank Time Capsule Revisited.« *Los Angeles Times*. 17. März 2009.

Abgerufen am 18. Juli 2015. http://latimesblogs.latimes.com/thedailymirror/2009/03/burbank-time-ca.html.

Hathaway, Ian und Robert Litan. »The Other Aging of America: The Increasing Dominance of Older Firms«. The Brookings Institution. Juli 2014. Abgerufen am 17. Mai 2016. https://www.brookings.edu/research/the-other-aging-of-america-the-increasing-dominance-of-older-firms.

Hedstrom-Page, Deborah. *From Telegraph to Light Bulb with Thomas Edison*. Nashville: B&H Publishing Group, 2007.

Hemingway, Ernest. *A Farewell to Arms*. The Hemingway Library Edition. New York: Scribner, 2012. Deutsche Ausgabe: *In einem andern Land*. Übers. v. Annemarie Horschitz. Berlin: E. Rowohlt, 1930.

Henrich, Joseph, Seven J. Heine und Ara Norenzayan. »The Weirdest People in the World?« *Behavioral and Brain Sciences* 33 (2010), S. 61-135. https://doi.org/doi:10.1017/S0140525X0999152X.

Hickey, Maud. *Music outside the Lines: Ideas for Composing in K-12 Music Classrooms*. Oxford: Oxford University Press, 2012.

Hilmes, Michele. *Hollywood and Broadcasting: From Radio to Cable*. Urbana: University of Illinois Press, 1990.

Hiltzik, Michael A. *Dealers of Lightning: Xerox PARC and the Dawn of the Computer Age*. New York: HarperCollins, 2000.

Hofstadter, Douglas R. und Emmanuel Sander. *Surfaces and Essences: Analogy as the Fuel and Fire of Thinking*. New York: Basic Books, 2013.

Holt, Rackham. *George Washington Carver: An American Biography*. Garden City, NY: Doubleday, 1943.

Horgan, John und Jack Lorenzo. *The End of Science: Facing the Limits of Knowledge in the Twilight of the Scientific Age*. New York: Basic Books, 2015.

»How Companies Incentivize Innovation«. SIT. Mai 2013. Abgerufen am 11. Mai 2016. http://www.innovationinpractice.com/How%20Companies%20Incentivize%20Innovation%20E-version%20May%202013.pdf.

Hughes, Jonnie. *On the Origin of Tepees: The Evolution of Ideas (and Ourselves)*. New York: Free Press, 2011.

Hughes, Robert. »Art: Ku Klux Komix«. *Time*. 9. November 1970. Abgerufen am 14. Juli 2014. http://content.time.com/time/magazine/article/0,9171,943281,00.html.

Hughes, Robert. »Art: Reflections in a Bloodshot Eye«. *Time*. 3. August 1981. Abgerufen am 14. Juli 2014. http://content.time.com/time/magazine/article/0,9171,949302-2,00.html.

Ilin, Andrew V., Leonard D. Cassady, Tim W. Glover und Franklin R. Chang Diaz. »VASIMR® Human Mission to Mars«. Vortrag im Space, Propulsion and Energy Sciences International Forum, College Park, MD, 15.–17. März 2011.

Illy, József. *The Practical Einstein: Experiments, Patents, Inventions*. Baltimore: Johns Hopkins University Press, 2012.

Israel, Paul. *Edison: A Life of Invention*. New York: John Wiley, 1998.

Jakab, Peter L. und Rick Young. *The Published Writings of Wilbur & Orville Wright*. Washington, DC: Smithsonian Books, 2000.

Janson, S., M. Middendorf und M. Beekman. »Searching for a New Home – Scouting Behavior of HoneybeeSwarms.« *Behavioral Ecology* 18/2 (2006), S. 384-392.

Johnson, George. »Quantum Leaps: ›Einstein's Jewish Science,‹ by Steven Gimbel«. *New York Times*. 3. August 2012. Abgerufen am 11. Mai 2016. http://www.nytimes.com/2012/08/05/books/review/einsteins-jewish-science-by-steven-gimbel.html.

Johnson, Steven. *Die Erfindung der Zukunft: Sechs Innovationen, die die Welt veränderten*. Berlin: Springer, 2016.

Johnson, Steven. *Wo gute Ideen herkommen: Eine kurze Geschichte der Innovation*. Bad Vilbel: Scoventa, 2013.

Johnson, Todd. »How Composites and Carbon Fiber Are Used«. Abgerufen am 28. Dezember 2014. http://composite.about.com/od/aboutcarbon/a/Boeings-787-Dreamliner.htm.

Jones, Kent. »Playtime.« RSS. 3. Juni 2001. Abgerufen am 21. August 2015. http://www.criterion.com/current/posts/115-playtime.

Jones, Robert P., Daniel Cox, E. J. Dionne, Jr., William A. Galston, Betsy Cooper und Rachel Lienesch. *How Immigration and Concerns About Cultural Change Are Shaping the 2016 Election*. Washington, DC: Public Religion Research Institute, 2016.

Kahn, Robert S. *Beethoven and the Grosse Fuge: Music, Meaning, and Beethoven's Most Difficult Work*. Lanham, MD: Scarecrow Press, 2010.

Kaplan, Fred. »›WarGames‹ and Cyber Security's Debt to a Hollywood Hack«. *New York Times*. 19. Februar 2016. Abgerufen am 11. Mai 2016. http://www.nytimes.com/2016/02/21/movies/wargames-and-cybersecuritys-debt-to-a-hollywood-hack.html.

Kaplan, Robert. *Die Geschichte der Null*. Frankfurt: Campus, 2000.

Kardos, J. L. »Critical Issues In Achieving Desirable Mechanical Properties for Short Fiber Composites«. *Pure and Applied Chemistry* 57/11 (1985), S. 1651-1657.

Karpman, Ben. »Ernest Everett Just«. *Phylon* 4/2 (1943), S. 159-163. Abgerufen am 19. Mai 2014. http://www.jstor.org/stable/271888.

Karve, Aneesh. »Sixteen Techniques for Innovation (And Counting)«. *Visual Magnetic*. 8. Mai 2010. Abgerufen am 21. Juli 2014. http://www.visualmagnetic.com/2010/05/forms-of-innovation.

Kaufman, Allison B., Allen E. Butt, James C. Kaufman und Erin M. Colbert-White. »Towards a Neurobiology of Creativity in Nonhuman Animals«. *Journal of Comparative Psychology* 125/255-72. https://doi.org/doi:10.1037/a0023147.

Kelley, Tom. *Das IDEO-Innovationsbuch: Wie Unternehmen auf neue Ideen kommen*. München: Econ, 2002.

Kemp, Martin. *Leonardo Da Vinci: Experience, Experiment and Design*. Princeton: Princeton University Press, 2006.

Kennedy, Pagan. *Inventology: How We Dream Up Things That Change the World*. New York: Houghton Mifflin Harcourt, 2016.

Kerntopf, Paweł, Radomir Stanković, Alexis De Vos und Jaakko Astola. »Early Pioneers in Reversible Computation«. Japan: Research Group on Multiple-Valued Logic, 2014. Abgerufen am 21. August 2014. http://cela.ugent.be/catalog/pug01:4400338.

Keynes, John Maynard. »Economic Possibilities for Our Grandchildren«. In: *Essays in Persuasion*. New York: Norton, 1963.

Kim, Kyung Hee. »The Creativity Crisis: The Decrease in Creative Thinking Scores on the Torrance Tests of Creative Thinking.« *Creativity Research Journal* 23/4 (2011), S. 285-295.

Kim, Sangbae, Cecilia Laschi und Barry Trimmer. »Soft Robotics: A Bioinspired Evolution in Robotics.« *Trends in Biotechnology* 31/5 (2013), S. 287-294.

King, Martin Luther. *Why We Can't Wait.* New York: Signet Classics, 2000.

Klein, Maury. *The Power Makers: Steam, Electricity, and the Men Who Invented Modern America.* New York: Bloomsbury Press, 2008.

Klemens, Guy. *The Cellphone: The History and Technology of the Gadget That Changed the World.* Jefferson, NC: McFarland, 2010.

Kleon, Austin. *Newspaper Blackout.* New York: Harper Perennial, 2010.

Koch, Christof. »Keep it in Mind«. *Scientific American.* Mai 2014. S. 26-29.

Koestler, Arthur. *Der göttliche Funke: Der schöpferische Akt in Kunst und Wissenschaft.* München: Scherz, 1966.

Konnikova, Maria. »The Open-Office Trap«. *New Yorker.* 7. Januar 2014.

Kowatari, Yasuyuki, Seung Hee Lee, Hiromi Yamamura und Miyuki Yamamoto. »Neural Networks Involved in Artistic Creativity«. *Human Brain Mapping* 30/5 (2009), S. 1678-1690. https://doi.org/doi:10.1002/hbm.20633.

Kramer, Hilton. »A Mandarin Pretending to be a Stumblebum«. *New York Times.* 25. Oktober 1970.

Kranz, Gene. *Failure Is Not an Option: Mission Control from Mercury to Apollo 13 and Beyond.* New York: Simon & Schuster, 2000.

Kremer, Gary R. *George Washington Carver: A Biography.* Santa Barbara, CA: Greenwood, 2011.

Kryza, Frank. *The Power of Light: The Epic Story of Man's Quest to Harness the Sun.* New York: McGraw-Hill, 2003.

Kundera, Milan. *Der Vorhang.* Übers. v. Uli Aumüller. München: Hanser, 2005.

Kurzweil, Ray. *Die Intelligenz der Evolution: Wenn Mensch und Computer verschmelzen.* Köln: Kiepenheuer & Witsch, 2016.

Lakhani, Karim R. und Jill A. Panetta. »The Principles of Distributed Innovation.« *Innovations: Technology, Governance, Globalization* 2/3 (2007), S. 97-112.

Lakhani, Karim R., Lars Bo Jeppesen, Peter A. Lohse und Jill A. Panetta. »The Value of Openness in Scientific Problem Solving.« *Harvard Business School Working Paper,* Januar 2007. http://www.hbs.edu/faculty/Publication%20Files/07-050.pdf.

LaMore, Rex, Robert Root-Bernstein, Michele Root-Bernstein, John H. Schweitzer, James L. Lawton, Eileen Roraback, Amber Peruski, Amber VanDyke und Laleah Fernandez. »Arts and Crafts: Critical toEconomic Innovation«. *Economic Development Quarterly* 27/3 (2013), S. 221-229. https://doi.org/doi:10.1177/0891242413486186.

»Latest HSSSE Results Show Familiar Theme: Bored, Disconnected Students Want More from Schools«. Indiana University. 8. Juni 2010. Abgerufen am 21. August 2015. http://newsinfo.iu.edu/news-archive/14593.html.

Lawson, Bryan. *How Designers Think: The Design Process Demystified.* New York: Architectural Press, 2005.

Lazaris, A., S. Arcidiacono, Y. Huang, J. Zhou, F. Duguay, N. Chretien, E. Welsh, J. Soares und C. Karatzas. »Spider Silk Fibers Spun from Soluble Recombinant Silk Produced in Mammalian Cells.« *Science* 295/5554 (2002), S. 472–476. https://doi.org/doi:10.1126/science.1065780.

Leggett, Hadley. »One Million Spiders Make Golden Silk for Rare Cloth.« *Wired.* 23. September 2009. Abgerufen am 21. August 2015. http://www.wired.com/2009/09/spider-silk.

Lehmann, Laurent, Laurent Keller, Stuart West und Denis Roze. »Group Selection and Kin Selection: Two Concepts but One Process«. *Proceedings of the National Academy of Sciences* 104/16 (2007), S. 6736-6739. https://doi.org/doi:10.1073/pnas.0700662104.

Lehrer, Jonah. »Groupthink: The Brainstorming Myth«. *New Yorker*, 30. Januar 2012.

Lemonick, Michael D. *The Perpetual Now: A Story of Love, Amnesia, and Memory*. New York: Doubleday, 2017.

Levinson, Paul. *Cellphone: The Story of the World's Most Mobile Medium and How It Has Transformed Everything!* New York, NY: Palgrave Macmillan, 2004.

Liang, Z. S., T. Nguyen, H. R. Mattila, S. L. Rodriguez-Zas, T. D. Seeley und G. E. Robinson. »Molecular Determinants of Scouting Behavior in Honey Bees.« *Science* 335/6073 (2012), S. 1225-1228.

Lieberman, Daniel. *Unser Körper: Geschichte, Gegenwart, Zukunft*. Frankfurt: Fischer, 2015.

Lieff, John. »Neuronal Connections and the Mind, the Connectome«. Searching for the Mind with John Lieff, M.D. 29. Mai 2012. Abgerufen am 18. Juli 2015. http://jonlieffmd.com/blog/neuronal-connections-and-the-mind-the-connectome.

Lienhard, John H. *How Invention Begins: Echoes of Old Voices in the Rise of New Machines*. Oxford: Oxford University Press, 2006.

Lienhard, John H. *Inventing Modern: Growing up with X-rays, Skyscrapers, and Tailfins*. New York: Oxford University Press, 2003.

Lillard, Angeline und Nicole Else-Quest. »Evaluating Montessori Education«. *Science* 313 (2006). Abgerufen am Januar 25, 2013. https://doi.org/doi:10.1126/science.1132362.

Limb, Charles J. und Allen R. Braun. »Neural Substrates of Spontaneous Musical Performance: An fMRIStudy of Jazz Improvisation«. *PLoS ONE* 3/2 (2008). Abgerufen am 10. Mai 2014. https://doi.org/doi:10.1371/journal.pone.0001679.

Liu, David. »Is Education Killing Creativity in the New Economy?« *Fast Company*. 26. April 2013. Abgerufen am 27. April 2014. http://www.fastcompany.com/3008800/education-killing-creativity-new-economy.

Lockhart, Paul. *A Mathematician's Lament*. New York, NY: Bellevue Literary Press, 2009.

Loewy, Raymond. *Never Leave Well Enough Alone*. Baltimore: Johns Hopkins University Press, 2002.

Lohr, Steve. »IBM's Design-Centered Strategy to Set Free the Squares«. *New York Times*. 14. November 2015. Abgerufen am 11. Mai 2016. http://www.nytimes.com/2015/11/15/business/ibms-design-centered-strategy-to-set-free-the-squares.html.

Longwell, Chester R. »Some Thoughts on the Evidence for Continental Drift«. *American Journal of Science* 242 (1944), S. 218-231.

Lovell, Jim und Jeffrey Kluger. *Apollo 13*. New York: Pocket Books, 1995.

Lowes, John Livingston. *The Road to Xanadu: A Study in the Ways of the Imagination*. Boston: Houghton Mifflin, 1927.

Lykken, David. »The Genetics of Genius«. In: *Genius and the Mind: Studies of Creativity and Temperament in the Historical Record*, hrg. v. A. Steptoe. Oxford: Oxford University Press, 1998.

Lysaker, John T. und William John Rossi. *Emerson and Thoreau: Figures of Friendship*. Bloomington: Indiana University Press, 2010.

MacCormack, Alan, Fiona Murray und Erika Wagner. »Spurring Innovation Through Competitions«. *MIT Sloan Management Review*. 17. September 2013. Abgerufen am 11. Mai 2016. http://sloanreview.mit.edu/article/spurring-innovation-through-competitions.

Madrigal, Alexis C. »The Crazy Old Gadgets That Presaged the IPod, IPhone and a Whole Lot More.« *Atlantic*. 11. Mai 2011. Abgerufen am 19. August 2015. http://www.theatlantic.com/technology/archive/2011/05/the-crazy-old-gadgets-that-presaged-theipod-iphone-and-a-whole-lot-more/238679.

Mahesh, G. T., Shenoy B. Satish, N. H. Padmaraj und K. N. Chethan. »Synthesis and Mechanical Characterization of Grewia Serrulata Short Natural Fiber Composites«. *International Journal of Current Engineering and Technology* (2014), S. 43-46. Abgerufen am 16. August 2014. https://doi.org/doi:10.14741/ijcet/spl.2.2014.09.

Mahon, Basil. *Oliver Heaviside: Maverick Mastermind of Electricity.* Stevenage: Institution of Engineering and Technology, 2009.

Malanowski, Susan. »Innovation Incentives: How Companies Foster Innovation«. Wilson Group. September 2007. Abgerufen am 11. Mai 2016. http://www.wilsongroup.com/wp-content/uploads/2011/03/InnovationIncentives.pdf.

Manzano, Örjan de, Simon Cervenka, Anke Karabanov, Lars Farde und Fredrik Ullén. »Thinking Outside A Less Intact Box: Thalamic Dopamine D2 Receptor Densities Are Negatively Related to Psychometric Creativity in Healthy Individuals.« *PLOS ONE* 5/5 (2010).

Markoff, John. »Microsoft Plumbs Ocean's Depths to Test Underwater Data Center«. *New York Times*. 31. Januar 2016. Abgerufen am 11. Mai 2016. http://www.nytimes.com/2016/02/01/technology/microsoft-plumbs-oceans-depths-to-test-underwater-data-center.html.

Markoff, John. »Xerox Seeks Erasable Form of Paper for Copiers«. *New York Times*. 27. November 2006. Abgerufen am 1. Februar 2016. http://www.nytimes.com/2006/11/27/technology/27xerox.html.

Martin, Rachel. »Biomimicry: From Adaptations to Inventions«. MathScience Innovation Center. Abgerufen am 10. Mai 2015. http://mathinscience.info/public/biomimicry_lesson_plan.htm.

Martindale, Colin. *The Clockwork Muse: The Predictability of Artistic Change*. New York, NY: Basic Books, 1990.

Mathur, Avantika, Suhas H. Vijayakumar, Bhismadev Chakrabarti und Nandini C. Singh. »Emotional Responses to Hindustani Raga Music: The Role of Musical Structure«. *Frontiers in Psychology* 6/513 (2015).

Mauk, Ben. »Last Blues for Blockbuster.« *New Yorker*. 8. November 2013. Abgerufen am 18. Juli 2015. http://www.newyorker.com/business/currency/last-blues-for-blockbuster.

May, Matthew E. *The Elegant Solution: Toyota's Formula for Mastering Innovation*. New York: Free Press, 2007.

Mayseless, Naama, Florina Uzefovsky, Idan Shalev, Richard P. Ebstein und Simone G. Shamay-Tsoory. »The Association between Creativity and 7R Polymorphism in the Dopamine Receptor D4 Gene (DRD4).« *Frontiers in Human Neuroscience* 7 (2013).

Maeda, John. »STEM + Art = STEAM«, *e STEAM Journal*: Bd. 1: Iss. 1, Artikel 34 (2013). http://scholarship.claremont.edu/steam/vol1/iss1/34.

McCoy, Roger M. *Ending in Ice: The Revolutionary Idea and Tragic Expedition of Alfred Wegener*. Oxford: Oxford University Press, 2006.

McCullough, David G. *The Wright Brothers*. New York: Simon and Schuster, 2015.
McElheny, Victor K. *Drawing the Map of Life: Inside the Human Genome Project*. New York: Basic Books, 2010.
McElheny, Victor K. *Insisting on the Impossible: The Life of Edwin Land*. Reading, MA: Perseus Books, 1998.
McNeil, Donald G., Jr. »Car Mechanic Dreams Up a Tool to Ease Births«. *New York Times*. 13. November 2013.
Mednick, Sarnoff A. »The Associative Basis of the Creative Process«. *Psychological Review* 69/3 (1962). https://doi.org/doi:10.1037/h0048850.
Millar, Garnet W. *The Torrance Kids at Mid-life: Selected Case Studies of Creative Behavior.* Westport, CT: Ablex, 2001.
Miller, Lucy. *Chamber Music: An Extensive Guide for Listeners*. Lanham: Rowman and Littlefield, 2015.
Miodownik, Mark. *Wunderstoffe: Zehn Materialien, die unsere Zivilisation ausmachen.* München: Deutsche Verlags-Anstalt, 2016.
Moffitt, Terrie E. u. a. »A Gradient of Childhood Self-Control Predicts Health, Wealth, and Public Safety«. *Proceedings of the National Academy of Sciences of the United States of America* 108/7 (2011), S. 2693-2698. https://doi.org/doi:10.1073/pnas.1010076108.
Montaigne, Michel de. *Gedanken und Meinungen über allerley Gegenstände.* Ins Teutsche übersetzt von Johann Joachim Christoph Bode. Wien: Franz Haas, 1797.
Moran, Seana, David Cropley und James C. Kaufman. »Neglect of Creativity in Education: A Moral Issue«. In *The Ethics of Creativity*. New York: Palgrave Macmillan, 2014.
Morimoto, Michael. *The Forging of a Japanese Katana*. Unveröffentlichte Dissertation. Colorado School of Mines, 2004.
Murphy, Robin, Dylan Shell, Amy Guerin, Brittany Duncan, Benjamin Fine, Kevin Pratt und Takis Zourntos. »A Midsummer Night's Dream (With Flying Robots)«. *Autonomous Robots* 30 (2011). https://doi.org/doi:10.1007/s10514-010-9210-3.
Nachmanovitch, Stephen. *Free Play: Kreativität geschehen lassen*. München: Barth, 2013.
Nazar, Jason. »Fourteen Famous Business Pivots«. *Forbes*. 8. Oktober 2013. Abgerufen am 11. Mai 2016. http://www.forbes.com/sites/jasonnazar/2013/10/08/14-famous-business-pivots/#885848d1fb94.
Ndiaye, Pap. *Nylon and Bombs: DuPont and the März of Modern America*. Baltimore: Johns Hopkins University Press, 2007.
Nemy, Enid. »Bobby Short, Icon of Manhattan Song and Style, Dies at 80«. *New York Times*. 21. März 2005. Abgerufen am 5. Mai 2016. http://www.nytimes.com/2005/03/21/arts/music/21cnd-short.html.
Neuroscience of Creativity, hrg. v. Oshin Vartanian, Adam S. Bristol und James C. Kaufman. Cambridge: MIT Press, 2013.
Newcomb, Alyssa. »SXSW 2015: Why Google Views Failure as a Good Thing«. *ABC News*. 17. März 2015. Abgerufen am 11. Mai 2016. http://abcnews.go.com/Technology/sxsw-2015-google-views-failure-good-thing/story?id=29705435.
»The Next-Generation Data Center: A Software Defined Environment Where Service Optimization Providesthe Path«. IBM Global Technology Services. Mai 2014. Abgerufen am 17. Mai 2016. http://bit.ly/N-GDCpaper.
Nicholl, Charles. *Leonardo da Vinci: Die Biografie*. Frankfurt: Fischer, 2006.

Nicholson, Judith A. »FCJ-030 Flash! Mobs in the Age of Mobile Connectivity«. *The Fibreculture Journal* 6 (2005). Abgerufen am 5. August 2014. http://six.fibreculturejournal.org/fcj-030-flash-mobs-in-the-age-of-mobile-connectivity.

Nielsen, Jared A., Brandon A. Zielinski, Michael A. Ferguson, Janet E. Lainhart und Jeffrey S. Anderson. »An Evaluation of the Left-Brain vs. Right-Brain Hypothesis with Resting State Functional Connectivity Magnetic Resonance Imaging«. *PLoS ONE* 8/8 (2013). https://doi.org/doi:10.1371/journal.pone.0071275.

»Noh and Kutiyattam – Treasures of World Cultural Heritage«, The Japan-India Traditional Performing Arts Exchange Project 2004, 26. Dezember 2004, Abgerufen am 21. August 2015, http://noh.manasvi.com/noh.html.

Norman, Donald A. *The Design of Everyday Things*. New York: Basic Books, 2013.

NOVA, »Andrew Wiles on Solving Fermat«. PBS. 1. November 2000. Abgerufen am 11. Mai 2016. http://www.pbs.org/wgbh/nova/physics/andrew-wiles-fermat.html.

Oates, Joyce Carol. »The Myth of the Isolated Artist.« *Psychology Today* 6, 1973, S. 74-75.

O'Bannon, Ricky. »By the Numbers: Female Composers«. Baltimore Symphony Orchestra. Abgerufen am 11. Mai 2016. https://www.bsomusic.org/stories/by-the-numbers-female-composers.aspx.

Oden, Maria, Yvette Mirabal, Marc Epstein und Rebecca Richards-Kortum. »Engaging Undergraduates to Solve Global Health Challenges: A New Approach Based on Bioengineering Design.« *Annals of Biomedical Engineering* 38/9 (2010), S. 3031-3041.

Okrent, Arika. *In the Land of Invented Languages: Esperanto Rock Stars, Klingon Poets, Loglan Lovers, and the Mad Dreamers Who Tried to Build a Perfect Language*. New York: Spiegel & Grau, 2009.

Oreskes, Naomi. *The Rejection of Continental Drift: Theory and Method in American Earth Science*. New York: Oxford University Press, 1999.

Orlean, Susan. »Thinking in the Rain.« *New Yorker*. 11. Februar 2008. Abgerufen am 19. August 2015. http://www.newyorker.com/magazine/2008/02/11/thinking-in-the-rain.

Osborn, Alex. *Applied Imagination*. Oxford: Scribner, 1953.

O'Shannessy, Carmel. »The Role of Multiple Sources in the Formation of an Innovative Auxiliary Category in Light Warlpiri, a New Australian Mixed Language.« *Language* 89/2 (2013), S. 328-353.

Overbye, Dennis. »Reaching for the Stars, Across 4.37 Light-Years«. *New York Times*. 12. April 2016, Abgerufen am 16. April 2016. http://www.nytimes.com/2016/04/13/science/alpha-centauri-breakthrough-starshot-yuri-milner-stephen-hawking.html.

Parker, Ian. »The Shape of Things to Come«. *New Yorker*. 23. Februar 2015. Abgerufen am 17. Mai 2016. http://www.newyorker.com/magazine/2015/02/23/shape-things-come.

Parks, Suzan-Lori. *365 Days/365 Plays*. New York: Theater Communications Group, Inc., 2006.

Partridge, Loren W., Gianluigi Colalucci und Fabrizio Mancinelli. *Michelangelo – the Last Judgment: A Glorious Restoration*. New York: Harry N. Abrams, 1997.

Paul, Annie Murphy. »Are We Wringing the Creativity Out of Kids?« *Mind Shift*. 4. Mai 2012. Accessed 27. April 2014. http://blogs.kqed.org/mindshift/2012/05/are-we-wringing-the-creativity-out-of-kids.

Payne, Robert. *The Canal Builders: The Story of Canal Engineers through the Ages*. New York: Macmillan, 1959.

Pearce, Jeremy. »Stephanie L. Kwolek, Inventor of Kevlar, Is Dead at 90«. *New York Times*. 20. Juni 2014.

Petroski, Henry. *Messer, Gabel, Reissverschluss: Die Evolution der Gebrauchsgegenstände*. Basel: Birkhäuser, 1994.

Petroski, Henry. *Invention by Design: How Engineers Get from Thought to Thing*. Cambridge, MA: Harvard University Press, 1996.

Petroski, Henry. *Success through Failure: The Paradox of Design*. Princeton: Princeton University Press, 2006.

Petrulionis, Sandra Harbert. *Thoreau in His Own Time: A Biographical Chronicle of His Life, Drawn from Recollections, Interviews, and Memoirs by Family, Friends, and Associates*. Iowa City: University of Iowa Press, 2012.

Phelps, Edmund S. »Less Innovation, More Inequality«. *New York Times*. 24. Februar 2013. Abgerufen am 17. Mai 2016. http://opinionator.blogs.nytimes.com/2013/02/24/less-innovation-more-inequality.

Picasso, Pablo, Arnold B. Glimcher und Marc Glimcher. *Je Suis Le Cahier: The Sketchbooks of Pablo Picasso*. Boston: Atlantic Monthly Press, 1986.

Picasso, Pablo, Brigitte Léal und Suzanne Bosman. *Picasso, Les Demoiselles D'Avignon: A Sketchbook*. London: Thames and Hudson, 1988.

Picciuto, Elizabeth und Peter Carruthers. »The Origins of Creativity.« In: *The Philosophy of Creativity: New Essays*. New York: Oxford University Press, 2014.

Pinch, T. J. und Karin Bijsterveld. *The Oxford Handbook of Sound Studies*. New York: Oxford University Press, 2012.

Pink, Daniel H. *A Whole New Mind: Why Right-Brainers Will Rule the Future*. New York: Riverhead Books, 2006.

Pinker, Steven. »The False Allure of Group Selection«. *Edge*. 18. Juni 2012.

Plantinga, Judy und Sandra E. Trehub. »Revisiting the Innate Preference for Consonance.« *Journal of Experimental Psychology: Human Perception and Performance* 40/1 (2014), S. 40-49. https://doi.org/doi:10.1037/a0033471.

Podolny, Shelley. »If an Algorithm Wrote This, How Would You Even Know?« *New York Times*. 7. März 2015.

Popova, Maria. »Margaret Mead on Female vs. Male Creativity, the ›Bossy‹ Problem, Equality in Parenting, and Why Women Make Better Scientists«. *Brain Pickings*. Abgerufen am 11. Mai 2016. http://www.brainpickings.org/2014/08-06/margaret-mead-female-male.

Prager, Phillip. »Making Sense of the Modernist Muse: Creative Cognition and Play at the Bauhaus«. *American Journal of Play* 7/1 (2014), S. 27-49.

Protter, Eric (Hrg.) *Painters on Painting*. New York: Dover, 2011.

Quick, Darren. »Researchers Develop ›Cluster Bomb‹ to Target Cancer«. *Gizmag*. 24. August 2010. Abgerufen am 21. August 2015. http://www.gizmag.com/cluster-bomb-for-cancer-treatment/16121.

Rabkin, Nick. »Houston Arts Partners Lecture«. *Lecture, Houston Arts Partners* 2014 Conference, Houston, TX, 5. September 2014.

Rabkin, Nick und E. C Hedberg. *Arts Education in America: What the Declines Mean for Arts Participation*. Washington, DC: National Endowment for the Arts, 2011.

Radivojević, Miljana, Thilo Rehren, Julka Kuzmanović-Cvetković, Marija Jovanović und J. Peter Northover. »Tainted Ores and the Rise of Tin Bronzes in Eurasia, C. 6500 Years Ago.« *Antiquity* 87/338 (2013), S. 1030-1045.

Randl, Chad. *Revolving Architecture*. New York: Princeton Architectural Press, 2008.

Raphel, Adrienne. »Competition for McDonald's, and for Ronald«. *New Yorker*. 23. April 2014. AccessedJune 3, 2014. http://www.newyorker.com/business/currency/competition-for-mcdonalds-and-for-ronald.

Rassenfoss, Stephen. »Increased Oil Production with Something Old, Something New«. *Journal of Petroleum Technology* 64/10 (2012). Abgerufen am 14. August 2014. https://doi.org/doi:10.2118/1012-0036-JPT.

Recasens, M., Sumie Leung, Sabine Grimm, Rafal Nowak und Carles Escera. »Repetition suppression andrepetition enhancement underlie auditory memory-trace formation in the human brain: an MEGstudy«. *Neuroimage* 108 (2015), S. 75-86.

»Redefining Cancer Could Reduce Unnecessary Treatment.« CBS. September 23, 2013. Abgerufen am 21. August 2015. http://www.cbsnews.com/8301-505263_162-57596094/redefining-cancer-could-reduce-unnecessary-treatment.

Reeder, Roberta. *Anna Akhmatova: Poet and Prophet*. London: Allison & Busby, 1995.

Reeder, Roberta. »Anna Akhmatova: The Stalin Years«. *New England Review* 18/1 (1997), S. 105-125.

Resnick, Mitchel. »All I Really Need to Know (About Creative Thinking) I Learned (By Studying How Children Learn) in Kindergarten«. In *Proceedings of the 6th ACM SIGCHI Conference on Creativity and Cognition*. New York: ACM, 2007.

Rhodes, Richard. *Die Atombombe oder die Geschichte des 8. Schöpfungstages*. Nördlingen: Greno, 1988.

Richardson, John und Marilyn McCully. *A Life of Picasso*. New York: Random House, 1991.

Riordan, M. »How Europe Missed the Transistor.« *IEEE Spectrum* 42/11 (2005), S. 52-57.

Robinson, Ken. *Out of Our Minds: Learning to Be Creative*. Oxford: Capstone, 2011.

Roediger, Henry L., Mark A. McDaniel, Kathleen B. McDermott und Pooja K. Agarwal. »Test-Enhanced Learning in the Classroom: The Columbia Middle School Project.« PsycEXTRA Dataset, Dezember 2007. Abgerufen am 17. Mai 2016. https://doi.org/doi:10.1037/e527342012-530.

Rosen, Charles. *Der klassische Stil: Haydn, Mozart, Beethoven*. Kassel: Bärenreiter, 1983.

Ross, Alistair. »Why Did Google Abandon 20 % Time for Innovation?« *HR Zone*. 3. June 2015. Abgerufen am 17. Mai 2016. http://www.hrzone.com/lead/culture/why-did-google-abandon-20-time-for-innovation.

Rothfeder, Jeffrey. *Driving Honda: Inside The World's Most Innovative Car Company*. New York: Penguin, 2014.

Rotman, B. *Signifying Nothing: The Semiotics of Zero*. New York: St. Martin's Press, 1987.

Rubin, William, Pablo Picasso, Hélène Seckel-Klein und Judith Cousins. *Les Demoiselles D'Avignon*. New York: Museum of Modern Art, 1994.

Runco, Mark A., Garnet Millar, Selcuk Acar und Bonnie Cramond. »Torrance Tests of Creative Thinking as Predictors of Personal and Public Achievement: A Fifty-Year Follow-Up.« *Creativity Research Journal* 22/4 (2010), S. 361-368.

Russell, Amy und Stephen Rice. »Sailing Seeds: An Experiment in Wind Dispersal.« *Sailing Seeds: An Experiment in Wind Dispersal.* Abgerufen am 21. August 2015. http://botany.org/bsa/misc/mcintosh/dispersal.html.

Rutherford, Adam. »Synthetic Biology and the Rise of the ›Spider-Goats‹«. *Guardian.* 14. Januar 2012. Abgerufen am 20. August 20 2015. https://www.theguardian.com/science/2012/jan/14/synthetic-biology-spider-goat-genetics.

Rydell, Robert W., Laura Burd. Schiavo und Robert Bennett. *Designing Tomorrow: America's World's Fairs of the 1930s.* New Haven: Yale University Press, 2010.

Sager, Ira. »Before IPhone and Android Came Simon, the First Smartphone.« *Bloomberg.* 29. Juni 2012. Abgerufen am 18. Juli 2015. http://www.bloomberg.com/bw/articles/2012-06-29/before-iphone-and-android-came-simon-the-first-smartphone.

Sanger, Frederick und Margaret Dowding. *Selected Papers of Frederick Sanger: With Commentaries.* Singapur: World Scientific, 1996.

Sangster, William. *Umbrellas and Their History.* London: Cassell, Petter, and Galpin, 1871.

Saval, Nikil. *Cubed: A Secret History of the Workplace.* New York: Doubleday, 2014.

Sawyer, R. Keith. *Explaining Creativity: The Science of Human Innovation.* Oxford: Oxford University Press, 2006.

Schmidhuber, Jürgen. »Formal Theory of Creativity & Fun Explains Science, Art, Music, Humor«. Dalle Molle Institute for Artificial Intelligence Research. Abgerufen am 2. May, 2014. http://people.idsia.ch/~juergen/creativity.html.

Schmidt, Eric und Jonathan Rosenberg, *Wie Google tickt.* Frankfurt: Campus, 2015.

Schnabel, Julian, Bonnie Clearwater, Rudi Fuchs und Georg Baselitz. *Julian Schnabel: Versions of Chuck and Other Works.* Derneburg: Derneburg, 2007.

Schnabel, Julian, Norman Rosenthal und Emily Ligniti. *Julian Schnabel: Permanently Becoming and the Architecture of Seeing.* Mailand: Skira, 2011.

Schneier, Matthew. »The Mad Scientists of Levi's«. *New York Times.* 5. November 2015.

Schrieber, Reinhard und Herbert Gareis. *Gelatine Handbook: Theory and Industrial Practice.* Weinheim: Wiley-VCH, 2007.

Schulz, Bruno. *Die Zimtläden und alle anderen Erzählungen.* Übers. v. Josef Hahn. Hanser: München, 1961.

Schwarzbach, Martin. *Alfred Wegener und die Drift der Kontinente.* Stuttgart: Wissenschaftliche Verlagsgesellschaft, 1980.

Segall, Marshall H., Donald T. Campbell und Melville J. Herskovits. *The Influence of Culture on Visual Perception.* Indianapolis: Bobbs-Merrill, 1966.

Seife, Charles. *Zwilling der Unendlichkeit: Eine Biographie der Zahl Null.* Berlin: Berlin-Verlag, 2000.

»Senate Study of Energy from Space«. *Science News* 109/5 (1976), S. 73.

Shah, Kamal u. a. »Maji: A New Tool to Prevent Overhydration of Children Receiving Intravenous FluidTherapy in Low-Resource Settings«. *American Journal of Tropical Medical Hygiene* 92/5 (2015). Abgerufen am 11. Mai 2016. https://doi.org/doi:10.4269/ajtmh.14-0495.

Shapin, Steven, Simon Schaffer und Thomas Hobbes. *Leviathan and the Air-Pump: Hobbes, Boyle, and the Experimental Life: Including a Translation of Thomas Hobbes, Dialogus Physicus De Natura Aerisby.* Princeton, NJ: Princeton University Press, 1985.

Shen, Helen. »See-through Brains Clarify Connections.« *Nature* 496/7444 (2013), S. 151. Abgerufen am 20. August 2015. https://doi.org/doi:10.1038/496151a.

Shuman, F. »American Inventor Uses Egypt's Sun for Power«. *New York Times*. 2. Juli 1916.

Silverman, Debora. *Van Gogh and Gauguin: The Search for Sacred Art*. New York: Farrar, Straus and Giroux, 2000.

Simonton, Dean Keith. »Creative Productivity: A Predictive and Explanatory Model of Career Trajectoriesand Landmarks«. *Psychological Review* 104/1 (1997), S. 66-89. Abgerufen am 17. Mai 2016. https://doi.org/doi:10.1037/0033-295X.104.1.66.

Singh, Simon. *Fermats letzter Satz: Die abenteuerliche Geschichte eines mathematischen Rätsels*. München: Hanser, 1998.

Singleton, Jane. »The Explanatory Power of Chomsky's Transformational Generative Grammar.« *Mind* 83/331 (1974), S. 429-431. https://doi.org/doi:10.1093/mind/lxxxiii.331.429.

Skorik, P. J. *Grammatika čukotskogo Jazyka*, 2 Bde. Leningrad: Akademia Nauk, 1961.

Smets, G. *Aesthetic Judgment and Arousal*. Löwen: Leuven University Press, 1973.

Smith, Roberta. »Artwork That Runs Like Clockwork.« *New York Times*. 21. Juni 2012. Abgerufen am 19. August 2015. http://www.nytimes.com/2012/06/22/arts/design/the-clock-by-christian-marclay-comes-to-lincoln-center.html.

Smith, Tony. »Fifteen Years Ago: The First Mass-Produced GSM Phone«. Register. 9. November 2007. Abgerufen am 11. Mai 2016. http://www.theregister.co.uk/2007/11/09/ft_nokia_1011.

Snelson, Robert. »X Prize Losers: Still in the Race, Not Doing Anything, or Too SeXy for The X Cup?« *The Space Review*, 26. September 2005.

Sobel, Dava. *Längengrad: Die wahre Geschichte eines einsamen Genies, welches das größte wissenschaftliche Problem seiner Zeit löste*. Berlin: Berlin-Verlag, 1996.

Soble, Jonathan. »Kenji Ekuan, 85; Gave Soy Sauce Its Graceful Curves.« The *New York Times*, 10. Februar 2015.

Soling, Cevin. »Can Any School Foster Pure Creativity?« *Mind Shift*. 18. März 2014. Abgerufen am 27. April 2014. http://blogs.kqed.org/mindshift//2014/03/can-creativity-truly-be-fostered-in-classrooms-of-today.

Solomon, Maynard. *Beethoven: Biographie*. München: Bertelsmann, 1979.

Solomon, Maynard. *Late Beethoven: Music, Thought, Imagination*. Berkeley: University of California Press, 2003.

»Solyndra Scandal: Full Coverage of Failed Solar Startup«. *Washington Post*. Abgerufen am 18. Juli 2015. http://www.washingtonpost.com/politics/specialreports/solyndra-scandal.

Spartos, Carla. »Ordering at Eleven Madison Park Has Become the Controversial Talk of the Town«. *New York Post*. 17. Oktober 2010. Abgerufen am 5. Januar 2016. http://nypost.com/2010/10/17/ordering-at-eleven-madison-park-has-become-the-controversial-talk-of-the-town.

Spiegel, Garrett J. u. a. »Design, Evaluation, and Dissemination of a Plastic Syringe Clip to Improve Dosing Accuracy of Liquid Medications«. *Annals of Biomedical Engineering* 41/9 (2013), S. 1860-1868. https://doi.org/doi:10.1007/s10439-013-0780-z.

Stamp, Jimmy. »Fact of Fiction? The Legend of the QWERTY Keyboard«. *Smithsonian*.

3. Mai 2013. Abgerufen am 11. Mai 2016. http://www.smithsonianmag.com/arts-culture/fact-of-fiction-the-legend-ofthe-qwerty-keyboard-49863249.

Stanley, Matthew. »An Expedition to Heal the Wounds of War«. *Isis* 94/1 (2003), S. 57-89.

Steinitz, Richard. *Gyorgy Ligeti: Music of the Imagination*. Boston: Northeastern University Press, 2003.

Stevens, Jeffrey R., Alaxandra G. Rosati, Sarah R. Heilbronner und Nelly Mühlhoff. »Waiting for Grapes: Expectancy and Delayed Gratification in Bonobos«. *International Journal of Comparative Psychology* 24 (2011), S. 99-111.

Strom, Stephanie. »TV Dinners in a Netflix World«. *New York Times*. 5. November 2015.

Stross, Randall E. *The Wizard of Menlo Park: How Thomas Alva Edison Invented the Modern World*. New York: Crown Publishers, 2007.

»Study: A Rich Club in the Human Brain«. IU News Room. 31. Oktober 2011. Abgerufen am 29. April 2014. http://newsinfo.iu.edu/news-archive/20145.html.

Svoboda, Elizabeth. »Innovators Under 35: Michelle Khine, 32«. *MIT Technology Review*. Abgerufen am 22. Juni 2014. http://www2.technologyreview.com/tr35/profile.aspx?TRID=764.

Tate, Nahum. *The History of King Lear*. London: Richard Wellington, 1712.

»Teaching Kids to Tinker so They Can Design Tomorrow's Machines.« Stanford News Service. 30. Juni 1992. Abgerufen am 17. Mai 2016. https://web.stanford.edu/dept/news/pr/92/920630Arc2145.html.

Thaut, Michael. »The Musical Brain – An Artful Biological Necessity«. *Karger Gazette* 70 (2009), S. 2-4.

Thurber, James. »The Secret Life of Walter Mitty«. *New Yorker*. 18. März 1939.

Torrance, E. Paul. *Discovery and Nurturance of Giftedness in the Culturally Different*. Reston, VA: Council for Exceptional Children, 1977.

Torrance, E. Paul. *Rewarding Creative Behavior; Experiments in Classroom Creativity*. Englewood Cliffs, NJ: Prentice-Hall, 1965.

Torrance, E. Paul. »Are the Torrance Tests of Creative Thinking Biased Against or in Favor of ›Disadvantaged‹ Groups?« *Gifted Child Quarterly* 15/2 (1971), S. 75-80.

Umberger, Emily. »Velázquez and Naturalism II: Interpreting ›Las Meninas‹«. *Anthropology and Aesthetics* 28 (1995), S. 94-117.

Underwood, Emily. »Tissue Imaging Method Makes Everything Clear«. *Science* 340/6129 (2013), S. 131-132.

Vangelova, Luba. »Harnessing Children's Natural Ways of Learning«. *Mind Shift*. 23. Oktober 2013. Abgerufen am 27. April 2014. http://blogs.kqed.org/mindshift/2013/10/harnessing-childrens-natural-ways-of-learning.

Vaughn, Donald A. und David M. Eagleman. »Spatial warping by oriented line detectors can counteractneural delays«. *Frontiers in Psychology*, 4:794 (2013).

Veen, Wouter van der und Axel Ruger, *Van Gogh in Auvers*. New York: Monacelli Press, 2010.

Visscher, P. Kirk, Thomas Seeley und Kevin Passino. »Group Decision Making in Honey Bee Swarms«. *American Scientist* 94/3 (2006), S. 220.

Volokh, Eugene. »The Origin of the Word ›Guy‹.« *Washington Post*. 14. Mai 2015. Abgerufen am 5. Mai 2016. https://www.washingtonpost.com/news/volokh-conspiracy/wp/2015/05/14/the-origin-of-the-word-guy.

Waldrop, M. Mitchel. *The Dream Machine: J.C.R. Licklider and the Revolution That Made Computing Personal*. New York: Viking, 2001.

Walker, Mark, Martin Gröger, Kirsten Schlüter und Bernd Mosler. »A Bright Spark: Open Teaching of Science Using Faraday's Lectures on Candles.« *Journal of Chemical Education* 85/1 (2008), S. 59.

Watterson, Bill. »Calvin and Hobbes«. Comic Strip. Universal Press Syndicate, 20. Dezember 1989.

Wearing, Judy. *Edison's Concrete Piano: Flying Tanks, Six-Nippled Sheep, Walk-on-Water Shoes, and 12 Other Flops from Great Inventors*. Toronto: ECW Press, 2009.

Weber, Bruce. »Tony Verna, Who Started Instant Replay and Remade Sports Television, Dies at 81.« *New York Times*, 21. Januar 2015.

Weber, Robert J. und David N. Perkins. *Inventive Minds: Creativity in Technology*. New York: Oxford University Press, 1992.

Wells, Pete. »Restaurant Review: Eleven Madison Park in Midtown South«. *New York Times*. 17. März 2015. Abgerufen am 11. Mai 2016. http://www.nytimes.com/2015/03/18/dining/restaurant-review-eleven-madison-park-in-midtown-south.html.

White, Lynn. »The Invention of the Parachute.« *Technology and Culture* 9/3 (1968), S. 462. https://doi.org/doi:10.2307/3101655.

Wilson, Edward O. *Die Zukunft des Lebens*. Berlin: Siedler, 2002.

Wilson, Edward O. *Letters to a Young Scientist*. New York: Liveright, 2013.

Wilson, Edward O. *Der Sinn des menschlichen Lebens*. München: C. H. Beck, 2015.

Wilson, Edward O. *Die soziale Eroberung der Erde: Eine biologische Geschichte des Menschen*. München: C. H. Beck, 2013.

Wilson, J. Tuko. »The Static or Mobile Earth«. *Proceedings of the American Philosophical Society* 112/5 (1968), S. 309-320.

Witt, Stephen. *How Music Got Free: Wie zwei Erfinder, ein Plattenboss und ein Gauner eine ganze Industrie zu Fall brachten*. Frankfurt: Eichborn, 2015.

Wolf, Gary. »Steve Jobs: The Next Insanely Great Thing.« *Wired*. 1. Februar 1996. Abgerufen am 21. August 2015. http://archive.wired.com/wired/archive/4.02/jobs_pr.html.

Wood, Bayden R., Keith. R. Bambery, Matthew W. A. Dixon, Leann Tilley, Michael J. Nasse, Eric Mattson und Carol J. Hirschmugl. »Diagnosing Malaria Infected Cells at the Single Cell Level Using Focal Plane Array Fourier Transform Infrared Imaging Spectroscopy.« *Analyst* 139/19 (2014), S. 4769.

Workshop Proceedings of the 9th International Conference on Intelligent Environments, hrg. v. Juan A. Botía und Dimitris Charitos. Amsterdam: IOS Press Ebooks, 2013. Abgerufen am 21. August 2015. http://ebooks.iospress.nl/volume/workshop-proceedings-of-the-9th-international-conference-on-intelligent-environments.

Wright, Wilbur. »Some Aeronautical Experiments. Mr. Wilbur Wright. Dayton, Ohio«. Vortrag, Dayton, Ohio, 18. September, 1901. Inventor's Gallery. http://invention.psychology.msstate.edu/inventors/i/Wrights/library/Aeronautical.html.

Wylie, Ian. »Failure is Glorious«. *Fast Company*. 30. September 2001. Abgerufen am 11. Mai 2016. http://www.fastcompany.com/43877/failure-glorious.

Yavetz, Ido. *From Obscurity to Enigma: The Work of Oliver Heaviside, 1872–1889*. Basel: Birkhäuser Verlag, 1995.

Yenigun, Sami. »In Video-Streaming Rat Race, Fast Is Never Fast Enough.« NPR.

10. Januar 2013. Abgerufen am 19. August 2015. http://www.npr.org/2013/01/10/168974423/in-video-streaming-rat-racefast-is-never-fast-enough.

Yong (Hrg.) »Violinists Can't Tell the Difference Between Stradivarius Violins and New Ones.« *Discover*. 2. Januar 2012. Abgerufen am 18. Juli 2015. http://blogs.discovermagazine.com/notrocketscience/2012/01/02/violinists-cant-tell-the-difference-between-stradivarius-violins-and-new-ones.

Young, Steve. »Talking to Machines«. *Ingenia* 54 (2013). Abgerufen am 29. Juni 2014. http://www.ingenia.org.uk/Ingenia/Articles/823.

Zhang, Shumei und Victor Callaghan. »Using Science Fiction Prototyping as a Means to Motivate Learning of STEM Topics and Foreign Languages«. In 2014 International Conference on Intelligent Environments. Los Alamitos: IEEE Computer Society, 2014.

Zhu, Y. T., J. A. Valdez, N. Shi, M. L. Lovato, M. G. Stout, S. J. Zhou, D. P. Butt, W. R. Blumenthal und T. C. Lowe. »An Innovative Composite Reinforced with Bone-Shaped Short Fibers«. *Scripta Materiala* 39/9 (1998), S. 1321-1325.

Zimmer, Carl. »In the Human Brain, Size Really Isn't Everything«. *New York Times*. 26. Dezember 2013. Abgerufen am 5. Januar 2014. http://www.nytimes.com/2013/12/26/science/in-the-human-brain-size-really-isnt-everything.html.

ANMERKUNGEN

EINLEITUNG

1 Gene Kranz, *Failure Is Not an Option: Mission Control from Mercury to Apollo 13 and beyond.* New York: Simon & Schuster, 2000.

2 Jim Lovell und Jeffrey Kluger, *Apollo 13*. New York: Pocket Books, 1995.

3 John Richardson und Marilyn McCully, *A Life of Picasso*. New York: Random House, 1991.

4 William Rubin, Pablo Picasso, Hélène Seckel-Klein und Judith Cousins, *Les Demoiselles D'Avignon*. New York: Museum of Modern Art, 1994.

5 A. L. Chanin, »Les Demoiselles de Picasso«, *New York Times*, 18. August 1957, S. 9.

6 John Richardson und Marilyn McCully, *A Life of Picasso*. New York: Random House, 1991.

7 Robert P. Jones u. a., »How Immigration and Concerns About Cultural Changes Are Shaping the 2016 Election«. Washington, DC: Public Religion Research Institute, 2016. http://www.prri.org/research/prri-brookings-immigration-report.

TEIL 1

KAPITEL 1

8 Eric Protter (Hrg.) *Painters on Painting*. New York: Dover, 2011, S. 219.

9 M. Recasens, S. Leung, S. Grimm, R. Nowak, C. Escera (2015). »Repetition suppression and repetition enhancement underlie auditory memory-trace formation in the human brain: an MEG study«. *Neuroimage* 108, S. 75-86.

10 Die Struktur des Humors ist so gut erforscht, dass man Computer witzig machen kann. Ob Sie es glauben oder nicht, Computerhumor ist ein eigenes Forschungsgebiet.

11 David Eagleman, C. Person, P. R. Montague, »A computational role for dopamine delivery in human decision-making«, *Journal of Cognitive Neuroscience* 10/5 (1998), S. 623-630.

12 Ian Parker, »The Shape of Things to Come«, *New Yorker*, Februar 2015.

13 Randy L. Buckner und Fenna M. Krienen, »The Evolution of Distributed Association Networks in the Human Brain«, *Trends in Cognitive Sciences* 17/12 (2013), S. 648-662, https://doi.org/doi:10.1016/j.tics.2013.09.017.

14 David Eagleman, *Inkognito: Die geheimen Eigenleben unseres Gehirns*. Frankfurt: Campus, 2011.

15 Ebda.
16 David Eagleman, *The Brain: Die Geschichte von dir*. München: Pantheon, 2017.
17 Artin Göncü und Suzanne Gaskins, *Play and Development: Evolutionary, Sociocultural, and Functional Perspectives*. Mahwah: Lawrence Erlbaum, 2007.
18 Gilles Fauconnier und Mark Turner, *The Way We Think: Conceptual Blending and the Mind's Hidden Complexities*. New York: Basic Books, 2002.
19 Jonathan Gottschall, *The Storytelling Animal: How Stories Make Us Human*. New York: Mariner Books, 2012.
20 Joyce Carol Oates, »The Myth of the Isolated Artist«, *Psychology Today* 6 (1973), S. 74-55.
21 Wouter van der Veen und Axel Ruger, *Van Gogh in Auvers*. New York: Monacelli Press, 2010, S. 259.
22 Edward O. Wilson, *Letters to a Young Scientist*. New York: Liveright, 2013.

KAPITEL 2

23 »The Buxton Collection«, Microsoft Corporation. Abgerufen am 5. Mai 2016, http://research.microsoft.com/en-us/um/people/bibuxton/buxtoncollection.
24 Alexis C. Madrigal, »The Crazy Old Gadgets That Presaged the iPod, iPhone and a Whole Lot More«, *Atlantic*, 11. Mai 2011. Abgerufen am 19. August 2015. http://www.theatlantic.com/technology/archive/2011/05/the-crazy-old-gadgets-thatpresaged-the-ipod-iphone-and-a-whole-lot-more/238679.
25 Steve Cichon, »Everything from this 1991 Radio Shack Ad You Can Now Do with Your Phone«, *The Huffington Post*, 16. Januar 2014. Abgerufen am 19. August 2015, http://www.huffingtonpost.com/steve-cichon/radio-shack-ad_b_4612973.html.
26 Es gibt zwar noch Radardetektoren, doch inzwischen gibt es etwas viel Besseres: Auf Apps wie Waze markieren Millionen von Fahrern Radarfallen. Und das Smartphone hat zwar keinen 1000-Watt-Lautsprecher, aber per Bluetooth kann es seine grenzenlose Musikbibliothek auf jedem beliebigen Lautsprecher abspielen.
27 Jon Gertner. *The Idea Factory: Bell Labs and the Great Age of American Innovation*. New York: Penguin Press, 2012.
28 Andrew Hargadon, *How Breakthroughs Happen: The Surprising Truth about How Companies Innovate*. Boston: Harvard Business School Publications, 2003.
29 John Livingston Lowes, *The Road to Xanadu: A Study in the Ways of the Imagination*. Boston: Houghton Mifflin Company, 1927.
30 Ebda.
31 Joyce Carol Oates, »The Myth of the Isolated Artist«, *Psychology Today* 6 (1973), S. 74-75.
32 Michel de Montaigne, *Gedanken und Meinungen über allerley Gegenstände*. Ins Teutsche übersetzt von Johann Joachim Christoph Bode. Wien: Franz Haas, 1797.
33 Steven Johnson, *Wo gute Ideen herkommen: Eine kurze Geschichte der Innovation*. Bad Vilbel: Scoventa, 2013.
34 Michael D. Lemonick, *The Perpetual Now: A Story of Love, Amnesia, and Memory*. New York: Doubleday, 2017.
35 Ray Kurzweil, *Die Intelligenz der Evolution: Wenn Mensch und Computer verschmelzen*. Köln: Kiepenheuer & Witsch, 2016. Im Jahr 2000 wurde eine erste grobe Entschlüsselung des menschlichen Genoms verkündet, 2003 folgte eine aktualisierte Fassung.

Für uns ist das entscheidende Jahr 2000, auch wenn das Projekt erst zehn Jahre später abgeschlossen war und die Analysen bis heute weitergehen.

36 Die Vorstellung, dass jede Form der Kreativität für das Gehirn dasselbe ist, geht auf Arthur Koestler zurück und wurde von den Kognitionsforschern Mark Turner und Gilles Fauconnier weiterentwickelt. In ihrem wegweisenden Buch *The Way We Think* aus dem Jahr 2002 beschrieben Turner and Fauconnier die menschliche Kreativität als verwurzelt in unserer Fähigkeit zur »Verbindung von Vorstellungen« oder »blending«. Auch Douglas Hofstadter hat die Ansicht vertreten, dass unsere Fähigkeit zur Metapher ein Eckpfeiler des menschlichen Denkens ist.

37 Wissenschaftler arbeiten daran, die Grundlage der Vorstellungskraft zu visualisieren. Dank der Fortschritte auf dem Gebiet der bildgebenden Verfahren hat unser Verständnis des Gehirns große Fortschritte gemacht. Durch die Beobachtung der sauerstoffreichen Blutströme im Gehirn wissen wir, welche Regionen bei bestimmten Aufgaben beteiligt sind und welche im Chatroom der Gehirnzellen durcheinanderfunken. Doch das hat seine Grenzen: Die bildgebenden Verfahren sind noch neu und haben keine hohe Auflösung, und wir haben keine Ahnung, was die Gehirnzellen da kommunizieren. Auch die bildgebenden Verfahren bieten bislang nur ein sehr verschwommenes Bild.

38 Sami Yenigun, »In Video-Streaming Rat Race, Fast Is Never Fast Enough«, NPR, 10. Januar 2013. Abgerufen am 19. August 2015, http://www.npr.org/2013/01/10/168974423/in-video-streaming-rat-race-fast-is-never-fastenough.

39 Robert J. Weber und David N. Perkins, *Inventive Minds: Creativity in Technology*. New York: Oxford University Press, 1992.

40 Roberta Smith, »Artwork That Runs Like Clockwork«, *New York Times*, 21. Juni 2012. Abgerufen am 19. August 2015, http://www.nytimes.com/2012/06/22/arts/design/the-clock-by-christian-marclay-comes-to-lincoln-center.html.

KAPITEL 3

41 Victor K. McElheny, *Insisting on the Impossible: The Life of Edwin Land*. Reading, MA: Perseus Books, 1998, S. 35.

42 Michele Hilmes, *Hollywood and Broadcasting: From Radio to Cable*. Urbana: University of Illinois Press, S. 125-126

43 William Sangster, *Umbrellas and Their History*. London: Cassell, Petter, and Galpin, 1871.

44 Susan Orlean, »Thinking in the Rain«, *New Yorker*, 11. Februar 2008, http://www.newyorker.com/magazine/2008/02/11/thinking-in-the-rain.

45 Enid Nemy, »Bobby Short, Icon of Manhattan Song and Style, Dies at 80«, *New York Times*, 21. März 2005. Abgerufen am 5. Mai2016, http://www.nytimes.com/2005/03/21/arts/music/21cnd-short.html.

46 Arthur Conan Doyle, *Sherlock Holmes: The Complete Novels and Stories*. New York: Bantam, 1986.

47 Wie der Linguist Noam Chomsky erklärt, besteht der Zweck der Grammatik darin, eine begrenzte Anzahl von Wörtern zu immer neuen Kombinationen anzuordnen, und zwar so, dass sie immer noch verständlich sind. »Die zentrale Tatsache, der sich jede signifikative linguistische Theorie annehmen muss, ist diese: Ein erwachsener Sprecher kann zu geeigneter Gelegenheit einen neuen Satz in seiner Sprache hervor-

bringen, der von anderen Sprechern sofort verstanden wird, obwohl er neu für sie ist.« Zitat nach Jane Singleton, »The Explanatory Power of Chomsky's Transformational Generative Grammar«, *Mind* 83/331 (1974), S. 429-431, https://doi.org/doi:10.1093/mind/lxxxiii.331.429.

48 Christian Bachmann und Luc Basier, »Le Verlan: Argot D'école Ou Langue Des Keums?« *Mots Mots* 8/1 (1984), S. 169-87. https://doi.org/doi:10.3406/mots.1984.1145.

49 Eugene Volokh, »The Origin of the Word ›Guy‹« *Washington Post*, 14. Mai 2015.

KAPITEL 4

50 Das Konzept wurde erstmals 1947 von den Erfindern Douglas Ring und W. Rae Young in den Bell-Laboratorien präsentiert. Siehe Guy Klemens, *The Cellphone: The History and Technology of the Gadget That Changed the World.* Jefferson, NC: McFarland, 2010.

51 M. Mitchel Waldrop, *The Dream Machine: J.C.R. Licklider and the Revolution That Made Computing Personal.* New York: Viking, 2001.

52 Reinhard Schrieber und Herbert Gareis, *Gelatine Handbook: Theory and Industrial Practice.* Weinheim: Wiley-VCH, 2007.

53 Mark Forsyth, *The Etymologicon: A Circular Stroll through the Hidden Connections of the English Language.* New York: Berkley Books, 2012.

54 Colin Fraser, *Harry Ferguson: Inventor and Pioneer.* Ipswich: Old Pond Publishing Ltd, 1972.

55 Alec Foege, *The Tinkerers: The Amateurs, DIY*ers, *and Inventors Who Make America Great.* New York: Basic Books, 2013.

56 Stephen Witt, *How Music Got Free: Wie zwei Erfinder, ein Plattenboss und ein Gauner eine ganze Industrie zu Fall brachten.* Frankfurt: Eichborn, 2015.

57 Helen Shen, »See-Through Brains Clarify Connections«, *Nature* 496/7444 (2013), S. 151. Abgerufen am 20. August 20 2015, https://doi.org/doi:10.1038/496151a.

58 Sarnoff A. Mednick, »The Associative Basis of the Creative Process«, *Psychological Review* 69/3 (1962), S. 220-232.

KAPITEL 5

59 A. Lazaris u. a. , »Spider Silk Fibers Spun from Soluble Recombinant Silk Produced in Mammalian Cells«, *Science* 295/5554 (2002), S. 472-476, https://doi.org/doi:10.1126/science.1065780.

60 Hadley Leggett, »One Million Spiders Make Golden Silk for Rare Cloth«, *Wired*, September 23, 2009. Abgerufen am 21. August 2015, http://www.wired.com/2009/09/spidersilk.

61 Adam Rutherford, »Synthetic Biology and the Rise of the ›Spider-Goats‹«, *Guardian*, 14. Januar 2012. Abgerufen am 20. August 2015, https://www.theguardian.com/science/2012/jan/14/synthetic-biology-spider-goat-genetics.

62 Mark Miodownik, Mark. *Wunderstoffe: Zehn Materialien, die unsere Zivilisation ausmachen.* München: Deutsche Verlags-Anstalt, 2016. Im Ruhezustand kann die Bakterie *B. pasteurii* selbst unter den Extrembedingungen im Innern eines Vulkans jahrzehntelang überleben. Wenn ihr Stoffwechsel aktiv wird, scheidet sie Kalzit aus, einen der Grundbestandteile des Betons.

63 Der hybride Ansatz zwischen Mensch und Maschine verändert sich schnell, da Unternehmen mit lernenden Programmen arbeiten. Doch die Maschinen lernen wiederum mit von Menschen etikettierten Bildern.
64 Julian Franklyn, *A Dictionary of Rhyming Slang*, London: Routledge, 1991.
65 Mit freundlicher Genehmigung der Erben von Martin Luther King Jr. c/o The Writers House. © 1963 Dr. Martin Luther King Jr., 1991 Coretta Scott King.
66 Carmel O'Shannessy, »The role of multiple sources in the formation of an innovative auxiliary category in Light Warlpiri, a new Australian mixed language«, *Language* 89 (2), S. 328-353.
67 http://www.whosampled.com/Dr.-Dre/Let-Me-Ride.
68 Ellen Otzen, »Six Seconds that shaped 1,500 songs,« *BBC World Service Magazine*, 29. März 2015, http://www.bbc.com/news/magazine-32087287.
69 Miljana Radivojević u. a., »Tainted Ores and the Rise of Tin Bronzes in Eurasia, C. 6500 Years Ago«, *Antiquity* 87/338 (2013), S. 1030-1045.
70 Mark Turner, *The Origins of Ideas: Blending, Creativity, and the Human Spark*. New York: Oxford University Press, 2014, S. 13.

KAPITEL 6

71 »Noh and Kutiyattam – Treasures of World Cultural Heritage«. The Japan-India Traditional Performing Arts Exchange Project 2004, 26. Dezember 2004. Abgerufen am 21. August 2015, http://noh.manasvi.com/noh.html.
72 Yves-Marie Allain und Janine Christiany, *L'Art des Jardins en Europe*. Paris: Citadelles et Mazenod, 2006.
73 Richard Rhodes, *The Making of the Atomic Bomb*. New York: Simon & Schuster, 1986.
74 In seiner Besprechung in der *New York Times* schrieb George Johnson: »Mit dieser Ansicht stand er nicht allein da. Philipp Lenard, der für seine Arbeit mit Kathodenstrahlung den Nobelpreis gewonnen hatte, schrieb ein vierbändiges Lehrwerk über die wahre Wissenschaft und nannte es *Deutsche Physik*. In seinem Vorwort streifte er die ›Physik der Japaner‹, die ›Physik der Araber‹ und die ›Physik der Neger‹. Sein besonderer Zorn galt jedoch den Juden: ›Dem Juden fehlt auffallend das Verständnis für Wahrheit‹. Einsteins Theorie ›wollte wohl auch gar nie wahr sein‹, schrieb er. Lenard hat sie einfach nicht verstanden.« In George Johnson, »Quantum Leaps: ›Einstein's Jewish Science,‹ by Steven Gimbel«, *New York Times*, 3. August 2012. Abgerufen am 11. Mai 2016, http://www.nytimes.com/2012/08/05/books/review/einsteins-jewish-science-by-steven-gimbel.html.
75 M. Riordan, »How Europe Missed the Transistor«, IEEE Spectr. IEEE Spectrum 42/11 (2005), S. 52-57.
76 Nahum Tate, *The History of King Lear*. London: Richard Wellington, 1712.
77 Wir danken dem Historiker Cyrus Mody für diese Informationen.
78 Steven Shapin, Simon Schaffer und Thomas Hobbes, *Leviathan and the Air-Pump: Hobbes, Boyle, and the Experimental Life*. Princeton: Princeton University Press, 1985.
79 James Fenimore Cooper, *The Pioneers*. Boone, IA: Library of America, 1985. Deutsche Ausgabe: *Die Ansiedler an den Quellen des Susquehanna*. Übers. v. Carl Kolb. Stuttgart: Samuel Gottlieb Liesching Verlag, 1842.

80 *Beethoven: Biographie.* München: Bertelsmann, 1979.
81 Lucy Miller, *Chamber Music: An Extensive Guide for Listeners.* Lanham: Rowman and Littlefield, 2015.
82 Charles Rosen, *Der klassische Stil: Haydn, Mozart, Beethoven.* Kassel: Bärenreiter, 1983.
83 Arika Okrent, *In the Land of Invented Languages: Esperanto Rock Stars, Klingon Poets, Loglan Lovers, and the Mad Dreamers Who Tried to Build a Perfect Language.* New York: Spiegel & Grau, 2009.
84 George Alan Connor, Doris Taapan Connor, William Solzabacher und J. B. Se-Tsien Kao (Hrg.), *Esperanto: The World Interlanguage.* New York: T. Yoseloff, 1966.
85 Ebda., S. 20.
86 Gerta Smets, *Aesthetic Judgment and Arousal.* Löwen: Leuven University Press, 1973.
87 Joseph Henrich, Steven J. Heine und Ara Norenzayan, »The Weirdest People in the World?« *Behavioral and Brain Sciences* 33 (2010), S. 61-135, https://doi.org/doi:10.1017/S0140525X0999152X.
88 Marshall H. Segal, Donald T. Campbell und Melville J. Herskovits, *The Influence of Culture on Visual Perception.* Indianapolis: Bobbs-Merrill, 1966. Eine Erklärung dazu finden Sie in Donald A. Vaughn und David Eagleman, »Spatial warping by oriented line detectors can counteract neural delays«, *Frontiers in Psychology*, 4:794 (2013).
89 Donald A. Vaughn und David Eagleman, »Spatial warping by oriented line detectors can counteract neural delays«, *Frontiers in Psychology*, 4:794 (2013).
90 Avantika Mathur u. a., »Emotional Responses to Hindustani Raga Music: The Role of Musical Structure«, *Frontiers in Psychology* 6/513 (2015), https://doi.org/doi:10.3389/fpsyg.2015.00513.
91 Zohar Eitan und Renee Timmers, »Beethoven's last piano sonata and those who follow crocodiles: Cross-domain mappings of pitch in a musical context«, *Cognition* 114 (2010), S. 405-422.
92 Laurel J. Trainor und Becky M. Heinmiller, »The development of evaluative responses to music: Infants prefer to listen to consonance over dissonance«, *Infant Behavior and Development* 21/1, 1998: S. 77-88. https://doi.org/doi:10.1016/S0163-6383(98)90055-8.
93 Judy Plantinga und Sandra E. Trehub, »Revisiting the Innate Preference for Consonance«, *Journal of Experimental Psychology: Human Perception and Performance* 40/1 (2014), S. 40-49, https://doi.org/doi:10.1037/a0033471.
94 Um es mit den Worten des Schriftsteller Milan Kundera zu sagen: »Aber von welchem objektiven ästhetischen Wert kann man sprechen, wenn jede Nation, jede historische Periode, jede gesellschaftliche Gruppe ihren eigenen Geschmack hat?« In: Milan Kundera, *Der Vorhang.* Übers. v. Uli Aumüller. München: Hanser, 2005.
95 Stephen Greenblatt, *The Norton Anthology of English Literature*, Vol. B. New York: W.W. Norton, 2012.

TEIL 2

KAPITEL 7

1 Albert Boime, »The Salon Des Refuses and the Evolution of Modern Art«, *Art Quarterly* 32 (1969), S. 411-426.

2 Martin Schwarzbach, *Alfred Wegener und die Drift der Kontinente.* Stuttgart: Wissenschaftliche Verlagsgesellschaft, 1980.

3 Naomi Oreskes, *The Rejection of Continental Drift: Theory and Method in American Earth Science.* New York: Oxford University Press, 1999.

4 Roger M. McCoy, *Ending in Ice: The Revolutionary Idea and Tragic Expedition of Alfred Wegener.* Oxford: Oxford University Press, 2006.

5 Chester R. Longwell, »Some Thoughts on the Evidence for Continental Drift«, *American Journal of Science* 242 (1944), S. 218-231.

6 J. Tuko Wilson, »The Static or Mobile Earth«, *Proceedings of the American Philosophical Society* 112/5 (1968), S. 309-320.

7 Robert Hughes, »Art: Reflections in a Bloodshot Eye«, *Time*, 3. August 1981. Abgerufen am 14. Juli 2014, http://content.time.com/time/magazine/article/0,9171,949302-2,00.html.

8 Robert Christgau, *Grown Up All Wrong: 75 Great Rock and Pop Artists from Vaudeville to Techno.* Cambridge, MA: Harvard University Press, 1998.

9 E.O. Wilson, *The Social Conquest of Earth.* New York: Liveright, 2012.

10 Richard Dawkins, »The Descent of Edward Wilson«, *Prospect Magazine*, Juni 2012.

KAPITEL 8

11 Gary R. Kremer, *George Washington Carver: A Biography.* Santa Barbara, CA: Greenwood, 2011, S. 104.

12 Ernest Hemingway, *A Farewell to Arms.* The Hemingway Library Edition. New York: Scribner, 2012.

13 Alex Osborn, *Applied Imagination.* Oxford: Scribner, 1953.

14 Matthew Schneier, »The Mad Scientists of Levi's«, *New York Times*, 5. November 2015.

15 Diese Technik nennt sich Parallelsynthese, wurde von John Ellman und Michael Pavia entwickelt und baut auf Arbeiten von Pionieren in der kombinatorischen Chemie auf.

16 Thomas A. Edison, »The Phonograph and Its Future«, *Scientific American* 5/124 (1878), S. 1973-4. https://doi.org/doi:10.1038/scientificamerican05181878-1973supp.

17 Dava Sobel, *Längengrad: Die wahre Geschichte eines einsamen Genies, welches das größte wissenschaftliche Problem seiner Zeit löste.* Berlin: Berlin-Verlag, 1996.

18 Ebda.

19 Leider erhielt Harrison nie die Anerkennung, die er verdient hatte. Um zu überprüfen, ob Harrisons komplexe Uhr von anderen nachgebaut werden konnte, beauftragte die Kommission einen Uhrmacher namens Larcum Kendall mit dem Bau einer Kopie. Nach zweieinhalb Jahren hatte Kendall eine Kopie hergestellt, die K1, die sich von Harrisons Uhr nur durch eine verzierte Rückseite unterschied. Die Kommission entschied sich, Kapitän Cook nicht Harrisons H4 auf seine Weltreise mitzugeben, sondern Kendalls Kopie, womit Harrison ihrer Ansicht nach nicht mehr für den Preis infrage kam. Krank und verarmt wandte sich Harrison an das Parlament und erhielt das Preisgeld, aber nicht den Preis selbst.

20 Jeff Brady, »After Solyndra Loss, U.S. Energy Loan Program Turning A Profit«, NPR, 13. November 2014. Abgerufen am 20. August 2015, http://www.npr.org/2014/11/13/363572151/after-solyndra-loss-u-s-energy-loan-programturning-a-profit.

21 Aufgrund unserer Fehlertoleranz ist die gängige Computermetapher für unser Gehirn

sehr irreführend. Wenn man einem Computer ein Muster von Nullen und Einsen eingibt, gibt er dasselbe Muster wieder aus. Diese Zuverlässigkeit macht die Nützlichkeit des Computers aus. Es könnte sein, dass unser unvollkommenes Gedächtnis eine der Wurzeln unserer Kreativität ist: Wenn man uns ein Muster von Nullen und Einsen eingibt, bekommt man immer ein etwas anderes Muster.

22 E.O. Wilson, *Die Zukunft des Lebens.* Berlin: Siedler, 2002.

KAPITEL 9

23 Neil Baldwin, *Edison: Inventing the Century.* Chicago: University of Chicago Press, 2001.

24 Norman Bel Geddes, *Miracle in the Evening: An Autobiography.* Garden City: Doubleday & Company, 1960, S. 347. Donald Albrecht (Hrg.), *Norman Bel Geddes Designs America.* New York: Abrams, 2012, S. 220.

25 Chad Randl, *Revolving Architecture.* New York: Princeton Architectural Press, 2008, S. 91.

26 Norman Bel Geddes, »Today in 1963«, University of Texas Harry Ransom Center Norman Bel Geddes Database.

27 Joseph J. Ermenc, »The Great Languedoc Canal«, *French Review* 34/5 (1961), S. 456; Robert Payne, *The Canal Builders: The Story of Canal Engineers through the Ages.* New York: Macmillan, 1959.

28 Lynn White, »The Invention of the Parachute«, *Technology and Culture* 9/3 (1968), S. 462. Abgerufen am 13. April, 2014, https://doi.org/doi:10.2307/3101655.

29 Damian Carrington, »Da Vinci's Parachute Flies«. BBC News, 27. Juni 2000. Abgerufen am 21. August 2015, http://news.bbc.co.uk/2/hi/science/nature/808246.stm.

30 Robert S. Kahn, *Beethoven and the Grosse Fuge: Music, Meaning, and Beethoven's Most Difficult Work.* Lanham, MD: Scarecrow Press, 2010.

KAPITEL 10

31 Frederick Dalzell, *Engineering Invention: Frank J. Sprague and the U.S. Electrical Industry.* Cambridge, MA: MIT Press, 2010.

32 Paul Israel, *Edison: A Life of Invention.* New York: John Wiley, 1998.

33 Thomas Edison, in Andrew Delaplaine, *Thomas Edison: His Essential Quotations.* New York: Gramercy Park, 2015, S. 3.

34 James Dyson, »No Innovator's Dilemma Here: In Praise of Failure«, *Wired,* 8. April 2011. Abgerufen am 21. August 2015, http://www.wired.com/2011/04/in-praise-of-failure.

35 Marcia B. Hall, *Michelangelo's Last Judgment.* Cambridge: Cambridge University Press, 2005.

36 Ebda.

37 Richard Steinitz, *György Ligeti: Music of the Imagination.* Boston: Northeastern University Press, 2003.

38 T. J. Pinch und Karin Bijsterveld, *The Oxford Handbook of Sound Studies.* New York: Oxford University Press, 2012.

39 NOVA, »Andrew Wiles on Solving Fermat«, PBS, 1. November 2000. Abgerufen am 11. Mai 2016, http://www.pbs.org/wgbh/nova/physics/andrew-wiles-fermat.html.

40 Simon Singh, *Fermats letzter Satz: Die abenteuerliche Geschichte eines mathematischen Rätsels*. München: Hanser, 1998.
41 Michael J. Gelb, *Das Leonardo-Prinzip: Die sieben Schritte zum Erfolg*. Köln: VGS, 1998.
42 Dean Keith Simonton, »Creative Productivity: A Predictive and Explanatory Model of Career Trajectories and Landmarks«, *Psychological Review* 104/1 (1997), S. 66-89, https://doi.org/doi:10.1037/0033-295X.104.1.66.
43 Yasuyuki Kowatari u. a., »Neural Networks Involved in Artistic Creativity«, *Human Brain Mapping* 30/5 (2009), S. 1678-1690, https://doi.org/doi:10.1002/hbm.20633.
44 Suzan-Lori Parks, *365 Days/365 Plays*. New York: Theater Communications Group, Inc., 2006.

TEIL 2

KAPITEL 11

1 »Burbank Time Capsule Revisited«, *Los Angeles Times*, 17. März 2009. Abgerufen am 11. Mai 2016, http://latimesblogs.latimes.com/thedailymirror/2009/03/burbank-time-ca.html.
2 John H. Lienhard, *Inventing Modern: Growing up with X-rays, Skyscrapers, and Tailfins*. New York: Oxford University Press, 2003.
3 Siehe https://en.wikipedia.org/wiki/List_of_defunct_automobile_manufacturers_of_the_United_States.
4 Peter L. Jakab und Rick Young, *The Published Writings of Wilbur & Orville Wright*. Washington, DC: Smithsonian Books, 2000.
5 Der Flugpionier Robert Esnault-Pelterie erkannte die Vorteile von Boultons Design. In Anlehnung an den Erfolg der Brüder Wright baute er einen ähnlichen Gleiter mit Höhenrudern.
6 E-Mail-Korrespondenz mit David Hagerman, Kurator von Raymond Loewy Estate und COO of Loewy Design.
7 Jillian Eugenios, »Lowe's Channels Science Fiction in New Holoroom«, CNN, 12. Juni 2014. Abgerufen am 11. Mai 2016, http://money.cnn.com/2014/06/12/technology/innovation/lowes-holoroom.
8 John Markoff, »Microsoft Plumbs Ocean's Depths to Test Underwater Data Center«, *New York Times*, 31. Januar 2016. Abgerufen am 11. Mai 2016, http://www.nytimes.com/2016/02/01/technology/microsoft-plumbs-oceans-depths-to-test-underwater-data-center.html.
9 Gail Davidson, »The Future of Television«, *Cooper Hewitt*, 16. August 2015. Abgerufen am 11. Mai 2016, http://www.cooperhewitt.org/2015/08/16/the-future-of-television.
10 Ian Wylie, »Failure Is Glorious«, *Fast Company*, 30. September 2001. Abgerufen am 11. Mai 2016, http://www.fastcompany.com/43877/failure-glorious.
11 Malcolm Gladwell, »Creation Myth«, *New Yorker*, 16. Mai 2011. Abgerufen am 11. Mai 2016, http://www.newyorker.com/magazine/2011/05/16/creation-myth.
12 B. Bilger, »The Possibilian: What a brush with death taught David Eagleman about the mysteries of time and the brain«, *New Yorker*, 25. April 2011.

13 Tom Kelley, *Das IDEO-Innovationsbuch: Wie Unternehmen auf neue Ideen kommen.* München: Econ, 2002.

14 Jeffrey Rothfeder, *Driving Honda: Inside The World's Most Innovative Car Company.* New York: Penguin, 2014.

15 Alyssa Newcomb, »SXSW 2015: Why Google Views Failure as a Good Thing«, ABC News, 17. März 2015. Abgerufen am 11. Mai 2016, http://abcnews.go.com/Technology/sxsw2015-google-views-failure-good-thing/story?id=29705435.

16 Nikil Saval, *Cubed: A Secret History of the Workplace.* New York: Doubleday, 2014.

17 Patrick May, »Apple's new headquarters: An exclusive sneak peek«, *San Jose Mercury News,* 11. Oktober 2013. http://www.mercurynews.com/2013/10/11/2013-apples-new-headquarters-an-exclusive-sneak-peek.

18 Pap Ndiaye, *Nylon and Bombs: DuPont and the March of Modern America.* Baltimore: Johns Hopkins University Press, 2007.

19 »›Forget the Free Food and Drinks – the Workplace is Awful:‹ Facebook Employees Reveal the ›Best Place to Work in Tech‹ Can be a Soul-Destroying Grind Like Any Other«, *Daily Mail,* 3. September 2013. Abgerufen am 11. Mai 2016, http://www.dailymail.co.uk/news/article-2410298.

20 Maria Konnikova, »The Open-Office Trap«, *New Yorker,* 7. Januar 2014. Abgerufen am 17. Mai 2016.

21 Anne-Laure Fayard und John Weeks, »Who Moved My Cube?«. *Harvard Business Review,* Juli 2011. Abgerufen am 11. Mai 2016, https://hbr.org/2011/07/who-moved-my-cube.

22 Jonah Lehrer, »Groupthink: The Brainstorming Myth«, *New Yorker,* 30. Januar 2012.

23 Stewart Brand, *How Buildings Learn: What Happens After They're Built.* New York: Penguin, 1994.

24 Alex Osborn, *Your Creative Power: How to Use Imagination.* New York: Scribners and Sons, 1948, S. 254.

25 Jeff Gordiner, »At Eleven Madison Park, a New Minimalism«, *New York Times,* 4. January 2016. Abgerufen am 17. Mai 2016.

26 Pete Wells, »Restaurant Review: Eleven Madison Park in Midtown South«, *New York Times,* 17. März, 2015. Abgerufen am 17. Mai 2016, http://www.nytimes.com/2015/03/18/dining/restaurant-review-eleven-madison-park-in-midtown-south.html.

27 David Fisher, *Tube: The Invention of Television.* New York: Harcourt Brace, 1996.

28 Tony Smith, »Fifteen Years Ago: The First Mass-Produced GSM Phone«, *Register,* 9. November 2007. Abgerufen am 11. Mai 2016, http://www.theregister.co.uk/2007/11/09/ft_nokia_1011.

29 Jason Nazar, »Fourteen Famous Business Pivots«, *Forbes,* 8. Oktober 2013. Abgerufen am 11. Mai 2016, http://www.forbes.com/sites/jasonnazar/2013/10/08/14-famous-business-pivots/#885848d1fb94.

30 Tim Adams, »And the Pulitzer goes to … a computer«, *The Guardian,* 28. Juni 2015. Abgerufen am 11. September 2016, https://www.theguardian.com/technology/2015/jun/28/computer-writing-journalism-artificial-intelligence.

31 Matthew E. May, *The Elegant Solution: Toyota's Formula for Mastering Innovation.* New York: Free Press, 2007.

32 Susan Malanowski, »Innovation Incentives: How Companies Foster Innovation«, Wil-

son Group, September 2007. Abgerufen am 11. Mai 2016, http://www.wilsongroup.com/wp-content/uploads/2011/03/InnovationIncentives.pdf.

33 »How Companies Incentivize Innovation«, SIT, Mai 2013. Abgerufen am 11. Mai 2016, http://www.innovationinpractice.com/How%20Companies%20Incentivize%20Innovation%20E-version%20May%202013.pdf.

34 Eric Schmidt und Jonathan Rosenberg, *Wie Google tickt.* Frankfurt: Campus, 2015.

35 Tom Kelley, *Das IDEO-Innovationsbuch: Wie Unternehmen auf neue Ideen kommen.* München: Econ, 2002.

KAPITEL 12

36 *Workshop Proceedings of the 9th International Conference on Intelligent Environments.* Hrg. v. Juan A. Botía und Dimitris Charitos. Amsterdam: IOS Press Ebooks, 2013). Abgerufen am 21. August 2015, http://ebooks.iospress.nl/volume/workshop-proceedings-of-the-9th-international-conference-on-intelligent-environments.

37 Shumei Zhang und Victor Callaghan, »Using Science Fiction Prototyping as a Means to Motivate Learning of STEM Topics and Foreign Languages«, in: *2014 International Conference on Intelligent Environments.* Los Alamitos: IEEE Computer Society, 2014.

38 Amy Russell und Stephen Rice, »Sailing Seeds: An Experiment in Wind Dispersal«, *Botanical Society of America*, März 2001. Abgerufen am 21. August 2015, http://botany.org/bsa/misc/mcintosh/dispersal.html.

39 James Gleick, *Richard Feynman: Leben und Werk des genialen Physikers.* München: Droemer Knaur, 1993.

40 Kamal Shah u. a., »Maji: A New Tool to Prevent Overhydration of Children Receiving Intravenous Fluid Therapy in Low-Resource Settings«, *American Journal of Tropical Medical Hygiene* 92/5 (2015). Abgerufen am 11. Mai 2016, https://doi.org/doi:10.4269/ajtmh.14-0495.

41 Carol Dweck, *Selbstbild. Wie unser Denken Erfolge und Niederlagen bewirkt.* Frankfurt: Campus, 2006.

42 Bei der Schule handelt es sich um die Renaissance Expeditionary Learning Outward Bound School. Die Sechstklässlerin Trissana Krupa ist die Verfasserin des Gedichts.

43 Siehe Runco u. a., »Torrance Tests of Creative Thinking as Predictors of Personal and Public Achievement: A Fifty-Year Follow-Up«, *Creativity Research Journal* 22/4 (2010), S. 6. Siehe auch E. Paul Torrance, »Are the Torrance Tests of Creative Thinking Biased Against or in Favor of ›Disadvantaged‹ Groups?« *Gifted Child Quarterly* 15/2 (1971), S. 75-80. In Zusammenfassung der Ergebnisse schrieb Torrance: »Eine Auswertung von zwanzig Untersuchungen ergab in 86 Prozent der Vergleiche keinen Unterschied oder Unterschiede zugunsten der kulturell anderen Gruppe.« In: Torrance, *Discovery and Nurturance of Giftedness in the Culturally Different.* Reston: Council for Exceptional Children, 1977. Längsschnittstudien zeigen, dass der Torrance-Test kreative Leistung besser vorhersagt als der Intelligenzquotient.

44 Robert Gjerdingen, »Partimenti Written to Impart a Knowledge of Counterpoint and Composition«, in: *Partimento and Continuo Playing in Theory and in Practice.* Hrg. v. Dirk Moelants und Kathleen Snyers. Löwen: Leuven University Press, 2010.

45 Benjamin S. Bloom und Lauren A. Sosniak, *Developing Talent in Young People.* New York: Ballantine Books, 1985.

46 Mikael Carlssohn, »Women in Film Music, or How Hollywood Learned to Hire Female Composers for (at Least) Some of Their Movies«, *IAWM Journal* 11/2 (2005), S. 16-19; Ricky O'Bannon, »By the Numbers: Female Composers«, Baltimore Symphony Orchestra. Abgerufen am 11. Mai 2016, https://www.bsomusic.org/stories/by-the-numbers-femalecomposers.aspx.

47 Maria Popova, »Margaret Mead on Female vs. Male Creativity, the ›Bossy‹ Problem, Equality in Parenting, and Why Women Make Better Scientists«, *Brain Pickings*. Abgerufen am 11. Mai 2016, http://www.brainpickings.org/2014/08/06/margaret-mead-female-male.

48 James S. Catterall, Susan A. Dumais und Gillian Harden-Thompson, *The Arts and Achievement in At-Risk Youth: Findings from Four Longitudinal Studies*. Washington: National Endowment for the Arts, 2012.

49 John Maeda, »STEM + Art = STEAM«, *e STEAM Journal*: Vol. 1: Iss. 1, Article 34. http://scholarship.claremont.edu/steam/vol1/iss1/34.

50 Steve Lohr, »IBM's Design-Centered Strategy to Set Free the Squares«, *New York Times*, 14. November 2015. Abgerufen am 11. Mai 2016, http://www.nytimes.com/2015/11/15/business/ibms-design-centered-strategy-to-set-free-the-squares.html.

51 Marlene Cimons, »New in Rescue Robots: Survivor Buddy«, *US News and World Report*, 2. Juni 2010. Abgerufen am 17. Mai 2016, http://www.usnews.com/science/articles/2010/06/02/new-in-rescue-robots-survivor-buddy.

52 Robin Murphy u. a. , »A Midsummer Night's Dream (With Flying Robots)«, *Autonomous Robots* 30 (2011), https://doi.org/doi:10.1007/s10514-010-9210-3.

53 Morton Feldman, »The Anxiety of Art«, in: *Give My Regards to Eighth Street: Collected Writings of Morton Feldman*. Cambridge, MA: Exact Change, 2000.

54 H. L. Gold, »Ready, Aim – Extrapolate!« *Galaxy Science Fiction*, Mai 1954.

55 Mimi Hall, »Sci-fi writers join war on terror«, *USA Today*, 31. Mai 2007. Abgerufen am 11. Mai 2016, http://usatoday30.usatoday.com/tech/science/2007-05-29-deviant-thinkers-security_N.htm.

56 Emily Dickinson, *The Complete Poems of Emily Dickinson*. Boston: Little, Brown, 1924; Bartleby.com, 2000.

57 Katrina Schwartz, »How Integrating Arts in Other Subjects Makes Learning Come Alive«, *KQED News*, 13. Januar 2015, https://ww2.kqed.org/mindshift/2015/01/13/how-integrating-arts-into-other-subjects-makes-learning-come-alive Keith McGilvery, »Burlington principal wins national award«, WCAX, 31. März 2016. http://www.wcax.com/story/31613997/burlington-principal-wins-national-award.

58 Stephen Nachmanovitch, *Free Play: Kreativität geschehen lassen*. München: Barth, 2013.

KAPITEL 13

59 Anthony Brandt, »Why Minds Need Art«, TEDx Houston, 3. November 2012. Abgerufen am 17. Mai 2016, http://tedxtalks.ted.com/video/Anthony-Brandt-at-TEDxHouston-2.

60 Yun Sun Cho u. a., »The tiger genome and comparative analysis with lion and snow leopard genomes«, *Nature Communications* 4 (2013), https://doi.org/doi:10.1038/ncomms3433.

PERSONENREGISTER

BILDNACHWEIS

EINLEITUNG

NASA Mission Control during Apollo 13's oxygen cell failure Courtesy of NASA

Pablo Picasso: Les Demoiselles d'Avignon, 1907 Museum of Modern Art, New York, USA/Bridgeman Images. © 2016 Estate of Pablo Picasso / Artists Rights Society (ARS), New York

TEIL 1

KAPITEL 1

Portrait of trumpeter Theo Croker Photo by William Croker

Elly Jackson of La Roux wearing her hair in a Quiff Photo by Phil King

Side profile of a beautiful African woman face with curls Mohawk style © Paul Hakimata | Dreamstime.com

Woman with flowers in her hair (No attribution required)

U.S. Army Sergeant Aaron Stewart races a recumbent bike during the 2016 Invictus Games Department of Defense news photo by E.J. Hersom

Snowboard bicycle Courtesy of Michael Killian

DiCycle Courtesy of GBO Innovation Makers, www.gbo.eu

Conference bicycle Photo by Frank C. Müller [CC BY-SA 4.0 (http://creativecommons.org/licenses/bysa/4.0)], via Wikimedia Commons

National Football Stadium of Brasilia, Brazil (No attribution required)

Stadion Miejski, Poznan, Poland By Ehreii – Own work, CC BY 3.0, https://commons.wikimedia.org/w/index.php?curid=10804159

Stadium of SC Beira-Mar at Aveiro, Portugal CC BY-SA 3.0, https://commons.wikimedia.org/w/index.php?curid=139668

Saddledome, Calgary, Alberta, Canada By abdallahh from Montréal, Canada (Calgary Saddledome Uploaded by X-Weinzar) [CC BY 2.0 (http://creativecommons.org/licenses/by/2.0)], via Wikimedia Commons

Brain activity measured by magnetoencephalography showing diminishing response to a repeated stimulus Courtesy of Carles Escera, BrainLab, University of Barcelona

Skeuomorph of a digital bookshelf By Jonobacon

Apple Watch By Justin14 (Own work) [CC BY-SA 4.0 (http://creativecommons.org/licenses/by-sa/4.0)], via Wikimedia Commons

KAPITEL 2

An advertisement for the Casio AT-550-7 © Casio Computer Company, Ltd.
IBM Simon (No attribution required)
Data Rover Photo: Bill Buxton
Palm Vx Photo: Bill Buxton
Radio Shack advertisement Courtesy of Steve Cichon/BuffaloStories archives
Kane Kramer schematics for the IXI Courtesy of Kane Kramer
Apple iPod, 1st generation Photo: Jarod C. Benedict
Paul Cezanne: Mont Sainte-Victoire Philadelphia Museum of Art
El Greco: Apocalyptic Vision (The Vision of St. John) Metropolitan Museum of Art, Rogers Fund, 1956
Paul Gauguin: Nave Nave Fenua (No attribution required)
Iberian female head from 3rd to 2nd century B.C. Photo by Luis Garcia
Detail from Les Demoiselles d'Avignon © 2016 Estate of Pablo Picasso / Artists Rights Society (ARS), New York
19th century Fang mask Louvre Museum, Paris
Detail from Les Demoiselles d'Avignon
Krzywy Domek Photo by Topory
Yago Partal: Defragmentados Courtesy of the artist and Keep It Simple
Thomas Barbey: Oh Sheet! Courtesy of the artist
Pompidou Center Photo credit: Hotblack

KAPITEL 3

Rouen Cathedral Photo by ByB
Claude Monet: Rouen Cathedral – End of the Afternoon National Museum of Belgrade
Claude Monet: Rouen Cathedral – Façade (Sunset), harmony in gold and blue Musée Marmottan Monet, Paris, France
Claude Monet: Rouen Cathedral – Façade 1 Pola Museum of Art, Hakone, Japan
Mount Fuji (No attribution required)
Four of Hokusai's "36 Views of Mount Fuji" (No attribution required)
Mayan Sculpture, late Classic period American Museum of Natural History. Photo by Daderot, [CCo or CCo], via Wikimedia Commons
Japanese Dogu sculpture Musée Guimet, Paris, France Photo credit: Vassil
Fertility Figure: Female (Akua Ba). Ghana; Asante. 19th-20th CE. Wood, beads, string. 10 11/16 x 3 3/16 X 1 9/16 in. (27.2 x 9.7 x 3.9 cm). The Michael C. Rockefeller Memorial Collection, bequest of Nelson A. Rockefeller, 1979. Photographed by Schecter Lee. The Metropolitan Museum of Art © The Metropolitan Museum of Art. Image source: Art Resource, NY
Horse. China, Han dynasty (206 BCE-220 BCE). Bronze. H 3 1/14 in. (8.3 cm); L 3 1/8 in. (7.9 cm). Gift of George D. Pratt. The Metropolitan Museum of Art, New York, NY USA © The Metropolitan Museum of Art. Image source: Art Resource, NY
Horse figure. Ca. 600-480 BCE. Cypriot, Cypro-Archaic II period. Terracotta; handmade; H 6 1/2 in. (16.5 cm). The Cesnola collection, purchased by subscription, 1874-76. The Metropolitan Museum of Art, New York, NY USA © The Metropolitan Museum of Art. Image source: Art Resource, NY

Bronze horse. Greek, Geometric Period, 8th century B.C. Broznze, overall: 6 15/16 x 5 1/4 inches (17.6 x 13.3 cm). The Rogers Fund, 1921. The Metropolitan Museum of Art © The Metropolitan Museum of Art. Image source: Art Resource, NY

Claes Oldenburg: Shuttlecocks Nelson-Atkins Museum of Art, Kansas City, Missouri. Photo by Americasroof

JR: Mohamed Yunis Idris Courtesy of JR-art.net

Alberto Giocometti: Piazza Guggenheim Museum of Art, New York © 2016 Alberto Giacometti Estate/Licensed by VAGA and ARS, New York, NY

Anastasia Elias: Pyramide Courtesy of the artist

Vic Muniz: Sandcastle no. 3 Art © Vik Muniz/Licensed by VAGA, New York, NY

The views through an unpolarized windshield and Land's polarized one Courtesy of Victor McElheny

Two photographs of Martha Graham from the Barbara and Willard Morgan photographs and papers (Collection 2278): "Letter to the World" and "Lamentation" Barbara and Willard Morgan photographs and papers, Library Special Collections, Charles E. Young Research Library, UCLA

Frank Gehry and Vladu Milunic: Dancing House, Prague, Czechoslovakia Photo by Christine Zenino [CC BY 2.0 (http://creativecommons.org/licenses/by/2.0)], via Wikimedia Commons

Frank Gehry: Beekman Tower, New York City (No attribution required)

Frank Gehry: Lou Ruvo Center for Brain Health, Las Vegas, Nevada Photo by John Fowler [CC BY 2.0 (http://creativecommons.org/licenses/by/2.0)], via Wikimedia Commons

Volute conforming tank Courtesy of Volute Inc., an Otherlad company

Claes Oldenburg: Icebag – Scale B, 16/25, 1971. Programmed kinetic construction in aluminum, steel, nylon, fiberglass. Dimensions variable 48 x 48 x 40 in. (121.9 x 121.9 x 101.6 cm). Edition of 25 Private Collection, James Goodman Gallery, New York, USA/Bridgeman Images. © 1971 Claes Oldenburg

Ant-Roach Courtesy of Otherlab

Roy Lichtenstein: Rouen Cathedral, Set 5 1969 Oil and Magna on canvas 63 x 42 in. (160 x 106.7 cm) (each) Courtesy of the estate of Roy Lichtenstein

Monet: Water-lilies and Japanese bridge Princeton University Art Museum. From the Collection of William Church Osborn, Class of 1883, trustee of Princeton University (1914–1951), president of the Metropolitan Museum of Art (1941–1947); given by his family

Monet: The Japanese Bridge The Museum of Modern Art, New York

Caricature of Donald Trump By DonkeyHotey

Francis Bacon: Three Studies for Portraits (including Self-Portrait) Private Collection/Bridgeman Images. © The Estate of Francis Bacon. All rights reserved. / DACS, London / ARS, NY 2016

Burins and Blades found by Denis Peyrony in Bernifal cave, Meyrals, Dordogne, France. Upper Magdalenian, near 12,000 – 10,000 BP. On view at the National Prehistory Museum in Les Eyzies-de-Tayac Photo by Sémhur

Philippino knives The Collection of Primitive Weapons and Armor of the Philippine Islands in the United States National Museum, Smithsonian Institution. Photos by Herbert Krieger

Senz umbrella Photo by Eelke Dekker

Unbrella Courtesy of Hiroshi Kajimoto
Nubrella Courtesy of Alan Kaufman, Nubrella

KAPITEL 4

Sophie Cave: Floating Heads © CSG CIC Glasgow Museums and Libraries Collections
Auguste Rodin: The Shadow – Torso Pinacoteca do Estado de São Paulo Photo by Dornicke
Magdalena Abakanowicz: The Unrecognized Ones Photo by Radomil
Barnett Newman: Broken Obelisk Photo by Ed Uthman
Georges Braque: Still Life with a Violin and a Pitcher, 1910 (Oil on canvas) Kunstmuseum, Basel, Switzerland/Bridgeman Images
Pablo Picasso: Guernica (1937), oil on canvas Museo Nacional Centro de Arte Reina Sofia, Madrid, Spain/Bridgeman Images. © 2016 Estate of Pablo Picasso / Artists Rights Society (ARS), New York
Frangible lighting mask Courtesy of NLR – Netherlands Aerospace Center
David Hockney: The Crossword Puzzle, Minneapolis, Jan. 1983. Photographic collage. Edition of 10. 33X46 © David Hockney. Photo Credit: Richard Schmidt
George Seurat: A Sunday on La Grande Jatte Art Institute of Chicago, Helen Birch Bartlett Memorial Collection, 1926.224
Digital pixilation
Bruno Catalano: The Travelers Photo by Robert Poulain. Courtesy of the artist and Galeries Bertoux
Dynamic Architecture Courtesy of David Fisher – Dynamic Architecture®
Cory Arcangel: Super Mario Clouds. 2002. Hacked Super Mario Bros. Cartridge and Nintendo NES video game system © Cory Arcangel. Image courtesy of Cory Arcangel
A 19th century steam tractor Photo by Timitrius
A mouse hippocampus viewed with the Clarity method Courtesy of Kwanghun Chung, Ph.D.

KAPITEL 5

Minotaur (No attribution required)
Sphinx Photo credit: Nadine Doerle
Dona Fish, Ovimbundu peoples, Angola Circa 1950s–1960s Wood, pigment, metal, mixed media H 75 cm Fowler Museum at UCLA X2010.20.1; Gift of Allen F. Roberts and Mary Nooter Roberts Image © courtesy Fowler Museum at UCLA. Photography by Don Cole, 2007
Ruppy the Puppy in daylight and darkness Courtesy of CheMyong Jay Ko, PhD
Human skeleton Photo by Sklmsta [CC0], via Wikimedia Commons
Joris Laarman bone rocker Image courtesy of Friedman Benda and Joris Laarman Lab. Photography: Steve Benisty
Kingfisher bird Photo by Andreas Trepte
Shinkansen series N700 bullet train By Scfema, via Wikimedia Commons
Girl (Simone Leigh + Chitra Ganesh): My dreams, my works must wait till after hell, 2012 Single-channel HD video, 07:14 min RT, Edition of 5 Courtesy of the artists

Sewell family photo Courtesy of Jason Sewell

HDR photograph of Goldstream Provincial Park Photo by Brandon Godfrey

Louvre Pyramid (No attribution required)

Frida Kahlo: La Venadita Formerly in the collection of Dr. Carolyn Farb, hc

Craig Walsh: Spacemakers Courtesy of the artist. Spacemakers 2013 For Luminous Night, University of Western Australia, Perth. MEDIUM – Three-channel digital projection, trees; 30-minute loop. Commissioner – University of Western Australia. Subjects Lady Jean Brodie-Hall (former Landscape Architect, University of Western Australia), Rose Chaney (former Chair, Friends of the Grounds), Brian Cole (Horticulturalist), Jamie Coopes (Horticulture Supervisor), Judith Edwards (Chair, Friends of the Grounds), Gus Fergusson (Architect), Bill James (former Landscape Architect), David Jamieson (Curator of Grounds), Gillian Lilleyman (author, Landscape for Learning), Dr Linley Mitchell (Propagation Group, Friends of Grounds), Frank Roberts (former Architectural Advisor), Susan Smith (Horticulturalist), Geoff Warne (Architect) and Dr Helen Whitbread (Landscape Architect)

Elizabeth Diller and Ricardo Scofidio's "Blur Building" Photo by Norbert Aepli, Switzerland

Futevolei Photo by Thomas Noack

Jasper Johns: 0-9, 1961. Oil on canvas, 137.2 x 104.8 cm. Tate Gallery Photo credit: Tate, London / Art Resource, NY. Art © Jasper Johns/Licensed by VAGA, New York, NY

Michaelangelo: Isaiah By Missional Volunteer (Isaiah Uploaded by Gary Dee) [CC BY-SA 2.0 (http://creativecommons.org/licenses/by-sa/2.0)], via Wikimedia Commons

Norman Rockwell: Rosie the Riveter Printed by permission of the Norman Rockwell Family Agency. © 1942 the Norman Rockwell Family Entities

KAPITEL 6

Garden at the Palace of Versailles (No attribution required)

Capability Brown's Hillier Gardens Photo by Tom Pennington

Persian carpet © Ksenia Palimski | Dreamstime.com

Ceiling of the Alhambra Photo by Jebulon

Francis Boucher: The Triumph of Venus No attribution required

Ryoan-ji (late 15th century) in Kyoto, Japan By Cquest – Own work, CC BY-SA 2.5, https://commons.wikimedia.org/w/index.php?curid=2085504

A set of stimuli from Gerda Smets' tests of visual complexity

Vassily Kandinsky, "Composition VII" (1913) (No attribution required)

Kasimir Malevich, "White on White" (1918) (No attribution required)

Muller-Lyer illusion

TEIL 2

KAPITEL 7

Jonathan Safran Foer: Tree of Codes Courtesy of Visual Editions
Mercantonio Raimondi: The Judgment of Paris (after Raphael)
Manet: Le déjeuner sur l'herbe
Pablo Picasso: Le déjeuner sur l'herbe, après Manet (1960) Musée Picasso, Paris, France Peter Willi/Bridgeman Images. © 2016 Estate of Pablo Picasso / Artists Rights Society (ARS), New York
Robert Colescott: Les Demoiselles d'Alabama dénudées (1985) © Robert Colescott Photo by Peter Horree/ Alamy Stock Photo
Philip Guston: To B.W.T., 1952. Oil on canvas 48 1/2 x 51 1/2 in. Collection of Jane Lang Davis. © Estate of Philip Guston
Philip Guston: Painting, 1954. Oil on canvas. 63 1/4 x 60 1/ 8 in. The Museum of Modern Art, New York. Philip Johnson Fund. © Estate of Philip Guston
Philip Guston: Riding Around, 1969. Oil on canvas. 54 x 79 in. Private Collection, New York © Estate of Philip Guston
Philip Guston: Flatlands, 1970. Oil on canvas. 70 x 114 1/2 in. Collection of Byron R. Meyer; Fractional gift to the San Francisco Museum of Modern Art © Estate of Philip Guston
The Lady Blunt Stradivarius of 1721 Tarisio Auctions. Violachick68 at English Wikipedia
Composite violin Courtesy of Luis and Clark Instruments. Photo by Kevin Sprague

KAPITEL 8

Velasquez: La Meninas Museo National del Prado, Spain
Pablo Picasso: five variations on "Las Meninas," 1957, oil on canvas Museo Picasso, Barcelona, Spain/Bridgeman Images. © 2016 Estate of Pablo Picasso / Artists Rights Society (ARS), New York
Max Kulich's sketches for the Audi CitySmoother Courtesy of Max Kulich
The Architectural Reseasrch Office's sketches for the Flea Theater in New York Courtesy of Architectural Research Office
Joshua Davis' skethes for IBM Watson Courtesy of Joshua Davis
IBM Watson on the Jeopardy set Courtesy of Sony Pictures Television
Advent, Thunderbird, Starchaser, Ascender, and Proteus Courtesy of the Ansari X-Prize
Scaled Composite's SpaceShipOne Courtesy of the Ansari X-Prize

KAPITEL 9

Einstein blouses https://www.google.com/patents/USD101756
Sarah Burton: Kate Middleton wedding dress Photo by Kirsty Wigglesworth – WPA Pool/Getty Images
Sarah Burton: three dresses from the Autumn/ Winter 2011-12 Alexander McQueen ready-to-ware collection Photo by Francois Guillot, AFP, Getty Images
Norman Bel Geddes: Motor Coach no. 2, Roadable Airplane, Aerial Restaurant and

Walless House Courtesy of the Harry Ransom Center, the University of Texas at Austin © The Edith Lutyens and Norman Bel Geddes Foundation, Inc.

Study of Naviglio canal pound lock by Leonardo da Vinci Biblioteca Ambrosiana, Milan, ItalyDe Agostini Picture Library/Metis e Mida Informatica / Veneranda Biblioteca Ambrosiana/Bridgeman Images

El Tumbun de San Marc (Il Tombone di San Marco). Waterway in Milan with locks after Leonardo da Vinci's design Photo: Mauro Ranzani. Photo credit: Scala/Art Resource New York

Parachute, drawing by Leonardo da Vinci © Tallandier/Bridgeman Images.

Adrian Nicholas parachute jump Photo by Heathcliff O'Malley

KAPITEL 10

Richard Serra: Tilted Arc Photo by Jennifer Mei

TEIL 3

KAPITEL 11

Raymond Loewy: Greyhound SceniCruiser drawing Courtesy of the estate of Raymond Loewy

Greyhound SceniCruiser Underwood Archives

Hot Bertaa tea kettle Courtesy of Alessi S.P.A., Crusinallo, Italy

Toyota FCV plus (No attribution required)

Mercedes F 015 (No attribution required)

Toyota i-Road Photo by Clément Bucco-Lechat

Peugeot Moovie Photo by Brian Clontarf

Mercedes Biome car Courtesy of Mercedes Benz

Viktor & Rolf haute couture from the Spring-Summer 2016 and Spring-Summer 2015 collections Courtesy of Peter Stigter

Pierre Cardin haute couture from the fashion show "Pierre Cardin in Moscow Fashion With Love for Russia." Fall-Winter 2016/2017 © Strajin | Dreamstime.com – The Fashion Show Pierre Cardin In Moscow Fashion Week With Love For Russia Fall-Winter 2016/2017 Photo

Antii Asplund "Heterophobia" haute couture at the Charity Water fashion show at the Salon at Lincoln Center, 2015 © Antonoparin | Dreamstime.com – A Model Walks The Runway During The Charity Water Fashion

Predicta television (No attribution necessary)

Lowe's Holoroom Courtesy of Lowe's Innovation Labs

David wearing the NeoSensory Vest Photo by Bret Hartman

Skin smoothing laser prototypes Courtesy of Continuum Innovation

Office, 1937 (No attribution required)

Cubicle farm Ian Collins

An office in London Phil Whitehouse

RCA advertisement "Radio & Television" (magazine) Vol. X, No. 2, June, 1939. (inside front cover) New York: Popular Book Corporation "The Cooper Collections" (uploader's private collection) Digitized by Centpacrr

KAPITEL 12

Student drawings of apples Courtesy of Lindsay Esola

Jasper Johns: Flag (1967, printed 1970). Lithograph in colors, trial proof 2/2. 24 1/4 x 29 5/ 8 in. (61.6 x 75.2 cm) The Museum of Fine Arts, Houston, Museum purchase funded by The Brown Foundation, Inc., and Isabel B. Wilson, 99.178. Art © Jasper Johns/Licensed by VAGA, New York, NY

Jasper Johns: Flag (1972/1994). Ink (1994) over lithograph (1972). 16 5/ 8 x 22 5/16 in. (42.2 x 56.7 cm) The Museum of Fine Arts, Houston, Museum purchase funded by Caroline Wiess Law, 2001.791. Art © Jasper Johns/Licensed by VAGA, New York, NY

Jasper Johns: Three Flags (1958). Encaustic on canvas. 78.4 x 115.6 x 12.7 cm Whitney Museum of American Art, New York, USA/Bridgeman Images. Art © Jasper Johns/ Licensed by VAGA, New York, NY

Jasper Johns: White Flag (1960). Oil and newspaper collage over lithograph. 56.5 x 75.5 cm Private Collection. Photo © Christie's Images/Bridgeman Images. Art © Jasper Johns/Licensed by VAGA, New York, NY

Jasper Johns: Flag (Moratorium) (1969). Color lithograph. 52 x 72.4 cm Private Collection. Photo © Christie's Images/Bridgeman Images. Art © Jasper Johns/Licensed by VAGA, New York, NY

Picasso: Bull plates – 1st, 3rd, 4th, 7th, 9th and 11th states (1945-46). Engravings. 32.6 x 44.5 cm Photos: R. G. Ojeda. Musée Picasso. © RMN-Grand Palais / Art Resource, NY © 2016 Estate of Pablo Picasso / Artists Rights Society (ARS), New York

Lichtenstein: Bulls I – VI (1973) Line cut on Arjomari paper 27 x 35 in. (68.6 x 88.9 cm) Courtesy of the estate of Roy Lichtenstein

Students at the REALM Charter School working on the X-library Courtesy of Emily Pilloton, Project H

KAPITEL 13

Giacomo Jaquerio: The Fountain of Life, detail of a lion (1418–30), fresco Castello della Manta, Saluzzo, Italy © Bridgeman Images

16th century engraving of Alexander the Great watching a fight between a lion, an elephant and a dog Metropolitan Museum of Art, Harris Brisbane Dick Fund, 1945

Vittore Carpacci: Lion of St. Mark, Palazzo Ducale, Venice (No attribution required)

Albrecht Dürer: Lion (No attribution required)